한국교육심리학회 학습컨설팅 총서

Learning Consultation

학습문제해결
학습컨설팅

전명남 조한익 박혜숙 임진영 박상범 임신일 홍경화

박영story

    우리나라에서 학습컨설팅과 학습컨설턴트가 본격적으로 시작된 것은 2011년으로, 한국교육심리학회가 주도적으로 준비모임을 가지고 자격연수를 출범한 것에서 비롯되었습니다. 물론 이전에 학술행사나 학습컨설턴트에 대한 전문가들의 발표와 연구가 있었지만, 학습컨설팅이 하나의 '교육운동'으로서 학회원들의 공통된 이해와 관심을 이끌어 내고 새로운 지향점을 탐색하도록 추동한 것은 매우 의미있는 일이었으며 시의적절하였던 것으로 생각됩니다. 이제 학습컨설팅에 대한 그동안의 학술적, 실제적 접근은 '학습컨설팅 총서'라는 텍스트를 통하여 표준적 지식구성체로 나타나게 되었습니다.

    올해는 교육심리학회가 반세기의 역사를 바탕으로 새로운 100년을 시작하는 뜻 깊은 해입니다. 이제 처음으로 선보이는 본 총서는 학습컨설팅 제도의 발전에 굳건한 토대가 될 것이며, 더 나아가 교육심리학 전공 교육과정과의 연계나 교육심리학자의 전문성 심화에 중요한 촉매 역할을 할 것으로 기대합니다.

    한국교육심리학회 학습컨설팅 총서는 권수를 정해 놓거나 완결을 예정하지 않으며 지속적으로 속간해 나갈 것입니다. 우선 학습컨설팅이라는 분야를 한국교육심리학회의 주요한 과제로 선정하고 열정적으로 추진해주신 박병기 전 회장님, 교육현장에서 일어나는 학습컨설팅에 대한 요구를 학회의 전문성 강화로 연결시키기 위해 애써주신 김성일, 김정섭 전 회장님, 전문위원장으로서 학습컨설팅 총서 작업을 시작하여 일차적으로 마무리해준 어윤경, 김민성 교수님, 완성도 높은 6권의 전문서적 완간을 위하여 불철주야 애써준 책임저자 및 30여 명의 집필저자께 진심으로 감사의 말씀을 드립니다. 또한 학습컨설턴트 자격연수 과정에 직접 참여하여 본 학습컨설팅 총서의 각론에 대한 필요성과 내용에 대한 조언을 아끼지 않았던 학습컨설턴트 및 현장 교사 여러분께도 다시 한 번 고마움을 전합니다.

2018년 1월
한국교육심리학회 회장 김 동 일

'학습문제해결 학습컨설팅'은 학생들이 모두 성공적이고 행복한 학습을 해내는 데에 초점을 두고 시작했다. 한국에서는 2004년에 초등학교는 물론 중학교까지 의무교육 제도를 시행하여 대한민국 학생이라면 누구라도 교육을 받을 수 있게 되었고, 또한 평생교육체제까지 구축되어 학습이 전생애적인 과정으로 받아들여졌다. 하지만 학습에 관한 실패감, 무력감, 비관, 우울, 등교거부와 같은 개인적 고충은 물론 공부로 인한 자살이나 가정불화에 이르기까지 사회적 문제로도 보도되고 있는 실정이다. 공부를 잘 하는 학생과 못하는 학생 모두가 학업에 부담감과 스트레스를 가지는 반면에 이를 직접적·간접적으로 돕는 데에는 실질적으로 미약했다.

또한, '인간은 학습한다'라는 명제를 이해하는데 수많은 동물학습이나 실험을 행하기도 하고, 깊이 분석해보거나 상호주관적으로 합의에 도달한 지 어언 100여 년이 지나왔다. 이어 21세기를 건너오면서 학습과 학습자에 대해 보다 깊은 이해에 도달할 수 있게 되었다. 그러나 이러한 이해만큼이나 학습자에게 도움이 되는 일들을 하고 있는지에 대해서는 의문을 가지게 된다.

따라서 학습문제 학습컨설팅은 '면 대 면'으로, 또는 '이론을 실천'으로, 학습자에게 진정으로 유익한 일을 하기 위한 분야이다. 이 책은 학습문제로 고민하는 이들이 보다 유능하고 자신감 있는 학습자가 되고, 자신의 잠재력을 인식하고 활용할 수 있도록 돕기 위해 저술했다. 단 한 권의 책만으로는 학습문제로 힘든 학생과 학부모, 교사들이 겪는 어려움을 덜어내는 데는 한계가 있지만, 학습컨설팅을 통해 도울 수 있는 실질적인 방안을 찾기 위한 노정의 첫걸음을 내딛고 현재에 머물지 않고 보다 개선된 대안을 탐색하기 위해 펴내게 되었다.

학습컨설팅에는 컨설턴트, 컨설티, 클라이언트, 학생 등의 주요 용어가 나온다. 이 용어의 차이는 제1부에서 상세히 설명되어 있다. 학습컨설팅을 제공하는 컨설턴트가 있는 반면에, 컨설티는 학습컨설팅 상황에 따라 교사나 부모나 학생이 될 수 있으며, 클라이언트는 교사나 부모나 학생이 의뢰한 대상이 될 수 있다. 이 경우 컨설턴트와 컨설티, 클라이언트의 3자 관계가 될 수 있다. 컨설턴트가 학생에게 직접 컨설팅하는 경우도 가능하므로 이는 컨설턴트가 컨설티인 학생에게 학습컨설팅을 제공하는 2자 관계가 된다. 따라서 이 책에서는 현장에서의 학습컨설팅 상황이 다양하게 진행될 수 있어서 컨설티, 클라이언트, 학생 등의 용어를 혼용하여 사용하였다. 즉, 컨설티가 교사나 부모일 수도 있고 직접적인 컨설팅을 받는 최종 학생일 수도 있다. 문맥에 따라 이해하면서 읽어주기를 기대한다.

이 책의 공저자들은 공부로 인해 어려움을 겪는 학생들을 위한 학습컨설팅의 이론과 실천 영역에서 조그만 불씨를 켜기 위해 노력해 오신 분들이다. 조한익 교수님, 박혜숙 교수님, 임진영 교수님, 박상범 박사님, 임신일 교수님, 홍경화 교수님께 감사를 드린다. 이 책의 1부는 홍경화 교수님이, 2부는 박상범 박사님이, 3부는 임진영 교수님이, 4부는 본인인 전명남 교수가, 5부는 박혜숙 교수님, 6부는 조한익 교수님, 7부는 임신일 교수님이 저술했다. 이외에도 이 책의 집필에는 송선희 교수님, 시작부터 끝까지 함께 했던 양현숙 선생님의 역할도 컸다. 지면으로나마 감사를 드린다.

또한 학습컨설팅 시리즈를 기획하신 한국교육심리학회 김성일, 김정섭 전회장님, 김동일 회장님, 한국교육심리학회 전문위원회 위원장 김민성, 어윤경 교수님, 원고 제출이 지연되었음에도 불구하고 일정에 맞춰 책이 출간될 수 있도록 적극적인 역할을 해주신 박영사의 이선경 과장님, 편집부의 배근하 대리님께도 감사의 말씀을 전한다.

2018년 2월
대표저자 전 명 남

P/A/R/T 01 학습문제해결 학습컨설팅의 개념과 과정

P/A/R/T
02 학습문제해결 학습컨설팅의 기술

P/A/R/T
05 학습문제 해결을 위한 협력적 학습컨설팅과 평가

P/A/R/T
06 초등학생을 위한 학습문제해결 학습컨설팅

P/A/R/T

07 중·고등학생을 위한 맥락적 학습컨설팅

P/A/R/T **1**

학습문제해결
학습컨설팅의 개념과 과정

학습문제해결 학습컨설팅의 개념과 과정

홍 경 화

1 학습컨설팅의 필요성 및 역사적 배경

1) 학습컨설팅의 필요성

학습, 특히 바람직한 학습습관 형성과 학습성취는 아동과 청소년의 중요한 발달 과업 중 하나(신을진, 김형수, 2007)로써 아동과 청소년이 겪는 다양한 어려움 중 가장 비중있게 호소하는 주제이다. 실제로 학업중단 중학생의 21%와 자퇴한 고등학생의 24%가 학업 중단의 가장 큰 원인으로 학업문제를 보고한다(교육부, 2016). 학습의 어려움에 대한 호소는 비단 중·고등학생뿐만 아니라 초등학생부터 대학생에 이르기까지 모든 학년의 학생들에게 적용된다(최운, 천성문, 2010; 윤소정, 박귀화, 2011). 학습관련 문제는 학생들이 경험하는 스트레스와 관련이 있다. 통계청 보고(2014)에서 13~24세 청소년의 가장 큰 고민은 학업(36%)이었고, 한국청소년정책연구원(2010)의 보고에서도 한국 청소년의 스트레스 주요 원인을 학업문제(73%)라고 하였다. 미국, 일본, 중국 청소년도 스트레스의 제1원인으로 학업을 꼽았으나 그렇게 응답한 비율이 44~59%라는 사실은 73%에 해당하는 한국 청소년들과 비교했을 때 크게 차이가 난다. 이렇게 볼 때 우리나라 청소년들의 학습 스트레스는 세계적으로 높은 편이라 할 수 있다.

학습 관련 문제는 학업 스트레스, 학교 부적응(김정현, 윤여진, 정인경, 2016), 학업적 자기효능감 저하, 불안 혹은 우울감과 같은 정신건강의 문제(임현정, 시기자, 김성은,

2016; Lynch & Klassen, 2007; ValAs, 1999; Wilson, Armstrong, Furrie, & Walcot, 2009), 또래 관계 문제(Singer, 2005; ValAs, 1999), 가족관계 문제(임현정, 시기자, 김성은, 2016) 등과 같은 개인 문제와 상관이 높을 뿐 아니라 학교 중도 탈락(교육부 2016; Reed, 2005), 비행 청소년의 증가(Reed, 2005), 인적자원의 낭비 등의 사회적 국가적 문제로 이어질 수 있다(신을진, 이일화, 2010). 이에 청소년들의 심리적 정신적 안녕을 도모하고, 개인적인 행복감을 증진하며, 사회적 불안요소를 제한할 구조적 체계적 지원이 요구되며, 특히 청소년들에게 가장 큰 스트레스 요인으로 작용하는 학습문제 해결을 위한 구체적인 전략이 요구되는 실정이다. 이런 맥락에서 학습문제해결 학습컨설팅의 필요성이 크게 대두되고 있다.

2) 학교기반 컨설팅 및 학습컨설팅의 역사적 배경

학습컨설팅은 학교기반 컨설팅(School Consulting)의 한 분야로(김정섭, 2009), 학습과 행동에 대한 전문가(컨설턴트)가 학생(클라이언트/의뢰대상)의 학습 및 행동문제를 해결하기 위해 교사나 학부모 등(컨설티/의뢰인)에게 서비스를 제공하여 협력적으로 문제를 해결하는 과정이다. 학습컨설팅을 이해하기 위해 먼저 학교기반 컨설팅이 대두된 역사적 맥락을 이해하는 것이 도움이 된다.

학교기반 컨설팅은 말 그대로 학교에서 이루어지는 컨설팅으로서, 학생들의 학업문제, 학교 적응문제, 교사나 다른 학생과의 관계문제, 학교의 체제문제 등 학교생활과 관련된 전반적 문제를 다룬다(윤채영, 윤소정, 김정섭, 2011; 윤초희, 2009). 학교기반 컨설팅은 1950년대 미국에서 시작되었다(윤소정, 박귀화, 2012; 이명숙, 안도희, 도승이, 2015; Erchul & Martens, 2010; Hynd, 1983). 초기에는 주로 학교심리학자들(School psychologist)이 컨설팅을 담당했으며, 전문가가 학생들과 직접 상호작용하며 돕는 형태를 띠었다(윤소정, 박귀화, 2012; Kurpius & Fuqua, 1993). 그 후 1954년 세이어(Thayer) 콘퍼런스에서 학교심리학자의 정의, 역할과 기능, 자격 등을 규정하였는데 이때 컨설턴트의 기능 중 하나로 교사, 학교행정가, 혹은 직원(컨설티/의뢰인)이 학생들(클라이언트/의뢰대상)을 잘 도울 수 있도록 교사 혹은 학교행정가인 컨설티/의뢰인에게 서비스를 제공하는 컨설턴트의 개념을 소개하였다(Ysseldyke & Shakel, 1983). 이후 1966년 학교상담 및 상담-교육(counseling education) 교수들이 발표한 보고서에 학교심리학자의 공식 역할로 컨설팅을 포함시켰다(Dinkmeyer & Carlson, 2006).

미국에서 학교기반 컨설팅의 필요성이 고조되고, 점차 학교 내에 제도화된 기능으로 정착된 또 다른 계기는 미국의 교육정책의 변화였다(Erchul & Martens, 2010). 그 첫 번째 변화가 1975년에 제정되고 2004년 개정된 장애인 교육법(Individuals with Disabilities Education Improvement Act)이다. IDEIA를 통해 장애를 가진 특수학생들과 일반학생들이 같은 학급에서 교육하도록 하는 통합교육이 의무화 되면서 효과적인 통합교육을 위해 일반교사에게 전문적 도움을 주는 컨설팅의 필요성이 부각되었다(Dinkmeyer & Carlson, 2006; Feldman & Kratochwill, 2003; Kampwirth & Powers, 2016). 2001년 제정된 낙오학생방지법(No Child Left Behind Act)과 표준−기본 교육 개혁(Standards−based reform)의 일환인 공통핵심학력기준(Common Core State Standards) 또한 학교기반 컨설팅이 자리를 굳히는 계기로 작용했다(Erchul & Martens, 2010; Feldman & Kratochwill, 2003). 그 사이 1990년대 후반부터 미국공립학교에서 컨설팅 서비스가 널리 보급되기 시작하였다(Kampwirth & Powers, 2016).

국내에서 컨설팅이라는 용어는 오랜 기간 경영분야에서 사용되어 오다가 2000년 초반이 되어서야 교육분야에 적용되었다(윤채영 외, 2011; 윤초희, 2009; 진동섭, 홍창남, 김도기, 2008). 국내의 학교기반 컨설팅은 단위학교 자율책임경영제와 사회변화에 대한 학교의 적응력 강화 등 사회와 교육제도의 변화로 부각되었다(진동섭 외, 2009). 2000년대 초반 이후 국내 학교기반 컨설팅은 주로 학교경영 혹은 교육체제상의 문제를 해결하는 학교경영컨설팅과 수업이나 생활지도와 관련된 문제를 해결하는 수업컨설팅이 주를 이루었다(윤채영 외, 2011; 진동섭 외, 2009). 2000년대 후반이 되어서는 학습컨설팅도 실시하게 되었다(정세영, 김정섭, 2016). 그러나 학교기반 컨설팅은 여전히 학교경영컨설팅과 수업컨설팅 위주로 이루어지고 있다. 학교체제와 교사의 수업능력의 향상에 초점을 두고 있는 학교경영컨설팅이나 수업컨설팅은 학교교육의 궁극적 목적인 학생의 변화와는 한 단계 떨어진 접근법이기에 학생의 변화를 도모하는 학습컨설팅의 요구가 더욱 증대되고 있는 실정이다(윤채영 외, 2011). 이러한 맥락에서 학습컨설팅의 재조명은 시의적절하다.

2 학습문제해결 학습컨설팅의 이해

학습문제해결 학습컨설팅의 초점인 학습과 학습컨설팅에 대한 개념을 살펴보면 다음과 같다.

1) 학습의 개념

학습(Learning)에 대한 개념은 학습이론과 학자들에 따라 관점을 달리한다. 행동주의 관점에서의 학습은 경험의 결과로 나타나는 행동의 변화로(여광응 외, 2004; 정채기, 2003) 새로운 행동 그 자체가 학습된다고 본다. 그에 반해 인지주의 관점에서의 학습은 내적인 사고과정의 변화 혹은 지식의 변화로(여광응 외, 2004) 새로운 지식이 습득되어 그 지식의 변화가 행동의 변화를 가능하게 해준다고 본다(Woolfolk, 1997). 또한 구성주의 관점에서의 학습은 학습자의 의미 있는 경험을 토대로 발전해 나가는 지식의 구성화 과정으로 본다(영광응 외, 2004; 정채기, 2003).

이상의 다양한 관점과 학자들의 학습에 대한 정의를 살펴보면 다음의 공통적인 요소가 있다. 첫째, 학습은 경험의 결과로 얻어진다. 이에 근육의 발달 혹은 체격의 변화와 같은 성장(growth)에 근거한 변화는 포함되지 않는다. 또한 청소년의 2차 성징과 같은 유전적 소질에 의해 변화하는 성숙(maturation)의 변화도 포함되지 않는다. 둘째, 학습으로 변화된 행동이나 지식은 비교적 영속성을 가지고 지속되어야 한다. 그러므로 약물의 복용, 피로 등에 의한 행동이나 인지의 일시적인 변화는 학습에 포함되지 않는다(여광응 외, 2004; 정채기, 2003).

이러한 개념을 포괄하여 넓은 의미에서 학습의 정의를 내리면, 학습이란 유기체와 환경 간 상호작용하는 과정에서 일어나는 여러 가지 형태의 비교적 지속적인 변화들이라고 할 수 있다. 이 같은 학습은 직접 경험뿐 아니라 간접 경험을 통해서도 가능하고, 한 상황에서 획득된 학습은 다른 상황에 전이되어 적용될 수도 있다(정채기, 2003).

2) 학습문제해결 학습컨설팅의 개념

가) 학습컨설팅의 개념

학습컨설팅은 위에서 언급하였듯이 학교컨설팅의 하위영역 중 하나로서 학생의 학습역량 향상이나 행동변화에 목표를 둔 컨설팅이다(김정섭, 2009; 윤초희, 2009).

Sheridan과 Cowan(2004)에 의하면 학교기반 컨설팅은 전문가인 컨설턴트(심리학자, 의학전문가 등)가 한 명 이상의 컨설티/의뢰인(학부모 혹은 교육자)과 클라이언트/의뢰대상인 학생을 돕기 위해 협력적으로 교육 혹은 심리적 서비스를 제공하는 것을 의미한다. Conoley와 Conoley(1990)는 컨설팅을 두 명의 다른 분야의 전문가가 함께 문제를 해결하는 관계(problem-solving relationship)로 정의하며, 컨설턴트가 본인의 전문적 지식과 동기와 행동 관련 전문 지식을 가지고 컨설티/의뢰인의 업무 관련 문제해결을 조력한다고 보았다. Zins(1993)는 문제해결 컨설팅을 예방에 초점을 둔 심리 서비스로, 클라이언트/의뢰대상의 실적/업적(performance) 향상을 위해 생태행동적 체계(ecobehavioral framework)를 바탕으로 컨설턴트와 컨설티/의뢰인이 함께 업무 관련 문제를 해결하는 간접서비스로 정의하였다. 윤채영과 동료들(2011)은 학습컨설팅을 "학습과 행동전문가인 컨설턴트가 학생의 학습과 적응을 향상시키기 위해 학생의 문제를 의뢰해 온 교사와 상호작용하여 심리, 행동, 학습관련 서비스를 제공하면서 함께 일하는 과정"(p. 546)으로 정의하였다.

학습컨설팅에 대한 여러 학자들의 정의에서의 공통점은 첫째, 컨설턴트가 일정한 전문성을 갖춘 전문가라는 점이다. 학습컨설팅의 컨설턴트는 학습과 행동전문가여야 한다. 학습컨설팅의 두 번째 공통점은 컨설턴트(consultant)와 컨설티/의뢰인(consultee), 그리고 클라이언트/의뢰대상인 학생이 함께 참여하는 삼자구도라는 점이다. 즉, 컨설턴트는 컨설티/의뢰인(교사, 학부모 등)과 협력하여 제3자인 클라이언트/의뢰대상(학생)을 돕기 위해 함께 문제를 해결하는 구조이다(김정섭, 2009; Dinkmeyer & Carlson, 2006; Erchul & Martens, 2010; Kampwirth & Powers, 2016; Kurpius & Fuqua, 1993). 컨설팅의 삼자구도에 대해 더 자세히 살펴보면 다음과 같다.

(1) 컨설턴트(consultant)

컨설턴트는 문제를 의뢰 받은 사람으로 컨설팅을 이끌어간다. 컨설턴트는 주로 학교심리학자, 특수교사, 상담자, 기타 외부 전문가이다.

(2) 컨설티/의뢰인(consultee)

컨설티는 컨설팅을 의뢰한 사람으로 일반교사, 상담교사, 특수교사, 학교 행정가, 학부모 등이 될 수 있다. 이때 컨설턴트와 컨설티/의뢰인은 협력적 수평적 관계이며, 컨설팅에 컨설티/의뢰인이 자발적으로 참여함을 전제로 하고 있다(Kampwirth & Powers, 2016). 컨설팅 모형에 따라 차이는 있지만 일반적으로 컨설팅에 의뢰한 문제 해결의 책임(problem ownership/professional responsibility)은 컨설턴트가 아닌 컨설티/의뢰인에게 있다(Dinkmeyer & Carlson, 2006; Erchul & Martens, 2010).

(3) 클라이언트/의뢰대상(client)

대표적인 의뢰대상은 개별학생이나 학교조직, 학급, 소규모 학생그룹 등이 될 수 있다(김정섭, 2009). 일반적으로 컨설턴트는 학생과 직접 상호작용하기보다 컨설티/의뢰인과 주로 상호작용한다. 그럼에도 불구하고 컨설턴트가 학생을 직접 관찰, 진단,

그림 1.1 컨설팅의 삼자구도

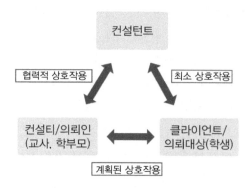

출처: 김정섭(2009)과 Kampwirth & Powers(2016)에서 수정.

평가하거나, 컨설티/의뢰인에게 교수기법을 모델링 해 주기 위해 학생과 직접 상호작용할 수도 있다(김정섭, 2009; Kampwirth & Powers, 2016).

나) 학습컨설팅의 형태

학습컨설팅은 크게 직접서비스와 간접서비스로 분류된다. 컨설턴트가 학생과 직접 상호작용하며 문제를 진단하고 해결하는 컨설팅을 직접서비스라 하는 반면, 컨설턴트가 학생과의 직접적인 관계를 가지지 않고 컨설티/의뢰인과 주로 상호작용하며 학생을 간접적으로 조력하는 것을 간접서비스라 한다. 컨설팅은 일반적으로 간접서비스 모형이다. 그러나 컨설팅의 일반 모형이 늘 간접서비스였던 것은 아니다. 미국에서의 학습컨설팅은 전문가가 학생들과 직접 상호작용하며 돕는 직접서비스에서, 학생들을 담당하는 교사들과 상호작용하며 학생들을 간접적으로 조력하는 간접서비스 형태로 발전해 왔다(윤소정, 박귀화, 2012). 현재 국내에서는 직·간접 서비스 형태를 모두 제공하고 있지만, 실제로 국내 학교기반 컨설팅은 직접서비스가 더 많이 활용되고 있고 삼자구도의 간접서비스 컨설팅은 초기 단계에 있다(윤초희 2009; 정세영, 김정섭, 2016).

그림 1.2 간접 학습컨설팅의 삼자구도

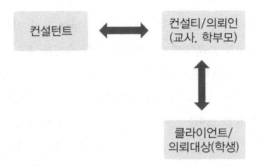

컨설턴트 ⟷ 컨설티/의뢰인
(교사, 학부모)

↕

클라이언트/
의뢰대상(학생)

출처: Dinkmeyer & Carlson(2006), p. 12.

다) 학습컨설팅과 유사 용어와의 차이

학습컨설팅의 유사 용어로는 학습상담과 학습코칭 등이 있다. 이 용어들은 때로 혼용해서 사용되기도 한다. 그러나 이론상으로는 컨설팅과 상담은 상호배타적이다(Newman, 1993: Dinkmeyer & Carlson, 2006에서 재인용). 컨설팅, 코칭, 상담 개념 간의 차이를 참여자, 의뢰내용, 컨설턴트의 역할이라는 세 가지 측면에서 살펴볼 수 있다.

(1) 참여자(Involved parties)

컨설팅과 상담 및 코칭과의 가장 큰 차이점은 제3자인 의뢰인의 참여 여부이다. 상담과 코칭의 경우도 제3자가 문제를 의뢰하는 경우가 있지만 실제 해결과정에서는 의뢰인이 참여하지 않고 상담자 내지 코치가 학생에게 직접 도움을 준다. 그에 반해 컨설팅은 컨설턴트가 의뢰인인 일반교사, 상담교사, 특수교사, 학교 행정가, 혹은 학부모를 도와 그들이 학생의 문제를 해결할 수 있도록 한다. 즉, 상담과 코칭은 학생에게 직접적인 도움을 주는 직접서비스인 반면 컨설팅은 일반적으로 컨설티/의뢰인을 통해 클라이언트/의뢰대상에게 간접적인 도움을 주는 간접서비스 형식이다(김정섭, 2009; Dinkmeyer & Carlson, 2006; Knoff, 1988; Kurpius & Fuqua, 1993; Sheridan & Cowan, 2004).

(2) 의뢰내용

컨설팅과 상담 및 코칭과의 또 다른 차이점은 다루는 내용에 있다. 컨설팅은 주로 컨설티/의뢰인과 클라이언트/의뢰대상 사이에서 발생되는 업무와 관련된 문제

(work-related) 혹은 쟁점(issue focused)을 해결하는 전문적 관계로, 컨설티/의뢰인의 개인적 혹은 심리적인 문제는 다루지 않는다(김정섭, 2009; Backer et al., 1992; Erchul & Martens, 2010; Knoff, 1988; Kurpius & Fuqua, 1993). 한편 상담과 코칭은 일반적으로 학생의 당면 문제에 초점을 둔다는 공통점을 가지면서도 상담은 학습의 증진을 방해하는 개인적이며 심각한 심리적인 문제까지 이해하고 해결하도록 돕는 반면(김정섭, 2009; Knoff, 1988), 코칭은 자기주도학습의 기법을 접목시켜(이보라, 2010) 학생이 미래지향적이고 자기주도적으로 최대 성과를 내도록 돕는다는 차이점을 보인다. 학습상담의 우선적인 대상은 학습 부진을 보이는 아동 및 청소년 혹은 학습 관련 장애를 지닌 아동 및 청소년으로(김영진, 2003; 신을진, 김형수, 2007) 이들이 겪는 호소문제가 의뢰내용인 반면 학습코칭의 대상은 일반 아동 및 청소년들로서 그들이 경험하는 학습관련 문제를 다룬다.

(3) 역할

학습컨설팅 모형에 따라 컨설턴트 역할의 차이가 있으나 학습컨설팅의 가장 보편적인 모형에 해당하는 처방적 모형(prescriptive mode)에서는 컨설턴트가 전문성을 가지고 문제를 진단하고 해결책을 제시하거나 직접 해결한다(Dinkmeyer & Carlson, 2006). 최근 부각되는 협력적 컨설팅 모형에서의 컨설턴트는 전문성을 가진 문제해결의 촉진자(facilitator)로서의 역할이 더 강조된다(Dinkmeyer & Carlson, 2006). 이에 비해, 코치는 해답을 직접 제시하기보다 학생에게 더 많은 질문을 던짐으로써 문제를 함께 풀어나

표 1.1 학습컨설팅, 학습코칭, 학습상담의 비교

관점	참여자	의뢰내용	역할
학습 컨설팅	컨설턴트 컨설티/의뢰인 (학부모, 교사) 클라이언트/ 의뢰대상(학생)	·컨설티/의뢰인과 클라이언트/ 의뢰대상 사이에서 발생되는 학습과 관련된 업무 내지 쟁점 ·문제의 심각성: 일반적 및 심각한 문제 포괄	컨설턴트가 전문성을 가지고 문제의 해결책을 제공하거나 직접 문제해결을 실행
학습 코칭	코치 클라이언트(학생)	·클라이언트의 학습 ·문제 심각성: 일반적 문제	코치가 학습자의 학습 수준을 고려한 상호작용을 통해 목적을 달성하도록 지도
학습 상담	상담자 클라이언트(학생)	·클라이언트의 학습 ·문제 심각성: 심각한 문제 중점	상담자가 전문성을 가지고 문제를 진단하되 해결책을 직접적으로 제시하기보다는 학생이 해결책을 찾아가도록 조력

간다고 볼 수 있다. 학습코칭은 교사가 학습자의 학습 수준을 고려한 상호작용을 통해 목적을 달성하도록 지도하는 방법이다(신을진, 이일화, 2010). 그러나 컨설턴트와 코치의 역할이 완벽하게 구별되지 않는 것은 컨설턴트도 일정부분 코치의 역할을 하고 코치도 일정부분 컨설턴트의 역할을 하기 때문이다. 그렇다면 상담자의 역할은 어떠한가? 상담자도 전문성을 가지고 문제를 진단한다. 다만 컨설턴트와는 달리 해결책을 직접 제시하기보다는 학생이 문제의 해답을 찾아가도록 조력하는 역할을 한다.

라) 학습문제해결 학습컨설팅의 정의

위의 내용을 종합하여 볼 때 학습문제해결 학습컨설팅은 학습과 행동전문가인 컨설턴트가 학생의 학습과 적응을 향상시키기 위해 문제를 의뢰해 온 컨설티/의뢰인과 협력적으로 상호작용하며 컨설티/의뢰인에게 다양한 서비스를 제공하여 클라이언트/의뢰대상을 조력하는 과정으로 정의될 수 있겠다.

마) 학습문제해결 학습컨설팅의 특징

학습문제해결 학습컨설팅은 사회구성주의에 배경을 두고 있다. 사회구성주의는 지식이나 현실에 대해 정형화되고 정체된 것이 아니라 개인이 언어를 통해 구성해 나갈 수 있는 것으로 본다. 예를 들어, 개인이 신체적 장애 혹은 기술의 부족을 부정적으로 인식하고 부정적 언어의 틀로 묘사할 때 신체적 장애 혹은 기술의 부족이 실제로 문제화되어 그 개인에게 객관적 현실이 된다는 것이다. 말하자면 어떤 현상 혹은 상황에 대한 인식과 언어화라는 사회적 구성을 통해 그것이 문제가 되고 객관적인 현실이 되어버린다는 것이다. 학습문제해결 학습컨설팅에서는 이러한 사회구성주의의 관점에 동의하고 언어를 통하여 어려움을 문제화 시킬 수 있듯이, 언어를 통하여 그 어려움을 관리, 극복하고 나아가 그것을 긍정적으로 인식하고 재구성해 나갈 수 있다고 본다(Kahn, 2000). 따라서 학습문제해결 학습컨설팅에서는 문제의 원인이나 이유를 이해하고 분석하기보다는 해결책에 관심을 둔다(Birdsall & Miller, 2002; Kahn, 2000). De Shazer는 학습문제해결 학습컨설팅을 자물쇠와 열쇠로 비유하여 왜 자물쇠가 존재하고 문이 열리지 않는지에 집중하기보다는 자물쇠의 열쇠를 찾는 것이 더 중요하다고 주장하였다(Sharf, 2015). 이 접근은 문제해결을 위해 긍정지향적인 태도를 견지하며, 의뢰인 및 의뢰대상의 문제, 결함, 약점에 초점을 두기보다 그의 강점 및 자원과 효과적 해결책에 집중한다(Birdsall & Miller, 2002; Corey, 2014; Kahn, 2000; Sommers-Flanagan et al., 2015).

3 학습문제해결 학습컨설팅의 목적 및 목적에 따른 유형

1) 학습문제해결 학습컨설팅의 목적

학습문제해결 학습컨설팅은 클라이언트/의뢰대상인 학생의 학습역량 향상과 행동 변화를 궁극적인 목적으로 본다. 그리고 학생이 학습과 관련한 당면문제를 해결하거나 잠재적 문제를 예방하는 역량을 향상시키도록 조력할 수 있는 컨설티/의뢰인의 역량을 개발하고 그것을 지원하는 것을 목표로 한다(김정섭, 2009). 이때 필요한 컨설티/의뢰인(교사)의 역량이란 의사소통 능력, 동기부여 기술, 훈련(discipline) 기술, 소그룹 역동의 이해, 혹은 학부모와의 상호작용 기술 등이 포함될 것이다(Dinkmeyer & Carlson, 2006). 그리고 학생의 학습역량과 행동의 변화란 학습동기를 고취하고, 주의집중력을 높이며, 시간관리 능력을 향상시키는 등 바람직한 학습습관 형성과 학습성취를 달성하고, 그 과정에서 경험하는 실제적 행동변화를 의미한다고 볼 수 있을 것이다.

2) 목적에 따른 학습컨설팅의 유형

가) 처방적 학습컨설팅 vs. 예방적 학습컨설팅

학습컨설팅은 목표와 문제의 심각성 수준에 따라 크게 처방적 접근(Remedial emphasis)과 예방적 접근(Preventive emphasis)으로 나눌 수 있다(김정섭, 2009; 윤채영 외, 2011; Martin, 1983). 처방적 혹은 치료적 학습컨설팅은 문제가 표면화 되어 있고 그 문제의 심각성이 비교적 높은 경우에 활용되는 접근법으로, 주로 학습장애나 학습부진을 겪고 있는 개인 혹은 집단이 클라이언트/의뢰대상이 된다(김정섭, 2009). 이 접근에서는 클라이언트/의뢰대상이 당면하고 있는 문제에 대한 진단·처방을 목표로 설정하고(윤채영 외, 2011), 그에 따라 문제에 대처하기 위한 특정 학습문제 해결기법을 컨설티/의뢰인에게 교육시킨다.

그와 달리 예방적 학습컨설팅은 클라이언트/의뢰대상이 장래에 직면할 수 있는 잠재적 학습문제나 행동문제를 미리 예상하고 이러한 문제가 일어나지 않도록 조치를 취하는 접근법이다(김정섭, 2009; 윤채영 외, 2011). 따라서 사전에 문제대처능력을 향상시키고 학생들의 잠재력이 충분히 발휘되도록 하는 장기목표를 지닌다(윤채영 외, 2011). 예방적 컨설팅은 클라이언트/의뢰대상이 다양하여 개별 학생, 학급, 전교생 등이 될 수 있다(김정섭, 2009).

나) 클라이언트/의뢰대상 중심 vs. 컨설티/의뢰인 중심 vs. 조직 중심 학습컨설팅

처방적 컨설팅과 예방적 컨설팅은 변화의 초점을 클라이언트/의뢰대상에게 두는가, 컨설티/의뢰인에게 두는가, 조직에 두는가에 따라 세 가지 유형으로 구분한다(김정섭, 2009). 첫 번째 유형은 클라이언트/의뢰대상 중심의 컨설팅으로 클라이언트/의뢰대상의 학습문제 해결을 최우선으로 한다. 이를 위해 컨설티/의뢰인에게 클라이언트/의뢰대상의 문제 진단과 해결에 필요한 도움을 제공한다. 이 과정에서 컨설티/의뢰인의 문제해결 역량이 강화가 될 수는 있으나 이는 부수적인 수확일 뿐이며 실제로 클라이언트/의뢰대상의 문제해결이 우선시 된다(김정섭, 2009). 클라이언트/의뢰대상 중심의 처방적 컨설팅의 목표는 컨설턴트가 클라이언트/의뢰대상의 문제를 진단, 처방하고 이를 컨설티/의뢰인이 잘 수행하도록 돕는 것이다(김정섭, 2009; Martin, 1983). 이에 비해 클라이언트/의뢰대상 중심의 예방적 컨설팅에서의 목표는 클라이언트/의뢰대상의 잠재적인 문제를 진단하고 예방하는 것이다(김정섭, 2009).

두 번째 유형은 컨설티/의뢰인 중심의 기법 교육 컨설팅으로 궁극적 목적이 클라이언트/의뢰대상의 문제해결이라는 점이 클라이언트/의뢰대상 중심 컨설팅과 같으나 컨설티/의뢰인에게 문제를 해결할 수 있는 다양한 기법을 훈련시키는 데 초점을 두는 것이 차이가 있다(김정섭, 2009). 이 유형은 컨설턴트가 클라이언트/의뢰대상과 상호작용할 필요는 거의 없다. 컨설티/의뢰인 중심의 처방적 컨설팅은 컨설티/의뢰인에게 클라이언트/의뢰대상의 특정한 학습문제를 해결하기 위해 필요한 기법을 훈련시키는 반면 컨설티/의뢰인 중심의 예방적 컨설팅은 장래에 있을 수 있는 학습문제를 대비하는 예방 차원의 역량 강화에 초점을 둔다(김정섭, 2009).

학습문제해결 학습컨설팅에서는 학생이 현재 학습문제가 없어도 미래에 문제가 발생할 수 있다고 전제할 수 있으므로(김정섭, 2009) 예상되는 잠재적 문제를 미연에 방지하는 측면에서 학습문제해결 학습컨설팅의 목적을 설정할 수 있다(윤초희, 2009; Feldman & Kratochwill, 2003). 이렇게 볼 때, 클라이언트/의뢰대상 중심 혹은 컨설티/의뢰인 중심의 예방적 접근의 형태는 학습컨설팅의 예방적 가치를 구체적으로 실현시킨다고 볼 수 있다.

세 번째 유형은 조직 중심의 컨설팅으로 학교전체 또는 특정 조직의 체제 내지는 구조의 변화에 초점을 둔 컨설팅이다. 조직 중심의 처방적 컨설팅은 학교나 학교의

하부조직의 체제 혹은 구조의 문제를 진단하고 처방하는 데 목표를 두고 있다(김정섭, 2009). 반면 조직 중심의 예방적 컨설팅은 조직의 잠재적 발달에 초점을 두고, 미래 비전을 향해 나가는 조직의 체계화된 관리(Kurpius & Fuqua, 1993) 및 조직 구성원의 역량 강화를 목표로 한다(김정섭, 2009).

표 1.2 학습컨설팅의 종류와 유형에 따른 목표 및 역할

컨설팅의 종류 및 유형	클라이언트 중심	컨설티 중심	조직 중심
처방적 컨설팅	·목표: 클라이언트의 문제를 진단하고 처방 ·역할: 학습 상담가, 학습 클리닉 전문가	·목표: 컨설티에게 특정한 클라이언트의 문제를 해결하기 위한 기법 교육 ·역할: 훈련가, 교육자	·목표: 조직의 문제를 진단하고 처방. 갈등 관리가 중요한 문제 ·역할: 장학사, 협력자
예방적 컨설팅	·목표: 클라이언트의 잠재적 문제를 진단하고 예방 ·역할: 정보전달자	·목표: 클라이언트의 역량 강화를 위한 기법 교육 ·역할: 협력자, 교육자	·목표: 조직의 잠재적 발달을 위한 조직 구성원의 역량 강화 ·역할: 촉진자, 협력자

출처: 김정섭(2009)을 수정.

4 학습문제해결 학습컨설팅의 모형

모형이란 문제를 개념화하거나 문제의 해결을 위한 문제접근방식을 의미한다(윤초희, 2009). 컨설팅 모형에 따라 컨설팅의 과정과 문제의 접근법이 달라지기 때문에 효과적인 학습컨설팅을 위해 컨설팅을 의뢰한 문제에 맞는 컨설팅 모형을 채택하는 것이 중요하다(윤채영 외, 2011; Kurpisu & Fuqua, 1993). 모형에 따라 컨설턴트의 역할도 달라져서 컨설티/의뢰인이 해결책을 찾도록 도울지, 직접 문제를 해결해줄지가 결정된다. 모형을 채택할 때는 다양한 변인을 고려해야 한다. 컨설팅을 의뢰한 컨설티/의뢰인(학교, 교사, 학부모 등)과 관련한 다양한 변인들, 즉 상황적 변인, 조직적 변인, 컨설팅을 경험한 횟수, 기간 등을 고려해야 하고 또 컨설턴트와 컨설팅의 특징도 고려해야 할 사항이다(신종호, 최효식, 2013). 또한 여러 가지 모형을 절충해서 적용할 때 보다 효

과적인 결과를 얻을 수도 있으므로 신중하게 모형을 채택해야 한다(윤초희, 2009).

컨설팅 모형에는 정신건강 모형(mental health model), 행동 모형(behavioral model), 과정 모형(Process model), 치료 모형(prescriptive model), 예방 모형, 프로그램 모형, 교육 −연수 모형(instructional model), 전문가 모형(expert model), 협력적 모형(collaborative model), 조직 컨설팅 모형(organizational model), 지지 모형(advocacy model) 등 대략 11개의 모형이 존재한다(이명숙 외, 2015). 이중 가장 많이 사용되는 모형은 행동 모형, 정신건강 모형과 협력적 모형이다(윤초희 2009). 의뢰문제가 행동관련 문제인지, 개인 내적인 정신건강 및 정서 문제인지에 따라 행동모형과 정신건강 모형으로 분류하며, 컨설턴트와 컨설티/의뢰인의 관계의 유형에 따라 전문가 모형 혹은 협력적 모형으로 분류한다(윤채영 외, 2011). 이렇게 볼 때 학습문제해결 학습컨설팅은 일반적으로 행동 모형에 속하고 진행방법에 있어서는 전문가 모형과 협력적 모형 둘 다 가능하다. 행동모형, 정신건강 모형, 전문가 모형, 협력적 모형을 살펴보면 다음과 같다.

1) 행동 모형

행동 모형은 학교기반 컨설팅 중 가장 많이 활용되는 모형으로서 1977년 John Bergan이 컨설턴트로 하여금 컨설티/의뢰인에게 도움을 줌으로써 더 많은 수의 클라이언트/의뢰대상을 돕기 위한 모형으로 소개하였다(Dougherty, 2014; Palmer, Pham, & Carlson, 2011). 이 모형은 클라이언트/의뢰대상(개인 혹은 조직), 혹은 컨설티/의뢰인의 구체적인 행동변화를 목표로 한다(Dougherty, 2014). 타 모형에 비해 매우 구조화된 이 모형(Henderson & Thompson, 2011)은 행동주의의 이론을 기반으로 발전하였다. 모든 행동은 학습될 수 있으며 관찰가능하고 계량화 시킬 수 있다고 전제하므로 '공격적 행동'이라는 표현보다는 '남을 때리는 행위의 빈도 및 정도'와 같이 측정 가능한 행동으로 문제의 조작적 정의를 내리며, 목표를 위해 문제행동과 대별되는 바람직한 행동을 정의한다. 주로 행동수정 기법이나 문제해결 과정을 이용하여 클라이언트/의뢰대상의 바람직한 행동은 증진시키고 문제 행동은 감소시키고자 한다(윤초희, 2009). 시간이 지나면서 타 이론과 기법을 포괄하며 '문제해결 컨설팅'으로 용어가 대체되고 있다(Kratchwill et al., 2002; Dougherty, 2014; Feldman & Kratochwill, 2003; Newell, 2007에서 재인용).

행동 모형에서 컨설턴트는 문제를 진단하고 해결책을 제시하는 전문가로서의 역할을 하고 컨설티/의뢰인은 제시된 해결책을 실행한다. 실행과정에서 어려움이 있을 경우 컨설턴트는 다시 이에 대한 피드백을 제공하고 적절한 훈련을 시킴으로써 컨설티/의뢰인이 목표를 달성하도록 조력한다(윤초희, 2009). 학교기반 컨설팅의 경우, 행동모형으로 분류되는 전통적 컨설팅 모형과 공동 컨설팅(Conjoint Consultation) 모형이 가장 널리 사용되고 있다(Feldman & Kratochwill, 2003). 전통적 모형은 컨설티/의뢰인을 교사나 학부모 중 어느 한 편만 대상으로 하지만 공동 컨설팅 모형(Conjoint Consultation)은 교사와 학부모를 동시에 참여시킨다는 차이점이 있다(Dougherty, 2014; Feldman & Kratochwill, 2003).

2) 정신건강 모형

정신건강 모형은 학습문제가 클라이언트/의뢰대상의 정신건강, 정서, 대인관계에서 오는 갈등에서 비롯된다고 보고 이 같은 개인내적 문제를 다루는 데 초점을 둔다.

정신건강 모형에서의 목표는 크게 두 가지로 볼 수 있는데 컨설티/의뢰인이 당면한 문제에 효과적으로 대처하고 해결하기 위해 실제적인 능력을 갖추는 것과 앞으로 생길 수 있는 문제에 대비하고 변화상황에 적응할 수 있는 예방적 차원의 역량강화이다(윤초희, 2009; Dougherty, 2014). 여기서 교사인 컨설티/의뢰인의 역량은 클라이언트/의뢰대상인 학생의 정신건강과 관련된 문제를 해결할 수 있는 역량이다. 정신건강 모형의 또 다른 특징은 컨설턴트가 전문가로서 문제를 진단하고 해결책을 제시하기는 하지만 실제로 실행에 옮기는 책임은 없고, 컨설티/의뢰인도 컨설턴트가 제시한 바를 반드시 채택해야 한다는 강제성을 띄지 않는다는 것이다(윤초희, 2009; Dougherty, 2014; Henderson & Thompson, 2011). 이는 본 책에서 제시하는 학습문제해결 학습컨설팅과 동일하다.

3) 전문가 모형

전문가 모형은 컨설팅의 내용과 과정의 전문성을 모두 가진 컨설턴트가 학습문제해결을 위해 클라이언트/의뢰대상과 직접 상호작용하는 직접 서비스의 형태이다(윤채영 외 2011). 이 경우 컨설턴트가 자신의 전문성에 따라 직접 서비스나 프로그램 등을 개발·제공하기도 한다(Kurpius & Fuqua, 1993). 협력적 모형에 비해 문제해결 방안 수립, 실행 및 문제해결의 성공 여부 등에 대한 컨설턴트의 책임이 큰 편이다. Schein (1991, Kurpius & Fuqua, 1993에서 재인용)은 전문가 모형을 크게 전문성 구매 모형

(purchase of expertise model)과 의사-환자 모형(doctor-patient model)으로 분류하였는데 이는 진단단계에서 컨설턴트가 어느 정도 역할을 하느냐에 따른 것이다. 전문성 구매 모형에서는 컨설티/의뢰인이 문제를 진단한 후 그 문제를 다룰 수 있는 전문성을 가진 컨설턴트에게 컨설팅을 의뢰하고 컨설턴트가 그 문제의 해결방안을 제시하면 컨설티/의뢰인이 그 방안에 따라 실행한다. 이와 달리, 의사-환자 모형에서는 컨설턴트가 문제를 진단하고 해결방안을 제시하면 컨설티/의뢰인이 그 방안에 따라 실행한다(윤채영 외, 2011; Kurpius & Fuqua, 1993).

4) 협력적 모형

이 모형은 다양한 전문성을 가진 컨설턴트와 컨설티/의뢰인이 당면한 문제해결을 위해 수평적 관계에서 협력적으로 상호작용하며 함께 학습문제를 진단하고 해결하여 공동책임을 지는 컨설팅이다(윤초희, 2009; 윤채영 외, 2011; Kampwirth & Powers, 2016; Kurpisu & Fuqua, 1993). 협력적 모형에서의 목표는 클라이언트/의뢰대상의 기능을 향상시키고 컨설티/의뢰인의 역량을 강화하는 데 있다(Kampwirth & Powers, 2016). 이 모형은 학교구성원들이 컨설팅에 대한 이해와 인식수준이 높고, 컨설팅의 준비가 충분히 되어 있어야 효과적이다. 따라서 컨설팅에 대한 헌신(commitment)이 더 많이 요구된다(신종호, 최효식, 2013; 윤채영 외, 2011; Kampwirth & Powers, 2016).

5 학습문제해결 학습컨설팅의 일반적 절차

채택된 학습컨설팅 모형에 따라 학습컨설팅의 절차가 조금씩 다를 수 있으나 협력적 모형을 기반으로 하는 학습문제해결 학습컨설팅의 절차는 일반적으로 협력관계 형성 및 학습컨설팅의 구조화, 학습문제의 진단, 학습컨설팅 목표 설정/수립, 개입전략 설정/수립, 개입전략 실행, 종결 및 추수관리(신을진, 김형수, 2007 참고; 이명숙 외, 2015; Kahn, 2000 참고)로 볼 수 있다. 이 절차에 대해서는 제4부에서 자세히 살펴보겠으나 여기서 각각 간단히 살펴보면 다음과 같다.

1) 협력관계 형성 및 학습컨설팅의 구조화

컨설턴트와 컨설티/의뢰인 간의 협력관계 형성은 성공적 컨설팅을 위해 반드시 선행되어야 한다(신을진, 김형수, 2007; 이명숙 외, 2015; Dinkmeyer & Carlson, 2006; Feldman & Kratochwill, 2003; Thompson, 2002). 이 협력적 관계를 바탕으로 목표 설정/수립 및 개입전략의 설정/수립이 더 효과적으로 이루어질 수 있다(Kampwirth & Powers, 2016).

컨설팅의 구조화는 학습컨설팅에 대한 구조화와 학습컨설팅 관계에 대한 구조화를 다룬다. 즉, 앞으로 컨설팅을 어떻게 진행해 나갈 것인지 설명하고 서로 간의 역할을 명료화하며 기대에 합의하는 과정이다(신을진, 김형수, 2007). 특히 컨설티/의뢰인에게 문제해결중심 컨설팅의 특징 —컨설티/의뢰인과 클라이언트/의뢰대상의 강점과 자원, 또 문제해결 중심— 을 설명하여 컨설팅에 대한 이해를 높이는 것이 필요하다(Kahn, 2000). Kahn(2000)은 Juhnke(1996)을 인용하여 공식적인 첫 면담 전에 컨설티/의뢰인이 본인의 강점, 자원과 컨설팅의 목표에 대한 설문지를 작성해 오도록 추천하고 있다. 이는 본인이 파악하고 있는 강점과 자원에 기초하여 목표를 설정하고 개입전략을 설정해야 실천 가능성이 높아지기 때문이다(신을진, 김형수, 2007).

2) 학습문제의 진단

앞에서 언급하였듯이 학습문제해결 학습컨설팅에서는 학습문제의 원인이나 이유에 초점을 두기보다는 학습향상을 위한 해결책에 강조점을 둔다(Corey, 2014; Kahn, 2000; Sharf, 2015). 이에 학습문제해결 학습컨설팅에서는 문제를 이해하고 분석하는 과정은 최소화하고 현재 컨설티/의뢰인 혹은 클라이언트/의뢰대상의 강점 및 자원을 이해하는 데 더 많은 시간을 할애한다. 이를 바탕으로 컨설티/의뢰인과 클라이언트/의뢰대상이 미래에 대해 긍정적 관점을 갖게 하여 다양한 문제해결 방법을 강구하도록 한다. 그럼에도 불구하고 문제 상황의 명확한 인식(이명숙 외, 2015; 정세영, 김정섭, 2016; Feldman & Kratochwill, 2003; Thompson 2002)과 구체적인 문제를 정의하고 진단하는 과정은 필요하다. 이 단계에서는 컨설티/의뢰인이 학습컨설팅을 의뢰한 이유가 무엇인지, 인식한 학습문제가 무엇인지, 학습문제의 이유는 무엇인지, 컨설턴트/의뢰인의 특성은 어떠한지, 표면적으로 드러나지 않은 문제가 있는지 등을 파악하도록 조력한다. 필요에 따라 문제에 대한 정보수집도 하게 한다(윤채영 외 2011; 정세영, 김정섭, 2016).

3) 학습컨설팅 목표 설정/수립

학습문제해결 학습컨설팅이 미래중심적이며 문제의 진단보다는 해결에 강조점을 두는 것과 같은 맥락으로 학습문제해결 학습컨설팅에서는 목표설정도 중요한 과정으로 여긴다(Kahn, 2000). 목표설정 단계에서는 학습컨설팅의 궁극적인 목적과 방향이 무엇인지 파악하고, 제시된 학습 문제가 처방적/치료적 차원인지 혹은 예방적 차원인지에 대한 확인도 필요하다(정세영, 김정섭, 2016). 종종 학습장면에서 컨설티/의뢰인 혹은 클라이언트/의뢰대상이 어떤 목표를 세워야 할지 막연하게 여길 수 있다(신을진, 김형수, 2007). 이는 컨설티/의뢰인이 학습장면에서 클라이언트/의뢰대상(학생)에 대한 불만은 쉽게 떠오르지만 정작 어떤 목표로 어떻게 개입해야 하는지에 대해 구체적으로 생각하지 않았을 가능성이 높기 때문이다(신을진, 김형수, 2007).

4) 개입전략 설정/수립

목표가 세워지면 그 동안 시도했던 문제해결 방법과 성공했던 상황을 분석하여 다양한 개입전략을 탐색한 후 가장 적절한 개입전략을 설정/수립한다(이명숙 외, 2015; Kahn, 2000). 개입전략은 실행 가능해야 하며(이명숙 외, 2015), 목표와 같이 구체적이어야 한다(Kahn, 2000). 즉, 누가 언제 어떻게 어디서 무엇을 할지 구체적 행동으로 기술해야 한다. 개입전략은 이미 성공했던 경험이 있는 기법을 활용하고 실패했던 개입전략은 다시 사용하지 않는다는 원칙하에 결정하기 때문에 컨설티/의뢰인이 새로운 기법을 배워서 적용할 때보다 더 자연스럽게 할 수 있다. 성공했던 경험이 있는 기법을 사용하는 것이 새로운 기법을 익혀 사용하는 것보다 용이하기 때문이다. 개입전략을 설정할 때는 컨설티/의뢰인이 직접 개입전략을 결정하도록 해야 컨설티/의뢰인이 책임의식과 의지를 가지고 실행하게 되고, 문제 재발의 가능성이 줄어든다(Kahn, 2000).

5) 개입전략 실행

실행단계에서는 컨설턴트와 컨설티/의뢰인 간의 공식적인 면담 없이 컨설티/의뢰인이 개입전략을 직접 실행한다(윤초희, 2009; PRIME). 그러나 컨설턴트는 컨설티/의뢰인에 적극적인 지지를 지속적으로 표하며, 컨설티/의뢰인이 개입전략을 적절히 실행하기 위한 역량이 되는지 모니터링한다(Feldman & Kratochwill, 2003; PRIME). 그 외에도 컨설턴트는 컨설티/의뢰인과 설정된 계획이 잘 실행되고 있는지 협력적으로 분석하고, 필요에 따라 개입전략의 수정 여부를 함께 결정한다(이명숙 외, 2015; Sheridan & Cowan, 2004; Sheridan & Elliott, 1991).

6) 종결 및 추수관리

학습컨설팅의 효과를 평가하기 위해서는 컨설팅 내용, 과정 및 결과를 모두 평가하고, 목표가 달성되었는지 확인 후 종결한다(윤초희, 2009; 이명숙 외, 2015; PRIME; Sheridan & Cowan, 2004). 이 단계에서 실행 이후의 계획을 수립하기도 한다(윤초희, 2009; PRIME).

아동·청소년의 학습 관련 문제의 해결은 매우 중요한 과제이나 이에 대한 적절한 대처가 부족한 실정이다. 이에 학습컨설팅의 이해를 도모하고 학습컨설턴트를 양성하는 것이 시급하다.

학습문제해결
학습컨설팅의 기술

학습문제해결 학습컨설팅의 기술

박 상 범

급변하는 현대 사회에서 학교는 변화와 함께 끊임없는 성장을 요구받고 있다. 학교는 변화하는 환경의 요구를 수용하면서 동시에 학교 안팎에서 일어나는 다양한 교육관련 문제들을 해결해야 할 책임이 있으며, 실제 교육장면에서 학교, 교사, 학생들은 다양한 문제에 직면하고 있다. 이를 조력하기 위해 여러 분야의 전문가들이 자신의 전문성을 이용하여 문제를 해결하는 학습컨설팅이 도입되고 있다.

학습컨설팅이란 학습과 행동 전문가인 컨설턴트가 학생의 학습과 적응을 향상하기 위해 학생의 문제를 의뢰해 온 교사와 상호작용하여 심리, 행동, 학습 관련 서비스를 제공하면서 함께 일하는 과정이다(김정섭, 2009; 신종호, 최효식, 2013; 윤채영, 윤소정, 김정섭, 2011; Dougherty, 2000; Kampwirth, 2006). 학습컨설팅을 수행하기 위해 다수의 학자들(Bradley, 1994; Dougherty, 2009; Kampwirth, 2006)은 컨설턴트들이 갖추어야 할 핵심역량을 제시하며 전문성의 필요성을 강조하였다.

학습컨설턴트에게 필요한 학습, 행동 영역의 전문성은 교사들이 어려워하는 문제상황을 해결해주는 것과 밀접한 관련이 있다는 점에서 볼 때, 컨설턴트뿐만 아니라 현직교사, 예비교사들이 교원양성 및 교사교육 과정에서 개발해야 할 전문성이기도 하다. 교사들이 학습, 행동 영역의 전문성을 갖추고 사전에 예상되는 문제를 예방할 수 있다면 더 나은 교육환경을 조성할 수 있을 것이다. 또한 컨설턴트로서 교사는 컨설티(초임교사 및 동료교사, 학부모)에게 문제해결 서비스를 제공할 수 있을 것이다(신종호,

최효식, 2013).

신종호와 최효식(2013)은 교사가 학습컨설턴트로서 필요한 역량을 갖춘다는 것은 크게 두 가지 측면에서 장점이 있을 수 있다고 하였다. 첫째, 교사는 사전에 학습, 정서, 행동문제를 예방할 수 있을 뿐만 아니라 직면한 문제에 스스로 효과적으로 대처할 수 있으며, 둘째, 컨설턴트로서 컨설티(동료교사 또는 학부모)의 문제해결 과정에 도움을 줄 수 있다.

따라서 본 장에서는 실제 교육장면에서 나타날 수 있는 학습문제 유형을 분류하고, 그에 따른 다양한 문제들을 해결할 수 있는 학습문제해결 기술(skill)에 대하여 살펴보도록 한다.

1 학습문제 유형 분류

학습관련 문제 분류와 학습부진 요인에 관한 선행연구들은 광범위하게 수행되어져 왔다. 학습관련 문제 분류와 관련하여서는 학습부진모형에 입각해 학습부진아 유형을 분석한 박병찬, 이영신, 조시화(1980)의 연구(황매향, 2009), 학습부진 진단검사에 근거해 학습부진아 유형을 분석한 서병환(1983)의 연구, 청소년 문제유형분류체계에 대한 기초연구를 수행한 김창대, 이정윤, 이영선, 남상인(1994)의 연구와 이를 보다 체계화하여 제안한 홍경자, 김창대, 박경애, 장미경(2002)의 연구, 한국청소년상담원 제안 학업문제를 분류한 김태성과 그의 동료들(2001)의 연구, 학습의지 방해요소 군집분석을 통해 학습부진을 유형화한 신을진(2005)의 연구 등이 대표적이다.

학습부진 원인에 관해서는 Bloom(1976)의 연구가 첫 시도일 것이다. 그는 학업성취 결정요인에 관한 활발한 논의를 촉구하고, 그동안의 학업성취도 결정요인에 대해 종합적인 분석을 하였다. 이후 Madel과 Marcus(1988)는 미국에서 수행된 학업성취도 관련 변인에 관한 경험적 연구를 포괄적으로 정리하였는데, 이러한 연구는 최근 Arbona(2000)의 학업성취도 예언변인 정리까지 이어졌다. 국내에서는 오성삼과 구병두(1999)가 학업성취 관련 변인의 메타분석을 하였고, 이해명(1998)이 학업성취 결정구조를 검증하였다. 박영신, 김의철, 정갑순(2004)은 토착심리학에서의 학업성취 결정구조를 제안하면서 우리나라의 토착적인 부모자녀 관계의 변인을 학업성취도 과정에서 고려해야 한다고 강조하였다.

이러한 학습문제와 관련된 논의들은 광범위하여 어떤 하나의 모형으로 요약하는 데 어려움이 있다. 학습컨설팅을 어렵게 하는 여러 상황을 그대로 두고 보기보다는 컨설턴트들이 보다 효율적으로 학습컨설팅을 진행할 수 있도록 개념적 틀을 제공하는 것이 무엇보다 필요하다.

이와 관련하여 황매향(2009)은 Hoghughi(1992)의 문제분류체계의 기능과 좋은 문제분류체계를 기준점으로 하여 선행연구들의 주요 요소들을 통합한 새로운 학습문제 유형을 분류하여 <표 2-1>과 같이 제안하였다.

표 2.1 호소문제와 학습부진 요인

학습부진요인 호소문제	능력요인					인지요인			정서요인			행동요인		환경요인	
	지능	기초학습	선수학습	적성	인지양식	태도동기	기대지각	비합리적신념	우울	불안	스트레스	학습전략	공부시간	물리적환경	심리적환경
시험불안								○		○					
공부에 대한 회의								○	○						
집중력 부족					○							○			
걱정과 스트레스						○	○	○	○	○					
공부방법					○							○	○		
공부반감						○		○							
노력해도 성적 부진	○	○	○	○								○			
능력부족	○	○	○												
습관 미형성												○	○		
동기부족						○									
성적 집착								○		○	○				○
대인관계															○
낮은 학습효능감						○	○								
다른 활동과 갈등						○						○		○	○
신체적 물리적 환경														○	

출처: 황매향(2009) 재인용.

본 장에서는 학습문제해결을 위한 학습컨설팅 기술은 Hoghughi(1992)의 문제분류체계를 기반으로 개인의 능력 및 인지요인, 행동요인, 환경요인으로 분류하여 제시하고자 한다. 본격적으로 학습문제해결을 위한 학습컨설팅 기술을 논함에 앞서 학생에 대한 분석이 선행되어야 할 것이다. 학생에 대한 분석은 학생 및 교실평가를 통하여 확인할 수 있을 것이다.

1) 학생평가

학생의 행동문제나 학습문제를 해결하기 위한 학습문제해결 학습컨설팅에서 학생평가는 문제해결 방법을 찾을 수 있는 기초를 제공하기 때문에 중요하다.

학생평가와 관련하여 Kampwirth(2006)는 RIOT를 제안하고 있다. RIOT는 기록검토(Records review), 인터뷰(Interview), 관찰(Observation), 검사(Testing)의 네 가지 부분으로 평가과정을 나누고 있다.

① 기록검토

컨설턴트는 학생생활기록부(지능지수, 성격, 태도, 대인관계, 교사의 질적 평가 등)와 같은 축적된 자료 또는 학생의 개인 포트폴리오 자료가 존재한다면 면밀히 검토하여 다양한 정보를 얻을 수 있을 것이다.

② 인터뷰

학습자와 인터뷰하기 위한 기술은 '의사소통 및 대인관계 기술'에서 구체적으로 다루기로 한다. 컨설턴트는 인터뷰(구조화된 또는 비구조화된)를 통하여 원인, 증상, 그리고 가능한 중재에 대한 자료를 수집할 수 있어야 한다. Kampwirth(2006)는 다음과 같이 학습문제 사례에서 사용할 수 있는 질문을 제시하고 있다.

- 일반적인 학교생활에 관해서 말해주세요. 학교의 어떤 부분이 가장 좋은가요?
- 어떤 과목을 가장 싫어하나요? ○○ 과목이 가장 싫은 이유가 있나요?
- (의뢰된 부분에 초점을 두며) 학생이 _____을 시도했을 때 무슨 일이 일어났나요?
- 학생에게 어려워 보이는 _____의 부분들은 무엇인가요?
- 사람들이 도와주었던 일은 무엇인가요?
- 그들이 학생을 도와주었다고 느꼈나요?
- 학생에게 _____이 더 좋아지거나 쉬워지도록 만들었던 방법은 무엇인가요?
- 우리가 학교에서 학생에게 _____을 도와주었으면 좋겠나요?

③ 관찰

학생의 학습활동, 작업수행 정도, 학습과 관련한 교실 분위기를 관찰하고 담임교사에게 학생의 수행결과 또는 포트폴리오 등을 제공받을 수 있다. 이와 관련하여 컨설턴트는 학생을 관찰하기 위해 한 번 이상 교실 장면에서의 관찰이 필요할 수 있다.

④ 검사

컨설턴트는 형식적인 검사(formal test)와 비형식적 검사(informal test)를 통하여 의뢰된 학생의 성취도, 특별한 능력과 관련한 결핍의 정도, 그리고 과제에 대한 접근 양식에 대한 정보를 확인할 수 있어야 한다.

Kampwirth(2006)는 RIOT 평가법을 실행할 때의 질문과 제안을 다음과 같이 제시하였다.

① 의뢰된 문제를 재정리하라. 의뢰인이 정말 알고자 하는 것은 무엇인가? 정확하게 어떤 학습 또는 어떤 행동문제인가? 의뢰한 사람에게서 진단적 정보를 얻으라.

② 의뢰된 학생이 3년 이내의 재평가인가? 자료는 학생의 개별화 교육계획 목표에 비추어 유용하여야 하기 때문에 재평가라면 학생의 정보를 최신의 것으로 갱신하여야 한다.

③ 이 평가의 목표는 무엇인가?

④ 문제와 목표를 결정하고 나면, 문제를 명확히 하고 목표를 성취할 수 있게 하는 정보원을 찾아야 한다.

⑤ 관찰을 할 때는 일반적으로 학생이 눈치 채지 못하도록 조심하면서 타깃 행동을 관찰하여야 한다. 그러나 참여관찰을 할 경우에는 교실 주위에 머물러서 교실활동에 어떻게 참여하고 반응하는지 관찰하도록 하는데, 이 과정에서 학생들의 활동에 방해가 되어서는 안된다.

⑥ 교사와 관찰한 것(예, 평상시의 행동과 다른 점, 최근의 개입과 성공유무 등)에 대해 논의한다.

⑦ 교사는 학생에게 어떠한 개입을 시도하였는가? 개입은 얼마나 잘 실행되고 있

는가? 어떻게 향상될 수 있을까? 교사가 지원을 수정할 수 있는가? 교사는 어떤 것을 시도하기를 원하며, 우리는 무엇을 제공할 수 있는가?

2) 교실평가

Rosenfield(1987)는 학습 문제에 대한 의뢰의 대부분이 학습자의 능력과 커리큘럼 사이의 부조화에 기인하며, 문제를 학생의 개인적인 것으로 보기보다는 학습 환경, 교수방법, 그리고 커리큘럼의 상호작용에서 조사하는 것이 더 유용하다고 하였다. 그는 일반적인 기준에 근거한 평가에 반대하며, 교육 관찰과 커리큘럼에 근거한 평가를 강조하였다.

교실진단방법에 관하여 Yesseldyke와 Christenson(2002)의 학습행동의 기능평가 (FAAB)도 참고할 수 있다. 이 평가는 학생과 학습 환경 사이의 상호작용을 알기 위한 하나의 참조 틀로서 도움이 된다. 이 틀에서는 12개의 수업환경 요인과 5개의 가정 요인, 6개의 가정－학교 요인으로 구성된 세트의 인터뷰와 관찰양식을 사용하여 정보를 수집하도록 하고 있다(Kampwirth, 2006).

2 능력 및 인지요인

1) 지적 발달

학업성취와 관련된 인지적 기술을 수행할 때 개인마다 능력이 다르다는 것은 널리 알려진 사실이다(Gustafsson & Undheim, 1996). 또한 인지 능력과 학업성취는 비록 완전하지는 않지만 아주 강하게 연관되어 있음이 증명되었다(Brody, 1977). 일반적으로 종합 지능검사와 학업성취 간에는 .6~.7 정도의 상관관계를 가지는 것으로 보고되어 있다(Salvia & Yesseldyke, 2004; Sattler, 2001). 지능 외의 다른 요소 또한 학업성취와 관련되지만(Neisser et al., 1996), 표준화 지능검사를 사용했을 경우, 검사 결과에서 평균보다 상당히 낮은 점수를 보이는 학생은 사회－경제적 수준(SES)에 상관없이 일반적으로 낮은 학업성취를 보인다(Reynolds, Low, & Saenz, 1999; Sattler, 2001).

지능검사가 완벽한 것은 아니지만 표준화 검사 또는 다른 측정방법을 통해 학생의 지적 수준을 아는 것은 학습부진에 대한 하나의 가능한 이유를 이해하는 데 도움을 주며, 또한 그 학생들을 위한 계획을 수립하는 데 유용하다(Kampwirth, 2006). Kampwirth(2006)는 평균 이하의 지적 발달을 가진 학생들을 위한 적절한 개입방법을 다음과 같이 제안하고 있다.

- 언어적 교수를 쉽고 간단하게 한다.
- 다양한 조건하에서 반복, 검토 그리고 시연을 하게 한다.
- 실제로 보거나 손으로 만져볼 수 있는 구체적인 보조물을 사용한다.
- 학생이 반응할 때까지의 기다리는 시간을 늘린다.
- 학생의 선행지식을 상기시킨다.
- 학생의 반응 전에 가능한 기대되는 반응의 모형을 만든다.
- 다양한 학생으로 구성된 집단을 만들어 부진한 학습자가 능숙한 학습자를 모델링함으로써 배울 수 있도록 한다.

2) 주의집중

과제를 할 때 주의집중이 잘 되지 않아 문제를 느낄 때가 있는가? 만약 그렇다 해도 그것은 자기 자신만이 갖고 있는 문제는 아니다. 많은 학생들이 겪고 있는 학업문제 중 하나가 주의집중을 잘 하지 못하여 나타나는 것이다.

주의산만은 성질상 심리적인 것과 물리적인 것일 수 있다. 심리적 원인에 의한 주의산만은 우리들의 생활에 영향을 미치고 있는 여러 가지 정서적인 힘으로 생기는 심리적인 압력이나 긴장에서 온다. 물리적 원인에 의한 주의산만은 우리들의 시청각을 통해서 받아들여지는 의미 있는 외부의 광경이나 음향에 의해서 초래된다. 그러나 흔히 물리적 원인들이 심리적인 문제로 이끌기도 한다.

가) 심리적 원인에 의한 주의산만의 교정

심리적 주의산만의 일반적인 원인들은 부모와의 의견대립, 이성문제, 급우와의 알력이나 경제적인 걱정거리들이다. 그러한 내적 문제들이 학생의 정신집중을 흩트리므로 주의집중에 방해가 된다. 따라서 그러한 문젯거리는 제고되고 해결되거나 그렇지 않으면 통제되어야만 공부에 효과적으로 주의집중을 할 수 있게 된다.

심리적인 원인에 의한 주의산만에 대해서는 학생이 어떻게 대처하고 있는지, 왜 그러한 문제가 일어나게 되었으며, 그리고 어떻게 그러한 문제가 해결될 수 있을 것인지를 조직적으로 분석해 봄으로써 가장 잘 다루어질 수 있다.

나) 물리적 원인에 의한 주의산만의 교정

물리적 주의산만의 원인은 대개 환경 속에 언제나 존재하고 있으며, 그 원인들은 지적 과업을 수행하는데 효과를 감소시킨다. 물리적 원인에 의한 주의산만이 얼마만큼 영향을 주는지 깨닫지 못하기 때문에 학습 환경에서 그것들을 제거하는 대책을 세우지 못한다.

어디서 공부를 하든지 간에 공부의 능률은 다음의 세 가지 주요한 변인들에 의하여 영향을 받게 된다. 첫째, 청각적 주의산만, 둘째, 시각적 주의산만, 셋째, 무질서이다. 이러한 원인들에 의한 주의산만을 피하기 위해서는 조심스러운 계획이 필요하며, 학습의 능률을 증대시키기 위해서는 충분히 관심을 쏟아야 한다.

(1) 청각적 주의산만

청각적 주의산만은 대화, 라디오 및 TV, 외부의 소음에 의하여 온다. 이러한 것들은 제각기 능력을 한 곳으로 집중시키는 것을 방해하여 학습의 능률을 감소시킨다. 이를 위해 방에 "출입금지", "공부 중" 등의 표시판을 걸어 둘 필요가 있으며, 만약 한 방에서 공동생활을 한다면 공부하는 시간을 따로 조절하든지 혹은 공부하는 시간만은 이야기하지 말고 "조용히 하기"를 약속해야 한다. 만약 이러한 두 가지 방법이 다 불가능하다면 다른 공부할 장소를 찾아야 할 것이다.

(2) 시각적 주의산만

책상 위나 공부 장소를 둘러싸고 있는 직접적인 공간에는 핸드폰이나 기념품, 연예인 사진, 잡지, 기타 시각적인 주의산만을 일으킬 수 있는 것들은 모두 제거해야 한다. 단, 근원들을 제거하는 것에 있어서도 조심스럽게 해야 한다. 왜냐하면 오히려 그것이 심리적인 주의산만을 야기하여 주의집중을 파괴할 수 있기 때문이다. 다음의 세 가지 과정을 통해서 빨리 그리고 쉽게 불필요한 시각적 주의산만의 근원들을 제거할 수 있다. 첫째, 책상에 앉아서 바로 정면을 대하라. 둘째로, 눈에서부터 책상 뒤벽까지 두 개의 선을 긋는데 하나는 오른쪽 편으로 다른 하나는 왼쪽 편으로 각각 45도가 되게 그어라. 셋째는, 두 개의 선을 그어서 만들어진 삼각형에 포함되는 책상 면적 내에서 공부에 필요 없는 것들은 모두 치워야 한다.

(3) 무질서(무조직)

주의집중의 세 번째 적은 조직화의 결여이다. 무질서에 기인하는 주의산만을 감소시키기 위해서 두 가지 면에서 특별한 주의를 기울일 필요가 있다. 학습 환경과 학습 자료에 관한 것이다.

첫째, 학습 환경은 효과적인 학습에 본질적인 것이다. 전문가들은 공부하는 동안에 등을 바로 세울 수 있는 의자에 앉기를 권한다. 또한 침대에서 공부하거나 소파에서 팔다리를 쭉 뻗고 공부하는 것을 피해야 한다. 조명은 자연적인 것이든 인공적인 것이든 간에 책상 전면에 고루 비치도록 해야 하며, 반짝이거나 반사되는 것은 피한다. 방의 온도와 통풍도 학습에 최적의 조건으로 맞추는 것이 필요하다.

둘째, 학습 자료의 목록을 작성하고 미리 준비하는 것이다. 학습에 필요한 용품들을 책상에서 손에 닿을 수 있는 곳에 비치하고, 사용한 후에 모두 제자리에 두도록 한다.

(4) 도서관

여러 연구결과들은 도서관이 공부하기에 가장 좋은 곳이라는 사실을 제시하고 있다. 도서관에는 다른 어느 곳보다 주의산만을 일으키게 하는 근원들이 적다. 즉, 공부를 방해하는 여러 가지 유혹이 적다는 것이다. 자신이 장독립적 인지양식을 가지고 있든 장의존적 인지양식을 가지고 있든 도서관은 면학분위기가 조성되어 있어 학습에 효과적인 장소가 된다.

이러한 사항들 외에도 Kampwirth(2006)는 집중력 향상을 위한 적절하고도 효과적인 방법들을 다음과 같이 제안하고 있다.

① 주의산만함을 최소화할 수 있는 환경을 제공한다.
② 학과 수업을 극도로 구조화 한다.
③ 주의를 끌 수 있는 교재를 사용한다.
④ 숙제를 시작하기 전에 지시를 반복하게 한다.
⑤ 산만하고 주의력이 부족한 학생의 과제를 도와주는 공부 친구를 정해준다.
⑥ 과잉활동 학생에게 과제 범위 내에서 할 수 있는 활동을 찾아서 하게 한다.
⑦ 조직화 기술과 공부 기술을 가르친다.
⑧ 가능하다면 교재를 아주 작은 단위로 편성한다.
⑨ 학습을 돕기 위한 테크놀로지를 사용한다. 하지만 이것이 주의산만의 또 다른 원인이 되지 않도록 주의한다.
⑩ 주의집중을 위한 모든 노력에 대하여 강화를 제공한다.

3) 학습동기

학자들이 동기와 성취 간에 깊은 관계가 있다는 사실을 인정한 지도 오래다. 사실 동기요인은 모든 분야에서 인간 노력의 성공, 실패를 판가름하는 가장 중요한 결정인자의 하나로 간주되고 있으며, Hidi와 Harackiewcz(2000)는 학습부진의 원인 중 하나로 동기의 문제를 언급하였다. 동기와 학업성취 간에는 높은 상관관계가 존재한다(Wang et al., 1993; Weinstine, 1998).

학업성취와 관련하여 동기의 어떤 변인이 가장 높은 상관관계를 가지는지 명백히 설명할 수는 없지만 낮은 동기에는 수많은 이유가 존재한다. 즉, 평균 이하의 지적 능력으로 학습에 어려움이 있어서 그만두고 싶은 욕구가 큰 경우, 가정이나 지역사회가 학생의 학업성취에 관심이 적거나 없는 경우, 부족한 교수법, 우울, 학생의 흥미와 커리큘럼의 부조화, 전반적인 학교 교육 또는 특별한 교과나 교사에 대한 개인적 혐오, 성공에 대한 지각된 강화의 부족 등이 낮은 동기의 이유가 될 수 있다. 학업에 대한 동기가 향상되면 학업성취가 향상될 것이다. 그렇다면 학습동기 유발 방법은 무엇일까? Kampwirth(2006)는 동기유발을 위한 일반적인 방법으로 다음을 제안하였다.

① 학생의 시각에서 문제가 무엇인지 결정하기 위해 특정 학생과 교과 내용 및 교수법에 대해 검토한다.
② 학습과제에 학생을 참여시킬 방법을 찾는다. 이와 관련하여 Pressley(1998)는 학생은 학습활동이 실제 생활과 밀접하게 연관이 있을 때 주도적으로 참여하는 경향을 보인다고 하였다.
③ 여러 가지 흥미로운 시청각 교재를 제공한다.
④ 다른 사람과 함께 하는 협동학습 경험을 제공한다. 교육목표에 도달하기 위한 여러 가지 방법 중에서 학생이 선택할 수 있게 한다.
⑤ 가능한 한 노력에 대한 광범위한 강화물로 자주 강화한다.
⑥ 만약에 실패한 학생이 자신의 실패를 외적인 이유로 귀인하고 있다고 판단되면, 잘못된 귀인에 대해서 학생과 이야기한다(Marsh & Craven, 1997).
⑦ 학교 상담교사는 부진한 성취에 대한 이유를 알아보는 데 도움을 주기 위해 학업 미성취아와 함께 집단상담을 할 수도 있다.
⑧ 공부방법과 학습전략을 가르친다.

⑨ 불안을 적절하게 조절할 수 있도록 한다. 불안은 노력을 일으키기도 하지만, 너무 불안이 높으면 용기를 잃을 수도 있다.

이러한 일반적인 동기향상 방법과 더불어 학생의 학습 이유를 미래 직업과 관련 지음으로써 학습동기를 향상시킬 수도 있는데, 이와 관련된 지침은 다음과 같다.

① 학교에 입학하게 된 이유를 깊이 있게 생각해보도록 하고, 학업을 하는 실제 적이고 의미 있는 이유를 분명하게 말할 수 있도록 유도하라.

② 학교 졸업 후 무엇을 할 것인지를 생각해보도록 하고, 자신의 능력과 흥미에 맞는 실질적인 교육 및 직업에 관한 몇 가지 목표들을 세우도록 하라.

③ 교과목 공부를 자신의 직업계획에 항상 관련짓도록 노력하라. 단순 암기에만 그치지 말고 공부하는 자료와 선택한 직업 사이의 연관성을 찾아보려고 노력 해야 한다.

④ 자신의 교육 및 직업에 관한 흥미와 비슷한 흥미를 가진 사람들과 친숙해지려 고 노력하라. 언제든지 필요하다고 느낄 때 자신의 계획을 함께 의논할 수 있 는 대상을 찾는 것이 중요하다.

⑤ 선택한 직업과 밀접한 관계가 있는 일에 대한 경험을 갖는 것은 동기향상에 중요한 역할을 수행할 수 있다.

⑥ 학생 자신을 위하여 단기간의 교육목표를 세워라. 매 학기 초에 자신이 도달 하기 원하는 학과목의 점수를 정하라. 그런 후 학생이 세운 그 점수 목표에 도달할 수 있도록 세부 계획(시간계획 포함)을 작성하라.

⑦ 각 과목의 성적표를 만들어 잘 보이는 곳에 붙여두라. 이렇게 성적표를 그래 프화 시켜두면 매일의 학업향상의 추이를 알게 되고, 보다 목적의식이 뚜렷한 학습활동을 할 수 있게 되므로, 더 힘들여 공부해야 할 과목을 알게 된다.

⑧ 학습능률을 개선하려고 성실히 노력하라.

4) 자기관리와 조절

가) 자기관리

일상생활 및 학습활동을 할 때 학생들의 자기관리 수준에는 개인차가 존재한다. 일반적으로 관리는 방향(가기를 원하는 것이거나 하길 원하는 것), **계획**(어떤 지점에 이르거나 어떤 일을 하는 방법), **실행**(계획을 이행하는 것), 그리고 **평가**(얼마나 잘 수행했는지 혹은 그 활동이 가치가 있었는지를 판단하는 것)에 대한 의사결정과 관련된다. 이들 네 가지 결정이 우리의 일상생활에서의 행동에 어떻게 작용하는지 주의를 기울일 필요가 있다. 자신의 결정과 행동을 보다 의식함으로써 자기관리능력을 향상시킬 수 있다.

(1) 의사결정

우리가 내리는 각 결정에는 그것과 관련된 위험요소가 있다. 이러한 위험요소들 때문에 의사결정에 어려움이 따른다. 그렇기 때문에 의사결정을 할 때는 다음의 네 가지 기본 원칙을 염두에 두어야 한다.

- 당신이 줄 수 있는 것 이상을 감행하지 말아라.
- 당신이 가지고 있는 것 이상을 감행하지 말아라.
- 당신이 되돌려 받을 수 있는 것 이상을 감행하지 말아라.
- 당신의 직관을 따르라.

어떤 결정은 미래를 위한 자신의 선택을 확대시켜 주지만 또한 많은 결정이 자신의 선택을 제한한다는 것을 염두에 두어야 한다. 미래의 선택을 위해 보다 많은 가능성을 열어 놓는 대안을 선택하는 것이 중요하다.

(2) 목표

하나의 목표는 자신이 따르고 싶은 방향이며, 이루길 원하는 결과이다. 목표는 즉시 도달할 수 있는 것이 아니며, 달성될 때까지 의사결정의 방향을 제공해 준다. 목표는 장기간의 계획을 요구하고, 목표에 도달하는 것은 장기간의 활동을 필요로 한다.

- 장기목표는 자신이 따르길 원하는 방향이나 도달하기 원하는 결과로 목표 설정은 장기간의 계획을 필요로 한다.
- 단기목표는 장기 계획의 요소들로 이는 한 학기, 분기, 월 또는 주 단위의 목표와 관련될 수 있다.

• 구체적 목표는 향상될 구체적인 항목들을 달성하기 위한 계획들로 이 목표들은 자신에게 일상의 행동들을 안내한다.

(3) 학습 환경의 요소들

학습목표를 달성하기 위해 학습 환경의 네 가지 주요 영역들, 즉 기대와 결과, 학습 공간, 학습자료, 시간을 관리하는 상세한 방법을 개발하는 것이 필수적이다.

① 기대와 결과

자신이 소유한 가장 중요한 자원은 스스로의 결정이다. 좋은 성적을 받기 위한 자신의 기대는 목표를 달성하기 위해 지불해야 할 노력과 에너지를 수반해야 한다. 더 나아가 기한이 되기 전에 요구되는 것 이상의 노력을 기울여야 한다.

② 학습 공간

시각적이고 청각적인 혼란이 거의 없이 공부할 적절한 장소를 찾아라. 너무 안락한 곳은 아니지만 적당히 안락한 곳이어야 한다. 이와 관련하여 앞서 도서관 활용에 관하여 언급하였다.

③ 학습자료

교과서, 학습을 위한 각종 참고자료 및 보충자료들, 필기도구 등을 포함하여 모든 필요한 자료들을 확실히 갖춘다.

④ 시간이용

시간을 계획적으로 이용하는 것은 모든 학습자들에게 장점이 된다. 학습과 관련하여 시간을 이용하는 하나의 지침은 분산학습을 하라는 것이다. 즉, 모든 과목을 매일 조금씩 공부하라는 것이다. 이를 위한 효율적인 시간활용은 다음과 같은 네 가지 요소들을 포함한다. 첫째, 수업 내용 복습, 둘째, 예습, 셋째, 노트정리, 마지막으로 노트정리 복습이다. 자신의 스케줄과 주의력을 고려하여 매일 공부할 가장 좋은 시간을 선택한다. 학습자마다 개인차가 있겠지만 아침형 타입의 학습자가 있는 반면 저녁형 타입의 학습자가 있다. 자신이 가장 잘 공부할 수 있는 시간은 어떤 시간인지 스스로 파악하여 공부할 계획을 세워야 한다.

나) 자기조절

사회인지이론이 발전해 오면서 자기조절(self-regulation)의 역할이 점점 더 강조되어 왔다(Zimmerman & Schunk, 2004). 자기조절이란 학습자가 목표를 달성하기 위해 인지, 정서, 그리고 행동을 체계적으로 관리하고 통제하는 것을 말한다(Zimmerman, 1996).

이러한 자기조절 행동을 향상시키기 위한 다양한 기법 중 Ormrod(2009)는 자기지시(self-instruction), 자기점검(self-monitoring), 자기강화(self-reinforcement)를 제시하였다.

① 자기지시

학습자들에게 자신의 행동을 안내하는 자기지시를 반복하게 하는 것은 효과적인 전략이다. 이와 관련하여 Meichenbaum(1977)은 학습자들이 스스로 자신의 행동을 점검할 방법 다섯 가지를 제안하였다. 첫째, 인지적 모델링으로 성인 모델이 수행을 안내하는 지시를 말하면서 목표과제를 수행하는 것이다. 둘째, 외현적 안내로 성인이 말로 지시하는 것을 들으면서 아동이 과제를 수행하는 것이다. 셋째, 외현적 자기안내로 아동이 과제를 수행하면서 지시를 크게 말하는 것이다. 넷째, 외현적 자기안내 소거로 아동이 과제를 수행하면서 지시를 속삭이는 것이다. 다섯째, 내면적 자기지시로 아동이 과제를 수행하면서 지시를 조용하게 생각하는 것이다.

② 자기점검

자기점검은 다른 사람의 행동을 평가하듯이 자기 자신의 반응을 관찰하고 평가하는 것이다. 단지 반응을 기록하는 것만으로도 행동의 빈도를 변화시킬 수 있다. 즉, 자신이 수행한 날짜, 시간, 길이 등을 모두 기록하는 단순한 과정이 개인의 행동을 변화시킬 수 있다는 것이다.

③ 자기강화

이는 행동주의 학습이론에 기반한 것으로 바람직한 행동을 했을 때 보상이나 특별한 권리를 주지만 잘못 행동을 하였을 때에는 강화를 주지 않는 것이다. 학생들이 자신의 성취에 대해서 스스로를 강화하는 것을 배우게 되면 학업습관과 성취가 향상된다. 이러한 자기강화는 스스로에게 자유로운 시간을 주는 것, 작은 축하를 해 주는 것, 간단하게 자신을 칭찬하는 것 등일 수 있다.

이러한 자기조절 행동을 향상시켜 자기조절 학습을 할 수 있는데, 자기조절 학습에는 구체적으로 다음과 같은 요소들이 있다.

① 목표설정

자기조절 학습자는 자신이 무엇을 달성하기 위해 읽고 공부하는지를 알고 있다. 학습활동의 바람직한 결과 한두 가지를 확인한 후 목표를 특정한 학습활동과 연결시켜 궁극적 목표에 도달하려고 해야 한다.

② 계획수립

학습과제를 수행하는 데 필요한 시간을 확인하고, 가장 효과적이며 효율적인 시간사용 방법을 결정한다. 자기조절 학습자는 학습과제와 관련하여 미리 계획을 세우고 그 목표를 달성하기 위해 시간을 효과적으로 사용할 수 있다.

③ 동기부여

학습목표를 달성하기 위한 최적의 동기상태를 유지한다. 자기조절 학습자는 학습과제 수행에 대한 자신의 능력과 관련하여 높은 자기유능감과 만족지연 능력, 학습전략을 가지고 있다.

④ 주의통제

학습과제에 주의를 최대한 기울인다. 자기조절 학습자는 현안에 주의를 집중하고 다른 잡념은 깨끗하게 없앤다.

⑤ 전략활용

학습과제를 인지적으로 적절하게 처리하는 방법을 찾아 사용한다. 자기조절 학습자는 사용 가능한 학습전략(예, 자기강화 등)이 다양하여 수행할 목표에 따라 다양한 전략을 사용한다.

⑥ 자기점검

학습활동의 목표를 달성하기까지의 진전상황을 주기적으로 점검한다. 자기조절 학습자는 학습활동을 하는 동안 자신의 과업진행을 지속적으로 점검하고 필요할 경우 학습전략을 바꾸거나 목표를 수정한다.

⑦ 학습조력

학습을 촉진시킬 수 있는 도움을 구한다. 자기조절 학습자는 언제나 스스로 혼자 학습을 수행하는 것이 아니라 특정 주제나 기술을 숙달하기 위해 언제 전문가의 도움이 필요한지 알며 그때가 되면 적극적으로 전문가의 도움을 찾아 나선다.

⑧ 자기평가

노력한 최종 결과를 평가한다. 자기조절 학습자는 학습결과가 스스로 세운 목표에 충분한지를 판단한다.

⑨ 자기성찰

자신의 학습전략이 어느 정도 성공적이고 효과적인지를 판단하고 미래 학습상황에서 더 효과적일 수 있는 대안을 확인한다.

3 행동요인

1) 시간관리 기술

학습기술 중 가장 중요한 것은 아마도 시간관리를 얼마나 효과적이며 효율적으로 하느냐일 것이다. 시간을 얼마만큼 효과적으로 활용하느냐에 따라서 학업의 성패가 결정된다고 하는 이야기나 연구는 너무나 많다. 이것은 시간의 효율적인 이용이 학업 성공을 좌우하는 커다란 요인이라는 뜻이 된다. 그러나 맹목적이고 비생산적인 활동으로 시간을 낭비해 버리기가 쉽기 때문에 시간이용을 적절하게 조절하기란 피상적으로 생각하는 것만큼 용이하지 않다.

예외란 거의 없다고 할 수 있다. 다음에 설명하려고 하는 여러 가지의 시간활용에 관한 문제들 중에서 어쩌면 전부가 해당된다고는 할 수 없겠지만 적어도 한두 가지는 대다수 학생의 문제라고 생각해 볼 수도 있다.

첫째, 공부를 시작하기 어렵다는 것이다.

둘째, 일단 공부를 시작해서는 적은 시간 안에 너무 많은 공부를 하려고 하여, 한 가지 공부에서 다른 것으로 전전긍긍하다가 많은 시간을 낭비하는 때가 많다.

셋째, 어떤 공부를 시작하려고 할 때 "이 정도는 할 수 있지 않을까"라고 생각했지만 막상 시간이 끝나고 나면 생각했던 만큼 하지 못한다는 것이다.

이들 세 가지 문제들은 기본적으로 같은 성질의 문제이며, 다만 그 나타난 양상이 조금씩 다를 뿐이다. 학생들은 실제로 무엇인가 성취하기 위해서 시간을 현명하게 이용하고 효과적으로 정신집중을 하지 못할 때가 많다. 다행히 이런 문제는 교정될 수 있다. 그러면 어떻게 현명히 고쳐나갈 것인가?

첫 단계는 공부를 함에 있어 자신이 선호하는 성향 파악이 중요하다. 모든 사람들은 각자 주의집중을 위한 최고 및 최저의 효율을 누릴 수 있는 시간의 주기가 있다.

- 단시간 집중형 vs 장시간 집중형
- 혼자서 공부하는 형 vs 함께 공부하는 형
- 혼자서 연습하는 형 vs 함께 연습하는 형
- 혼자서 휴식하는 형 vs 함께 휴식하는 형
- Algorism Processing vs Parallel Processing

- 바쁜 스케줄 vs 여유있는 스케줄
- 계획형 vs 즉시성
- 단기 시간계획 vs 장기 시간계획
- 사려성 vs 충동성

자신의 학습시간 활용유형을 알았다면 다음으로는 공부시간표를 반드시 작성해야 한다. 공부시간표를 잘 짜서 활용한다면 시간을 훨씬 효과적으로 이용할 수 있을 것이다. 즉, 시간표에 따라서 공부함으로써 다음에 하려고 하는 것에 대해 고민하지 않게 되고, 또한 공부에 대해 혼란을 일으키지 않게 된다. 시간표를 작성하면 필요한 시간 이외에 시간을 낭비하는 일이 없게 되고 일반적으로 적당한 시간에 적당한 일을 해 나갈 수 있는 것이다. 또한 그렇게 시간을 조직하면 가장 어려운 과목에는 거기에 따라서 더 많은 시간을 돌릴 수 있고 공부 외의 다른 활동을 위해서라도 더 많은 시간을 가질 수 있게 된다. 그래서 조직적으로 잘 짜여진 공부시간표는 개인의 요구에 맞도록 학습활동이 수행되므로 시간의 낭비를 최소한으로 줄일 수 있다. 즉, 공부시간표를 잘 운영하면 어떤 과목의 학습이 필요할 때 즉시 그 과목을 학습할 수 있게 된다.

가) 시간운영의 원리

공부시간을 어떻게 분배하느냐를 계획하는 데 도움이 될 몇 가지 일반적인 원리를 소개하면 다음과 같다.

첫째, 과목이 강의중심인지, 아니면 학습자 참여를 많이 요구하는지에 따라 방법도 달라질 수 있다. 역사와 같은 사회과의 강의중심 과목은 교사가 실제로 말로서 이야기하는 것이 대부분이기 때문에 강의내용을 노트하는 기술이 많이 요구된다. 그러나 외국어나 수학과와 같이 학생들의 참여를 많이 요하는 전형적인 참여식 과목에서는 학생이 좀 더 능동적인 역할을 해야 할 것이다. 왜냐하면 수업 중 자기 능력을 나타내야 할 때가 종종 있을 것이기 때문이다.

둘째, 효과적인 공부시간표를 만들려면 예습시간과 복습시간이 반드시 들어가 있어야 한다. 강의식 수업에서는 교사가 강의시간에 말한 것을 복습하고 노트에 체계화하고 확장시키기 위한 시간을 수업시간 직후에 가져야 한다. 그렇게 하면 나중에 그 노트가 과제를 수행하는 데 도움이 될 것이다. 일반적으로, 강의식 수업을 위한 예습과 복습은 대개 수업시간 바로 직후가 좋고 참여식 수업을 위한 예습과 복습은 보통 수업 전이 가장 효과적이다. 결과적으로 참여식 과목을 준비하기 위해서는 수업시간 바로 직전에 매일의 수업을 예습하고 복습하는 시간을 가져야 할 것이다.

셋째, 공부시간이 상당히 길 때는 중간에 짧은 휴식시간을 갖는 것이 좋다. 이는 초두효과(primary effect) 및 최신효과(regency effect)를 응용한 방법이다. 공부는 한번에 연속적으로 수행하는 것보다는 짧은 단위로 나누어 학습하는 것이 보다 효과적이라는 것이 정설이다.

[그림 2-1]에서 보는 것처럼 1회에 걸쳐 장시간 학습을 하는 것보다는 몇 회로 나누어 학습하는 것이 회상률이 높다. 즉, 매일매일 적당히 짧은 시간으로 나누어 공부하는 것이 장시간 지속적으로 공부하는 것보다 훨씬 효과적이라는 것이다.

넷째, 자투리 시간을 활용하라. 가능하다면 여분의 시간을 공부를 위해 사용하라는 것이다. 수업시간 사이에 있는 자유시간은 아무렇게나 허비해 버리기 쉽다. 전에 배워 이미 알고 있는 내용이라도 복습을 위해 그 시간을 활용한다면, 학습에 효과적이다.

다섯째, 예습시간표를 작성할 때, 가장 어려운 과목을 제일 먼저 공부하도록 계획하라. 만만하게 느껴지지 않는 과목이나 가장 어려운 과목부터 시작하여 전체 학습시간을 진행하는 것이 효율적이다. 가장 어려운 공부를 하고 있는 동안에 마음이 참신해질 뿐만 아니라 공부를 하다 피로감을 느끼기 시작할 때는 좀 더 흥미있는 과목으로 바꿀 수 있기 때문이다. 또한 주말에도 공부하도록 계획하는 것이 좋다. 이때는 특별히 도서관 자료를 사용할 필요가 있는 특수과제를 공부하기에 좋은 시간이라고 할 수 있다. 또한 일요일 저녁에 뒤처진 독서나 과제를 보충하기 위해서 공부시간을 짜

그림 2.1 학습시간에 따른 회상률

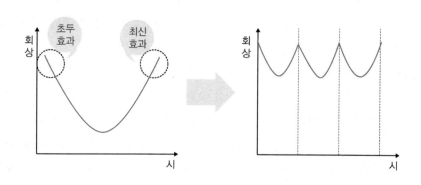

는 것도 좋은 생각이다.

여섯째, 시간을 빌려라. 그러나 훔치지는 말라. 공부하기 위해 짜놓은 시간을 부득이 변경해야 할 예기치 않았던 경우가 생겼을 때, 그 시간을 다음 주의 어느 시간 또는 다른 자유시간과 대치할 것을 즉시 결정하라. 가장 중요한 것은 수면, 식사, 공부, 일, 오락시간 사이에 적당한 균형을 취하는 일이다. 오로지 공부만 하고 쉬지 않는다면 정말로 생활이 지루하게 느껴질 것이며, 반면에 쉬기만 하고 공부는 하나도 하지 않는다면 학업성취를 이룰 수 없을 것이다. 적당한 균형을 이룩할 때까지 계속 실험해 보고 균형을 발견하면 그것을 끝까지 고수해 나가는 것이 필요하다.

규칙적인 습관을 기르는 것이 학구적 성공의 본질적인 원리이다. 규칙적인 습관을 기르려면 많은 연습과 자기훈련을 해야 하지만, 한 번 습관이 들면 장래에 더 좋은 학습습관과 더 좋은 성적을 얻을 수 있을 것이다.

나) 일상활동 계획표 준비방법

효과적인 시간운영에는 근면하고도 체계적인 계획이 필요하다. 시간계획표는 현실적이고도 실제적이어야 한다. 즉, 변경시킬 필요성이 있을 때는 충분히 융통성 있게 조정할 수 있어야 하고 공부와 오락에 적당한 균형이 있어야 한다. 일상 활동 계획표를 준비할 때에 다음 단계의 순서를 따르는 것은 효율적이다.

1단계로 고정적인 시간을 기록하라. 수업, 종교활동, 아르바이트, 학원 등과 같은 규칙적으로 짜여진 활동을 모두 적어 넣어라.

2단계로 일상생활에 꼭 필요한 활동들을 넣어라. 식사, 수면 등을 위한 시간을 충분히, 그러나 지나치지 않게 잡아라.

3단계로 복습시간을 계획하라. 각 수업시간 전후에 적절한 복습시간을 마련하라. 강의식 수업의 경우 수업 노트를 보충하고 재수정 및 보완하도록 수업 직후의 시간으로 잡아야 한다. 참여식 수업의 경우 수업 직전에 그날의 과제를 공부하도록 시간을 마련해야 한다.

4단계로 휴식시간을 가져라. 여가생활 등과 같은 휴식을 위한 정규시간을 두어라.

5단계로 예습시간을 계획하라. 각 과정마다 과외의 과제를 잘 준비하기 위해 충분한 시간을 마련하라. 각 과정마다 배당할 시간의 양은 교재의 곤란도, 교재를 완성할 수 있는 능력, 기대하는 성적 및 학습방법의 효율성에 의거하여 결정해야 한다. 예습시간은 주의가 산만하지 않은 조용한 시간으로 잡아야 하며, 또한 학습량을 달성할 수 있을 만큼 충분히 길어야 한다.

다) 미루는 습관 대처 기술[1]

실제로 자기 자신에게 아주 중요한 일을 미루는 경우가 많다. 벼락치기로 공부를 하거나, 효과적인 학습결과를 내지 못한다면, 미루는 습관 때문일 수 있다. 우리는 대개 중요한 일을 미루기 때문에 그에 따른 불안감이나 죄책감의 증폭을 경험하며, 결과적으로 높은 스트레스나 질병 혹은 낮은 자존감 등을 가지게 된다. 미루는 습관은 일반적으로 완성하지 못한 것에 대한 두려움, 다른 사람이 어떻게 생각할까에 대한 걱정, 실수나 실패 혹은 성공에 대한 공포, 설정된 높은 기준에 도달하지 못하게 된다는 생각 등이 원인이 된다.

미루는 습관을 대처하기 위한 기술을 제시하면 다음과 같다.

첫째, 지겹고 귀찮은 일을 보다 재미있는 일로 만든다. 공부하는 내용이나 문제해결 상황에서 가장 다루기 힘든 부분이 미루는 습관을 만들도록 이끌기 쉽다. 하기 싫고 귀찮은 일을 보다 재미있게 할 수 있도록 노력해 볼 만하다. 예를 들어, 어려운 학습내용을 좋아하는 친구와 함께 즐겁게 만나서 정기적으로 공부할 수 있도록 계획할 수 있다.

둘째, 미루는 습관에 대한 자신의 모든 변명을 통제할 필요가 있다. 분명히 중요한 일인데도 불구하고 그 일을 쉽게 미루는 경우에 자신에게 부정적인 사적언어(self-talk)(예, 난 막상 닥치면, 그 일을 잘 해낼 수 있어!)를 사용하고 있지 않은가를 확인해 볼 필요가 있다.

셋째, 미루는 습관이 들면 대부분 시간낭비의 함정에 빠지기 쉽다. 자신의 생활을 체크하여 시간관리를 해야 한다. 시간낭비 함정의 예시는 다음과 같다.

- 같은 과제물을 가지고 질질 끌고 있다.
- 컴퓨터 게임에 빠져 있다.
- 중요하지 않은 전화통화를 길게 하고 있다.
- 예상치 않거나 중요하지 않은 방문자와 오래 앉아 있다.
- 인터넷 웹서핑에 빠져 있기 쉽다.
- 불필요한 미팅에 자주 참석한다.

---

1) 공부도 기술이다: 신학기 새출발을 위한 성공적인 학습방법. 연세대학교 교육개발센터 2004 학습기술워크숍 자료의 일부분을 재정리함.

- 목표 없이 공부하거나 일하는 경우가 많다.
- 한 번에 너무 많은 일을 하려고 하며, 그 일을 하는 데 필요한 시간을 과소평가하기 쉽다.
- 우유부단한 경향이 있다.
- "아니오"라고 말해야 할 때 "예"라고 대답해 버린다.
- 잘 하고 있거나 익숙한 공부와 일에만 지나치게 관여하여 자신을 지치도록 만든다.
- 자기 자신이 해야 할 필요가 없다고 생각하는 일을 하고 있다.
- 준비하는 데 시간의 대부분을 보낸다.

2) 듣기

시간관리 다음으로 중요한 학업기술은 듣기이다. 듣기는 광범위한 이해 기반을 발달시키는데, 그 이해 기반을 토대로 구체적이고 상세한 이해를 확대시켜서 나중에 학습하게 되는 세부적인 것들을 이해할 수 있게 된다. 그리고 듣기는 이해의 깊이를 증강시켜 주기 때문에, 듣기를 잘하면 공부 시간을 절약할 수 있다(Luckie, Smethurst, 1998).

일반적으로 학생들은 수업시간에 수업내용을 집중하여 듣기보다는 노트필기에 집중하는 경향이 있는데, 이는 학습 효과를 감소시키는 주요 원인이 된다. 수업상황에서는 교사의 설명을 경청하면서 학습이 이루어지기 때문에 잘 듣는 학생들은 그렇지 못한 학생들에 비해 현저한 장점을 갖게 된다. 수업 중 듣기의 주요 목적은 나중에 필요하게 될 정보를 이해하고 확인하는 것이다.

듣기를 향상시키는 열쇠는 능동적으로 듣는 것이다. 이를 위해 설교자의 방법으로 알려진 기술을 듣기에 활용할 필요가 있다. 즉, 듣기를 할 때는 먼저 듣기를 준비하고, 능동적으로 듣고, 들은 후 들은 바를 요약한다.

① 듣기를 준비

듣기를 준비하는 것은 중요하다. 수업에 앞서 관련된 텍스트를 사전검토하고 대충 훑어보라. 교사가 수업에서 말할 것 같은 세 가지의 주제에 대해 예측해 보라. 예측이 어려우면 교사에게 다음날 무엇에 대해 강의할 것인지를 질문해보라. 이렇게 들으려고 하는 것에 대해 미리 생각한다면, 두뇌는 자동적으로 이 아이디어들을 정리해 보관하고 범주화해 놓을 것이다. 이 범주화는 듣기 학습을 더 쉽게 만들어 준다. 그렇기 때문에 수업에서 다루어질 내용에 대한 생각이 없이 수업에 참석하지 않도록 한다. 학습의 효율과 효과를 생각한다면 해당 교과에 대하여 항상 들을 준비가 되어 있어야 한다.

② 능동적인 듣기

듣기를 효과적으로 하기 위해서는 능동적으로 들어야 한다. 비판적으로 듣고, 알고 있는 것을 논의되고 있는 것에 관련시키고, 시험 문제를 뽑아보라. 듣기를 할 때 정의, 목록, 비교 등에 특히 주의하도록 하며, 교사가 수업 중에 제기하는 문제에도 특별한 주의를 기울여야 한다. 교사가 수업에서 질문을 하면, 시험에서도 그 문제를 낼 가능성이 높으므로 귀를 귀울여서 듣는다.

③ 요약하기

강의내용을 요약하는 것 또한 매우 중요하다. 연습을 함으로써 주요 사실들과 아이디어를 자신의 마음과 종이에 요약하는 것을 학습할 수 있다. Miller의 신비의 수 ±7을 응용하여 한 강의의 내용을 5개에서 9개의 문장으로 요약해 보도록 항상 노력해야 한다. 의사소통 이론에서는 어떤 의사소통이든지 7개(±2)의 진술로 충분히 요약될 수 있다고 제시한다.

3) 노트 정리

듣기 다음으로 중요한 학업기술은 노트 정리 및 요약하기이다. 수업시간에 적극적이고 능동적으로 듣기를 하였다면 그 들은 것을 정리하여야 한다.

Kiewra(1991)는 노트 정리를 하지 않거나 노트를 복습할 기회를 주지 않으면 수업시간에 들은 내용을 거의 기억하지 못한다고 했다(권대훈, 2006). 노트 정리 기술 향상을 위한 몇 가지 규칙들을 소개하면 다음과 같다.

① 날짜를 기록하고, 이전에 노트한 것을 확인한다. 여러 과목을 한 권에 하지 말고 서로 구분하라.
② 읽기 쉽게 쓰고, 나중에 노트한 것을 읽을 때에 보기 편하도록 페이지의 한 면만을 기록하라.
③ 가능하면 중요한 점과 덜 중요한 점을 구별할 수 있도록 여백에다 자신이 알아볼 수 있는 개요 형식으로 노트하라.
④ 교사가 말하는 내용을 그대로 기록하지 말고 자신이 이해한 말로 기록하라.
⑤ 교사가 칠판에 적는 표, 그림 및 기타 도표 등은 대부분 베껴 두라.

⑥ 혼돈되기 쉬운 추상적인 개념을 설명하는 교수의 예들은 반드시 기록해 두라.

⑦ 이름, 날짜, 장소, 공식, 등식, 법칙 등을 정확히 기록했는지 확인하라.

⑧ 교사가 설명을 반복하거나 흑판에 적거나 혹은 설명을 보충함으로써 강조하는 대목에는 항상 주의를 집중하라.

⑨ 교사가 사용하는 언어적인 단서로서 강조하는 내용에 항상 주의를 집중하라. "다음 4단계", "주요한 세 가지 원인"과 같은 열거에 주의하고, "결과적으로", "그러므로"와 같은 말에 주의하라.

⑩ 교사가 강조하는 부분에는 별표와 같은 기호 또는 밑줄을 사용하라.

⑪ 자신의 생각과 교사의 생각을 구분하여 두라.

⑫ 나중에 노트한 것을 보충할 수 있도록 충분한 여백을 남겨두라.

⑬ 수업 직후 노트한 것을 복습하고 다시 정리하라. 그러나 그대로 복사하지는 말라.

⑭ 노트를 잘하기 위해 예습을 충분히 하라.

4) 읽기 기술

보다 효과적으로 공부하여 더 좋은 성적을 얻기 위한 중요한 단계는 공부를 위한 읽기이다. 읽으려고 하는 것을 사전 검토하고, 매우 적극적으로 읽으며, 끝마쳤을 때는 그것을 요약하는 것이 필요하다.

가) 사전 검토하기

공부를 위한 읽기에서 첫 번째 단계는 읽으려고 하는 것이 무엇인지를 파악하는 것이다. 제목, 하위 제목들, 그리고 진하게 표시된 글은 어떤 것이나 읽을 필요가 있다. 서문이나 첫 번째 단락을 주의 깊게 읽어야 하며, 그림이나, 표, 그래프, 도표, 그리고 그에 따르는 표제들을 잘 보아야 한다. 매 장(chapter)의 학습목표를 읽고, 말미에 있는 문제들, 요약이나 마지막 단락을 읽어야 한다.

나) 훑어보기

사전 검토한 후에는 자료를 훑어볼 것을 제안한다. 즉, 한번 훑어본 후에 읽는 것이 좋다. 가급적 빨리 훑어보라. 훑어보기의 진행은 자료를 사전 검토한 후 첫 번째 단락을 주의깊게 읽음으로 시작한다. 그런 다음 모든 단락에 있는 첫 번째 문장을 읽고 마지막 단락을 읽는다. 훑어보기를 한 후에 요약을 다시 읽는다. 그렇게 한다면 그 자료와 관련된 강의를 잘 들을 수 있을 정도로 내용을 아주 잘 알게 될 것이며, 놀라울 정도로 적은 시간만으로도 이해가 가능할 것이다. 사전 검토와 훑어보기를 하고 나면 수업에서 잘 들을 수 있는 준비가 되었다.

다) 요약하기

책에서 읽은 내용이나 수업에서 들은 내용을 완전히 기억할 수 있는 사람은 거의 없을 것이다. 대부분의 사람들은 읽은 내용을 그대로 기억하지 않고 요지나 구조를 도출한다. 학습자료를 요약하는 것은 매우 중요한 학습전략이다. 왜냐하면 요약은 학습자료에 대한 부호화 및 파지를 촉진하기 때문이다. 효과적인 요약 전략은 다음과 같다.

① 중요한 정보와 중요하지 않은 정보를 구분하기
② 요지를 파악하기
③ 세부사항들을 좀 더 일반적인 아이디어로 압축하기
④ 일반적 아이디어들 사이의 중요한 관계를 파악하기

고등학교 수준의 많은 학생들은 학습자료를 제대로 요약하지 못하는 것으로 알려져 있다. 요약전략을 가르치는 최선의 방안은 교과서를 요약하도록 하거나 학생들에게 평소 수업시간에 들은 내용을 요약하도록 하는 것이다.

5) 기억력 향상 기술

누구나 자신 있게 안다고 생각해 오던 것도 막상 기억해 내려고 하면 떠오르지 않아 곤란을 겪었던 경험들을 가지고 있을 것이다. 대부분의 학생들이 기억과 관련하여 직면하는 중요한 문제는 망각과 회상이다. 망각(forgetting)은 기억 속에 저장되어 있는 정보를 인출(retrieval) · 회상(recall) · 재인(recognition)하지 못하는 현상이며, 회상(recall)은 저장되어 있는 정보를 아무런 단서나 도움을 받지 않고 기억에서 정보를 인출하는 능력이다(권대훈, 2006).

가) 망각

인간의 학습에 대한 연구를 살펴볼 때 망각은 네 가지 과정의 결과라는 것이 일반적이다. 즉, 쇠퇴, 간섭, 억압, 학습부진이다.

(1) 쇠퇴(decay or fading theory)

쇠퇴는 기억흔적이 시간의 경과에 따라 사라지기 때문에 망각이 일어난다는 것이다. 모래사장에 쓴 이름이 시간이 흐르면 지워지고 희미해지는 것처럼, 두뇌 속에 저장된 기억흔적도 시간이 흐를수록 소실되어 망각이 일어난다. 시간의 경과에 따라 기억흔적의 소멸로 망각이 일어난다면 학습내용을 충분히 반복연습하는 것이 망각을 방지하는 최선의 전략이 될 것이다. 반복연습을 하지 않으면 학습된 정보가 곧 망각되고 말 것이다.

(2) 간섭(interference)

간섭은 기억 속에 저장된 항목들 사이의 혼동으로 일어나는 망각을 말한다. 수많은 책들이 제멋대로 꽂혀있는 서가에서 책을 찾는 과정에 비유할 수 있다. 책이 도서관에 있는 것은 분명한데, 수많은 책들이 뒤섞여 있기 때문에 찾지 못하는 것처럼, 수많은 기억흔적이 뒤죽박죽 섞여 있기 때문에 필요한 정보를 기억하지 못하는 것이다. 이를 위해서는 정보를 유의미하게 부호화(encoding)하고 시연(rehearsal)해야 한다. 즉, 혼동으로 인해 간섭이 일어나지 않도록 학습과제를 차별화함으로써 간섭을 방지할 수 있다. 또한 새로운 학습과제를 기존의 학습과제와 관련지어 유사점과 차이점을 강조하는 것도 간섭을 최소화할 수 있는 방법이다.

(3) 억압(repression)

억압은 고통스러운 경험이나 불쾌한 경험을 의식에서 무의식 속으로 추방하는 방어기제이다. 즉, 억압을 하는 것은 고통스러운 경험이나 불쾌한 경험을 의식하지 않으려는 것이다. 아주 싫어하는 사람의 이름을 잊어버린다거나 고통스러운 경험을 잊어버리는 것 등에서 그 예를 찾아 볼 수 있는데, 이는 학교장면에서 교사가 학생들에게 불쾌한 경험을 제공하지 말아야 함을 시사한다. 학습자들은 유쾌하거나 즐거운 장면과 학습내용을 연결지음으로써 억압을 감소시킬 수 있다.

(4) 학습부진

망각은 학습부진의 직접적인 결과로서 일어난다. 효과적인 학습을 위해서는 능동적인 태도가 요구된다. 즉, 관계를 짓고 질문을 하고, 암송을 하고 복습을 하여야 한다. 학습부진은 학습하고 있는 교재가 자신에게 의미가 작거나, 또는 주의집중이 어려운 상황에서 학습할 때 발생할 수 있다. 망각을 최소화하기 위하여 다음의 몇 가지를 제시한다.

① 의미를 분명히 파악하라.

자기가 공부하고 있는 교재의 내용을 분명히 이해하라. 새로운 아이디어나 내용을 어떤 주제 밑에 있는 전체적 개념의 구조에 적용시켜 보고, 이미 획득된 지식체계와 사실들을 연결시켜 보도록 노력해야 한다. 의미 있게 사실과 생각들을 결합함으로써 교재를 조직화하도록 해야 한다.

② 즉시 복습하라.

대부분의 망각은 최초의 학습 후에 즉시 일어나기 시작한다. 그래서 공부할 때 어느 정도 이해했는지를 점검하며, 스스로 부진한 부분을 암기하여 기억을 증진시켜야 한다. 효과적인 복습을 위해서는 자신이 방금 읽고 들은 것을 자기 자신의 언어로 정리하는 것이 필요하다.

③ 교재를 과잉학습하라.

과잉학습은 최초로 정확히 기억하기 위해 요구되는 시간보다 더 많은 시간을 들여 교재를 학습하라는 것이다. 그러나 지나친 학습은 오히려 기억을 감소시킨다는 점을 유의할 필요가 있다.

④ 기억단서를 사용하라.

이는 중요한 항목들을 상기시켜 줄 수 있는 중요 단어나 기호들을 사용하기 위한 체계를 발달시키는 것을 말한다. 교재를 읽을 때 주요점을 자신이 쉽게 기억할 수 있도록 각 문단에 나타난 중심이 되는 단어나 구를 찾아 상징화 하도록 노력하라. 그렇게 몇 개의 중요 단어를 기억함으로써 교재 속에 나타난 중요사항을 모두 재구성할 수 있다.

⑤ 분산학습을 하라.

앞서 언급하였지만 학습은 장시간에 걸친 1회 학습보다 단시간 다수의 학습에서 더 회상률이 증가한다. 단, 이때 짧게 공부하는 것이 정말로 어떤 것을 해내기에 충분한 시간이 되는지를 확인할 필요가 있다.

⑥ 재진술을 연습하라.

학습한 자료들을 자기 자신의 말로 다시 진술해 보라. 학습한 내용의 요점들을 적어 보거나 자기 혼자 낭독하는 형식으로 스스로 이해할 수 있는 말로 복습하라.

⑦ 간섭의 요인들을 최소한으로 줄여라.

후행학습이 선행학습 내용의 기억을 방해하는 것(역행간섭, retroactive interference)을 최소한으로 줄이기 위하여 가장 좋은 순서로 공부할 수 있도록 공부 시간표를 작성하라. 이러한 간섭은 후행학습이 선행학습과 자주 비슷하거나 근접할 때 가장 강하게 일어나기 때문에 비슷한 내용을 가진 과목들을 공부하려면 시간간격을 두고 공부할 수 있도록 해야 한다.

⑧ 태도를 의식하라.

자신의 부정적 태도에 주의하라. 학생들 중에는 공부하고 있는 과목마다 좋아한다 싫어한다, 동의한다 또는 동의하지 않는다 등의 효과정도를 매기려는 경향이 있다. 내용과 그 의미에 대해 정서적인 감정을 가지게 되면 어떤 개념을 무시하거나 억압하게 되고, 다른 개념의 중요성을 왜곡하거나 과장하게 된다. 그러므로 부정적 태도보다는 긍정적 태도를 가지고 학습과제를 접하도록 노력하여야 한다. 예를 들어 지루하다는 생각이 드는 것은 과목 자체의 속성이 아니라 그 과목에 대해 싫증을 내는 자신의 태도임을 명심해야 한다.

나) 회상

의지는 기억을 향상시킨다. 기억하려고 하는 의지가 집중력, 정신과정, 그리고 자료를 회상하는 능력을 향상시킬 것이다. 회상을 향상시키고 학업수행을 개선할 수 있는 몇 가지 기법들이 있다.

(1) 범주화

어떤 항목들의 목록을 자주 회상하는 것이 필요하다. 그러한 과제에서 한 가지 유용한 방법은 다음의 단계들을 이용하여 그 항목들을 범주화하는 것이다.

① 그 목록을 쭉 훑으면서 여러 항목들 간의 유사점과 차이점을 발견하라.
② 발견한 항목들을 범주들로 조직하라.
③ 범주들에 번호를 붙여라.
④ 각 범주에 넣을 항목들의 수를 결정하라.
⑤ 각 범주에 있는 항목들의 수에 주목하면서 범주화를 여러 번 반복하라.

그런 다음, 그 목록을 회상할 때 다음의 절차를 따른다.

① 범주들의 수를 회상하고, 마음속으로 범주명을 반복하여라.

② 첫 번째 범주에 있는 항목들의 수를 회상한 후, 그 범주에 있는 각 항목을 회상하라. 한 범주에 얼마나 많은 항목들이 있는지 알면 그 목록을 회상하는 것이 한층 쉬워진다. 비교적 작은 목록을 회상하기 때문에 회상 또한 향상된다.

③ 각 범주에 있는 항목들을 회상하면서 다른 범주들을 훑어보라. 회상이 크게 향상될 것이다.

(2) 기억술

기억술은 정보를 장기기억 속에 저장하기 위해 사용하는 다양한 전략으로 다음과 같은 방법들이 있다.

① 장소법

장소법은 수세기 전 그리스 사람들이 발달시킨 회상 방법으로 목록에 있는 각 항목 또는 내용들을 특별한 장소와 연합시키는 방법이다.

② 핵심단어법

핵심단어법은 구체적인 단어와 추상적인 단어를 연결한 다음 구체적인 단어에 대한 심상을 형성하여 기억하는 방법이다. 장소법은 기억하려고 하는 항목을 장소와 연합하는 데 비해, 이 방법은 항목을 핵심단어와 연결한다는 점이 다르다.

③ 두문자법

기억해야 할 항목들의 첫 번째 글자를 이용해서 두문자(acronym)를 만들어 기억하는 방법이다. 이 방법의 핵심은 두문자가 유의미하고 명료하며 간결해야 한다는 것이다.

④ 문장작성법

학습하고자 하는 항목들의 첫 번째 단어나 글자를 이용해서 문장이나 이야기를 구성하는 방법이다.

⑤ 연결법

기억해야 할 항목들을 서로 결합하는 시간적 심상을 형성하여 기억하는 방법이다. 예를 들어 잡지, 면도용 크림, 필름, 연필과 같은 단어를 기억해야 할 경우 연필과 면도용 크림을 손에 들고 있는 남자가 모델로 실린 잡지의 표지를 연상하면 된다.

⑥ 운율법

기억하려고 하는 항목들로 운율을 만들어 기억하는 방법이다. 운율법으로 기억했을 경우 특정 항목을 회상하려면 전체 운율을 회상해야 한다. 이 방법은 기억 항목들을 일정한 순서대로 외울 때 유용하다.

(3) 상향식 학습

많은 학생들에게 어려운 과제 중 하나가 시를 암송하는 것이다. 특히 청중 앞에서 암송해야 할 경우 그 스트레스는 배가 된다. 시를 외우는 아주 효과적인 방법은 그것을 상향식으로 학습하는 방법이다. 먼저, 시 전체를 읽고 마지막 줄을 학습하라. 그런 다음, 그것을 쭉 읽고 마지막 줄의 바로 앞 줄을 학습하라. 그런 다음, 시를 읽고 맨 끝으로부터 세 번째 줄을 학습하라. 이러한 절차를 반복하라. 시 전체의 학습은 그 시의 후반부를 학습할 무렵에 이루어지게 된다. 왜냐하면, 시 읽기를 할 때마다 시 전체를 반복했기 때문에 전반부를 자동적으로 학습하였기 때문이다.

다) 이해점검

이해점검은 학습을 하는 과정에서 학습과제를 확실하게 기억하거나 이해하고 있는가를 주기적으로 확인하는 것을 말한다(권대훈, 2006). 상당수의 학생들은 자신이 무엇을 알고 무엇을 모르는지를 모르고, 실제로는 이해하지 못하면서도 이해하였다고 생각하는 인식의 착각(illusion of knowing)을 가지고 있다(Baker, 1989). 일반적으로 학생들은 학습 내용을 잘 이해하고 있다고 생각하면 더 이상 학습을 하지 않는다. 따라서 인식의 착각을 하는 학생들은 학습을 조기에 종결할 가능성이 있다. 그렇기 때문에 자신이 학습 내용을 잘 이해하였는지 점검할 필요가 있다.

이해점검을 하기 위한 한 가지 방법은 학습 자료를 그림이나 도표로 나타내 보는 것이다. 그림이나 도표는 학습 내용이 공간관계에 관한 것이거나 인과관계를 나타낼 때 효과가 있다. 이해를 점검하는 두 번째 방법은 학습 내용에 대해 다음과 같은 질문을 하는 것이다.

- ~에 대한 이유(방법)을 설명하라.
- 주제는 무엇인가?
- 어떻게 활용할 것인가?
- 새로운 사례를 들어보라.
- 어떤 일이 일어날 것이라고 생각하는가?
- 어떤 차이가 있는가?
- 공통점과 차이점은 무엇인가?

이해를 점검하는 세 번째 방법은 학습한 내용을 가르쳐 보는 것이다. 즉, 학습한 내용을 가상의 청중들이 있다고 가정하고 학습자가 교사의 입장에서 가르쳐 보는 것이다. 그렇게 한다면 자신이 무엇을 알고 있으며, 무엇을 모르는지 명확히 이해할 수 있을 것이다.

6) 학습기술 및 학습전략의 부족

일반적으로 교사나 학부모들은 학생들 또는 자녀들에게 "공부해라"라고만 하지 '공부를 어떻게 해야 하는지'와 관련하여서는 답을 주지 못한다. 교사나 학부모들 역시 학습기술 또는 학습전략에 대한 학습이 이루어지지 않았기 때문에 이에 대한 인지가 부족한 것이 사실이다. 이와 관련하여 Gleason, Archer 그리고 Colvin(2002)은 학습법 적용의 실패, 또는 학습법에 관한 지식 부재를 낮은 학업성취의 가장 큰 이유로 분류하고 있다. 그렇기 때문에 학습컨설턴트는 학습부진과 관련한 문제를 규정하기 위해 학습자들의 공부방법이나 습관에 관한 연구결과들을 알아둘 필요가 있다.

우수한 학습자는 학습기술뿐만 아니라 우수한 학습 경쟁력을 가져오는 다양한 전략을 가지고 있다. 앞서 언급하였듯이 정보를 획득하고, 기억하고, 조직하며, 전환하는 능력에서의 우수성은 학업적으로 유능한 학생이 전형적으로 가지는 특징이다. 우수한 학생은 공부하고 학습하는 과정을 스스로 통제하고 모니터 한다. 이들은 자신의 사고과정이나 인지활동을 지각하고, 초인지를 효과적으로 사용한다(Kampwirth, 2006).

학습전략은 인지전략과 메타인지전략을 포함하는 개념으로 Weinstein과 Mayer (1986)는 기본적 시연전략, 복합적 시연전략, 기본적 정교화 전략, 복잡한 정교화 전략, 기본적 조직화 전략, 복잡한 조직화 전략, 이해점검 전략, 정의적 및 동기화 전략의 8개의 범주로 구분하였다. 이 중 메타인지전략에 해당되는 이해점검전략과 정의적 및 동기화 전략을 제외한 6개 전략은 모두 인지전략이다.

① 시연(rehearsal)

시연은 정보를 원래 형태 그대로 소리 내어 읽거나 의식적으로 반복하는 전략이다. 이를 암송이라 부르기도 한다. 그렇기 때문에 시연을 할수록 기억은 향상된다. 또 집중적인 시연을 하는 것보다 여러 차례 나누어 시연(분산학습)을 하는 것이 기억에 도움이 된다. 그리고 중요한 정보를 수동적으로 시연하는 것보다 적극적으로 시연하는 것이 기억을 촉진시킨다. 이러한 시연의 일차적인 기능은 작업기억 속의 정보를 파지하는 것이며, 두 번째 기능은 단기기억 속의 정보를 장기기억으로 전이시키는 것이다.

② 정교화(elaboration)

정교화는 새로운 정보에 의미를 추가하거나 그 정보를 기존지식과 관련짓는 인지전략이다. 새로운 정보의 의미를 심화시키고 확장하는 부호화 전략으로, 새로운 정보의 의미를 해석하고, 사례를 들고, 구체적 특성을 분석하고, 추론하는 것은 정교화 전략이다. 새로운 정보와 다른 정보의 관계를 분석하는 과정도 정교화에 해당된다. 정교화가 기억을 촉진하는 이유는 첫째, 간섭을 방지하며, 둘째, 인출단서를 제공하며, 셋째, 원래 정보가 회상되지 않을 때 그 정보를 추론하는 데 도움을 주기 때문이다. 이러한 정교화 전략에는 요약 및 의역, 노트필기, 유추 등이 있다.

③ 조직화(organization)

조직화는 기억하려는 정보들을 유의미하게 관련시키고 일관성이 있는 범주로 묶는 기법이다. 그래서 이를 의미적 조직화라고 부르기도 한다. 학습자료를 유의한 범주나 군집으로 조직화하면 그대로 기억하는 것보다 더 잘 기억할 수 있다. 그것은 조직화를 하면 정보들이 체계적으로 관련되어 인출을 할 때 특정 정보가 다른 정보를 회상하는 단서역할을 하기 때문이다. 조직화하는 데 도움을 주는 전략으로는 도표작성, 개요, 위계도 작성, 개념도 등이 있다.

이러한 메타인지전략 및 인지전략과 같은 학습기술 또는 학습전략과 관련하여 Kampwirth(2006)는 다음과 같은 개입방법을 제안하고 있다.

① 교사는 학생들에게 학습내용을 조직화하고, 잘 기억할 수 있도록 가르쳐야 한다.
② 노트 필기법은 학습 미성취아 중 이해가 부족하거나 연습이 부족한 학생에게 유익하다.
③ 본문 중 가장 중요한 문장 한두 개에 밑줄을 긋거나 기록하도록 한다. 또한

한 단락을 읽은 후 읽은 단락의 내용을 요약하여 한 문장으로 쓰게 한다.

④ 내용 학습을 위해 수업시간에 생각할 시간을 가져야 한다.

⑤ PQ4R[2] 방법을 가르친다. 이것은 SQ3R[3] 방법을 보다 최근에 변형시킨 것이다.

⑥ 메타인지 기술(이해점검전략과 정의적 및 동기화 전략)을 가르친다.

4 환경요인

1) 의사소통 및 대인관계기술

사회생활에서와 마찬가지로 학교에서 좋은 대인관계를 맺을 수 있는 능력은 중요하다. 동료들과 좋은 관계를 유지해 나간다는 것은 그 상대(예, 친구, 부모 또는 교사)가 누구든지 간에 일상생활을 영위하는 데 영향을 미치는 매우 중요한 요인들 중 하나이다.

그러나 현대의 경쟁 사회에서 누군가의 성취는 또 다른 누군가의 실패와 욕구좌절을 내포하고 있다. 이러한 요인은 대인관계에서 긍정적인 관계를 저해하는 요인이 되기도 한다. 욕구좌절은 불안을 유발한다. 즉, 욕구좌절을 경험하고 그 좌절에 반응할 때는 불안을 경험하게 된다는 것이다.

대부분의 욕구좌절은 다른 사람들과의 상호관계에서 오는 것이므로 자신의 대인관계를 개선함으로써 불안한 상황을 피할 수 있고, 통제할 수 있다. 좋은 인간관계를 위해 개인은 적극적인 태도를 가지고 일상생활 및 학업과정에서 부딪치는 욕구좌절에 대처해 나가는 방법을 찾아야 한다. 다음은 욕구좌절에 대처하기 위한 몇 가지 지침이다.

- 사소한 일로 근심하지 말라. 흔히 있을 수 있는 일상생활의 일에 일희일비하지 않아야 하며, 또한 그것을 큰 문제로 부각시키지 말아야 한다.
- 서두르지 말고 침착하게 행동하라. 자신의 감정을 억압하지 말고, 마음을 가다듬으며 당면한 문제를 처리할 수 있도록 충분한 시간적 여유를 가져야 한다.

---

2) PQ4R: Preview, Question, Read, Reflect, Recite, Review
3) SQ3R: Survey, Question, Read, Recite, Review

- 타인의 입장에서 자신을 보라. 자신에게 처한 문제를 타인의 관점에서 조망해보고 그에 대한 타당성을 점검하여야 한다.
- 자신의 욕구좌절을 숨기지 말라. 신뢰할 수 있는 상대방에게(친구, 부모, 교사, 상담사 등) 자신의 문제를 이야기할 필요가 있다. 이러한 행동은 자신의 불안을 감소시켜 줄 뿐만 아니라 문제를 보다 분명하게 인식할 수 있게 해주고 해결방안을 찾을 수 있게 해준다.

각자 개인적인 욕구좌절을 다루는 태도여하가 대인관계에 어떻게 미치는가를 분석해 나감에 있어서 대인관계를 잘 하기 위해 기억해야 할 몇 가지 지침이 있다. 사회적 적응문제는 상황에 따라 크게 달라지게 되는데 어떠한 경우든 사회적 적응의 효율성은 학업적응의 효율성에도 영향을 미치게 된다. 대부분의 학생들이 갖는 인성적, 사회적 적응문제는 다음 네 가지 영역 중 하나에 속한다.

- 자기 의존성과 독립성의 발달
- 동료들과의 바람직한 대인관계의 형성문제
- 집단생활에서 야기되는 문제의 효과적인 수습
- 과외활동의 참여

위와 같은 영역에서 발생하는 문제들을 처리하고 또 적응을 위해 기억해야 할 지침은 다음과 같다.

첫째, 동료들을 동등하게 대하라. 명령을 하지 말고 부당한 호의나 요구를 강요하지 말아야 한다.

둘째, 동료들의 사적인 권리를 존중하라. 사적인 일을 알려고 들지 말고 무리하게 끼어들려고 하지 말아야 한다.

셋째, 가능한 한 빌리는 것을 삼가라.

넷째, 동료를 개심(改心)시키거나 교정(矯正)하려고 하지 말라. 동료가 자신의 표준에 맞추기를 기대하거나, 자신의 신념을 받아들일 것으로 기대하여서는 안된다.

다섯째, 잡일들을 서로 적당하게 의논하여 분담하라. 동료가 뒷일을 다 해주리라고 기대하지 말아야 한다.

여섯째, 모든 사람들에게 진심으로 대하라. 위축되거나 일반적인 예의를 잊어버려서는 안된다.

일곱째, 보편적으로 있는 불편은 불평하지 마라. 실제로 중요하지 않은 사소한 문제로 계속 고민하고 에너지를 소비하지 말아야 한다.

여덟째, 약속을 지켜라.

아홉째, 개인적 활동이 학업에 지장이 될 때, 거부할 줄 아는 태도를 배우라. 매일의 시간을 잘못 사용해서 밀린 과업을 쌓아두지 않도록 시간계획을 함과 동시에 자기조절을 할 수 있어야 한다.

2) 문화적, 사회경제적, 언어적 차이

미국과 같이 다문화로 이루어진 국가의 경우 소수 민족의 배경을 가진 학생은 학업성취에 더 큰 어려움을 가지고 있다(McLoyd, 1998). 이와 관련하여 Green(2001)은 1998년 미국 고등학교의 전체 졸업률이 74%, 백인이 78%, 아프리카계 미국인(흑인)이 56%, 그리고 라틴계가 54%라고 보고하였다. McLoyd(1998)는 사회 경제적 지위(SES)가 낮은 학생들의 특징을 다음과 같이 언급하였다.

- 건강에 대한 관심부족
- 낮은 기대와 낮은 자기존중감
- 학습된 무기력
- 또래와 저항적 문화의 영향
- 능력별 편성(tracking)
- 자녀 양육 방식
- 가정환경과 경제적 능력

낮은 기대와 낮은 자기존중감 그리고 학습된 무기력은 부정적 피드백에 의해 이루어진 학습된 반응이다(Seligman, 1975). 이러한 학생의 반응이나 신념에 대하여 교사는 긍정적인 것을 강조해야 한다고 제안하였다(Slavin, 2017). 즉, 부정적인 것을 최대한 줄이고, 익숙한 것에서 새로운 것으로 나아가도록 지도하며, 학생으로 하여금 지식과 기술을 사용하여 활발하게 문제를 창출하고 해결할 수 있는 도전을 제공하여야 한다는 것이다.

소수민족이 학업성취에 어려움을 겪음에 비해 아시아계 학생은 예외이다. Caplan, Choy, 그리고 Withmore(1992)는 아시아계 학생의 일반적인 성공은 가정에서의 교육과 연관되어 있다고 하였다. 즉, 아시아계 학생들은 미국에서 태어난 미국인 동료들보다 과제를 하는 데 두 배의 시간을 더 사용한다는 것이다. 이는 자녀의 학습에 대한 부모의 지원의 중요성을 대변한다고 할 수 있다.

Kampwirth(2006)는 사회·경제·문화적 차이를 보이는 학생들의 학습문제해결을 위해 다음과 같이 제안하고 있다.

① 다른 언어를 사용하는 학습자가 언어적인 설명을 어느 정도 이해할 수 있는지 확인해야 한다. 주요 어구를 반복하고 중요 단어를 강조한다. 또한 학생의 반응을 기다리는 시간을 늘려야 한다.
② 시각적 보조물을 많이 사용한다.
③ 융통성 있게 자료를 수정한다.
④ 완벽한 문법의 사용보다는 내용에 근거하여 답안을 평가한다.
⑤ 서로 다른 인종과 민족에 대한 예시를 사용한다.
⑥ 인종차별로 이끌 수 있는 능력별 편성(tracking)을 피한다.
⑦ 가능한 한 자주 협력학습을 하되, 소수민족 학생의 적극적인 참여를 유도한다.
⑧ 서로 다른 인종과 민족으로 집단을 구성할 때, 함께 작업할 수 있도록 집단의 다양성이 요구되는 목표와 과제를 제시한다.
⑨ 또래학습은 사회경제적 수준에 상관없이 위험에 처한 학생을 돕는 데 큰 도움이 될 수 있다.

P/A/R/T **3**

학습자의 발달과
학습문제 및 컨설팅

P/A/R/T **3**

학습자의 발달과 학습문제 및 컨설팅

임 진 영

1　인간발달과 학습문제

1) 인간발달의 일반적 특성

수정으로부터 노화에 이르기까지 인간은 유전적 정보와 환경적 영향의 상호작용을 통해 발달해간다. 수정과 착상을 거쳐 태아는 태내환경의 영향을 받으며 성장하고 출산 시 여러 가지 어려운 과정을 거쳐 마침내 바깥세상으로 나오게 된다. 출생 후 인간의 삶은 환경적 영향에 의해 매우 다양해지는데 수십 년의 성장과정을 거치고 노화와 죽음에 이르게 된다. 이러한 과정에서 인간은 신체적으로 성장하며 정서적으로 성숙하고 인지적으로 지혜를 획득한다고 볼 수 있다. 자라나는 변화 속에 선천적인 소질이 연령과 더불어 증대되는 것이 성숙이며, 후천적인 조건, 특히 연습에 의한 변화가 학습이다.

가) 발달의 의미

성숙에 의한 발달에는 신체, 체중, 흉위, 골격, 신경 조직 등의 신체적, 생리적인 변화가 있는데, 그 변화가 양적으로 증대하여 구조와 기능이 복잡화되어 간다고 하여도 환경조건과 학습 등에 의하여 크게 좌우되지는 않는다. 즉, 성숙은 대체로 신체적인 면이 변화하여 자라는 것을 말하며, 시간의 경과와 더불어 외적 조건, 즉 환경에 영향을 비교적 덜 받는 발달 변화를 말한다(정민숭, 임진영, 이지혜, 2012). 그리고 학습에 의한 발달로서 운동 능력, 지능과 태도, 일상생활의 행동, 언어, 사고 등의 발달은 선천적인 소질에 의한 개인차가 있기는 하지만 생활 조건과 학습 등에 영향을 받아 대단히 큰 변화를 가져온다. 이는 외부 조건, 즉 환경에 의한 변화를 말하는데, 우리는 이 변화를 학습이라 부르며 특수한 경험과 같은 외부 자극에 의하여 이루어지는 후천적 변화의 과정을 말한다. 발달현상을 설명하려는 발달이론은 역사적으로 상반된 두 가지 입장이 있었는데 발달적 변화의 원인이 개체 내의 유전적 특성에 있다는 입장과 발달적 변화의 원인이 환경에 있다는 입장이다(Parke et. al., 1994).

나) 발달적 변화

일반적으로 발달은 크기의 변화, 비율의 변화, 새로운 특징의 획득, 기존 특징의 소멸 등이 상호 작용하여 일어난다.

① 크기의 변화

신장, 체중, 흉위 등의 증대라든가 심장, 폐, 위, 내장 등 기관의 구조의 변화를 말한다.

② 비율의 변화

신생아와 성인의 신장, 체중, 흉위, 머리의 비율이 성장함에 따라 변화하여 차이를 나타내는 것을 말한다.

③ 새로운 특징의 획득

신체적, 정신적 발달에 의하여 영아기에는 보행의 시작, 유아기에는 언어 발달, 아동기에는 신체 성장, 청년기에는 성적 발달이 나타나는 것을 말한다.

④ 기존 특징의 소멸

신체가 성장 발달함에 따라 여러 가지 신체적, 정신적인 면의 특징이 없어지는 것을 말한다. 예로써 신생아의 유치가 빠지는 것과 여러 가지 반사 작용이 없어지는 것을 들 수 있다.

다) 발달원리

기존의 발달학자들이 제시한 발달의 원리를 종합하면 다음과 같다(서봉연 외, 1983).

① 발달에는 순서가 있으며, 이 순서는 일정하다.

아이의 성장과정을 살펴보면, 태어나서 앉을 수 있게 된 다음에야 비로소 설 수 있게 된다.

② 발달은 연속적인 과정이나, 발달의 속도는 항상 일정하지 않다.

신체나 정신기능에 따라 발달의 속도는 각각 다르다. 예를 들어, 신체의 발달은 아동기와 사춘기에 급격한 증가를 나타내지만 다른 시기에는 발달의 속도가 느려진다.

③ 발달은 성숙과 학습에 의존한다.

발달과정에 있어 유전과 환경의 효과가 명확히 구분되어질 순 없지만 이 둘의 효과는 분명하다.

④ 발달에는 개인차가 있다.

모든 사람들이 보편적인 성장의 과정을 거치지만, 개개인을 살펴보면 분명 뚜렷한 개인차가 있음을 확인할 수 있다.

⑤ 발달의 각 측면은 서로 밀접히 상호 연관되어 있다.

신체적 발달과 지적 발달, 성격 발달은 독립적으로 이루어지는 것이 아니라 서로 긴밀하게 연관되어 있다.

2) 인간발달에 대한 맥락적 접근

가) 인간발달과 환경

일찍이 Baummrind(1971)는 부모의 양육방식에 대한 연구를 통해 양육 행동과 학생의 사회적 능력의 관계를 규명하였다. 이러한 유형의 연구에서는 부모의 행동이 학생의 발달에 일방적인 영향을 주는 것을 기본 가정으로 하였다. Bronfenbrenner (1979)는 생태학적 접근(ecological approach)을 취하여 인간행동을 둘러싼 발달환경을 체계적으로 분류하였다. 생태학적 체계이론은 학습과 관련하여 환경에 대한 매우 체계적인 기술을 가능하게 한다.

그러나 실제로 학생의 특성이 부모의 행동에 영향을 주기도 한다. 학생의 다양한 특성, 즉 신체적 특성, 정의적 특성, 인지적 특성과 형제 순위 등 가족 내에 작용하는 맥락적 요인에 의해 양육방식이 달라질 수 있다(Belsky, Rha, & Park, 2000). 발달에 대한 맥락적 접근에서는 일방적으로 환경이 개체발달에 영향을 주는 것이 아니라 개체와 환경이 교호적으로 영향을 주고받는다는 것을 강조한다. 학생이 부모에게 영향을 줄 수 있는 예로는 유전형이 환경에 주는 효과를 강조하는 유전형질결정모형(genotype environment effects model)(Plomin et al., 1997; Scarr & McCartney, 1983)을 들 수 있다.

Rowe(1994)에 의하면 유전효과와 관련하여 개체와 환경이 교호적으로 상호작용하는 과정에서 가정의 영향력보다는 유전의 영향력이 크다. 정의적 영역에서도 이러한 유전과 환경의 교호적 상호작용의 효과에서 유전형의 우위를 확인한 바 있다(Gottesman & Goldsmith, 1994).

나) 인간발달에 대한 맥락주의와 체제적 접근

부모와 학습자인 자녀의 상호 영향은 부모효과모형, 아동효과모형, 양방모형 및 교류모형(transaction model)이라는 네 가지 모형으로 구분되기도 한다(Holden, 1997). 여기서 교류모형은 가정환경으로서의 부모와 개체로서의 학습자 자녀의 변화를 모두 포함하고 있다. 이러한 관점은 맥락주의에서의 교호적 상호작용에서 본격적으로 체계화되었다. 학습자와 환경 간의 상호작용에서 교호적 효과모형들은 크게 아동효과(child effect)와 양방향성(bidirection)을 내포하고 있지만 이러한 상호작용은 변증법적 변화의 과정을 거친다고 볼 수 있다. 맥락주의에서는 이러한 상호작용이 내적-생물적 차원과 외적-물리적 차원, 혹은 개인-심리적 차원과 문화-사회적 차원의 상호작용으로 나

표 3.1 개체 환경 상호작용의 양상

	내적-생물적	개인-심리적	문화-사회적	외적-물리적
내적-생물적	감염 (Infection)	질병 (Illness)	전염 (Epidemic)	멸렬 (Deterioration)
	수정 (Fertilization)	성숙 (Maturation)	확장 (Cultivation)	전성 (Vitalization)
개인-심리적	무질서 (Disorder)	불일치 (Discordance)	부조화 (Dissidence)	파괴 (Destruction)
	통제 (Control)	일치 (Concordance)	조직 (Organization)	창조 (Creation)
문화-사회적	왜곡 (Distortion)	착취 (Exploitation)	갈등 (Conflict)	황폐 (Devastation)
	적응 (Adaptation)	문화화 (Acculturation)	협동 (Cooperation)	보존 (Conservation)
외적-물리적	절멸 (Annihilation)	파국 (Catastrophy)	재해 (Disaster)	혼돈 (Chaos)
	영양 (Nutrition)	복지 (Welfare)	풍요 (Enrichment)	조화 (Harmony)

출처: Riegel(1976), p. 58, 임진영(2005).

타날 수 있다고 보고 있다. 이러한 상호작용은 매우 다양한 양상을 지니게 된다.

이후 역동적 발달적 체제 접근(dynamic developmental systems perspective)은 발달과학(developmental science, Lerner, 2006)을 표방하며 등장하였는데 이러한 발달적 체제이론의 기본 특징은 다음과 같다(Lerner, 2006: 3; 임진영, 최지은, 2011에서 재인용).

- 상관적 메타이론: 이분법적 대립 구조의 타파
- 모든 생태 수준의 통합: 생물학적 · 신체적 수준에서 문화적 · 역사적 수준의 통합
- 교호적 개체－맥락 간의 연관성을 포함하는 개체발생의 발달적 순환
- 인간발달 내의 기본 분석 단위로서 개체－맥락 간의 관련성이 통합된 행위
- 인간발달의 일시성(temporality)과 가소성(plasticity)
- 상대적 가소성
- 개인 내 변화, 그 양상의 개인 간 차이: 다양성
- 최적화, 발달과학의 적용 그리고 긍정적 인간발달의 촉진
- 다학문성, 변화를 포착하는 방법론의 필요

이러한 발달이론의 변천은 학습자에 대한 관점의 변화를 초래하고 발달 맥락에서 학습을 해석할 필요를 제기한다고 볼 수 있다.

3) 인간발달과 학습문제

1부에서 제시된 바 학습문제해결 학습컨설팅은 학습과 행동전문가인 컨설턴트가 학생의 학습과 적응을 향상시키기 위해 문제를 의뢰해 온 컨설티와 협력적으로 상호작용하며 컨설티에게 다양한 서비스를 제공하여 클라이언트를 조력하는 과정이라고 하였다.

이러한 조력의 과정에서 조력자인 컨설턴트는 발달과정에서 학생이 직면하는 다양한 환경적 요구를 이해하는 것이 필요하다. 이러한 이해는 학생을 담당하는 교사의 역량과 관련된 문제이기도 하고(신종호, 최효식, 2013), 교육심리학자에게도 매우 중요한 주제이다(김정섭, 2010; 윤초희, 2009). 환경적 요구는 사회적 요구인 발달과업으로 대표될 수 있는데 발달과업을 미시적으로 분해하면 학습과제로 나눌 수 있다. 따라서 컨설턴트는 학생이 각 연령대에서 요구받는 발달과업에 대한 이해를 바탕으로 학생이 당면한 학습과제의 성격을 이해해야 할 것이다. 물론 학생이 현재 직면하고 있는 학

습문제는 발달과업과 상당히 거리가 있는 문제일 경우가 많을 것이다. 그러나 직면한 학습문제의 이면을 들여다보면 발달과업에서 비롯된 학습문제일 가능성이 높다. 발달과업은 Havighurst에 의해 제시된 바 있다(김종서, 황종건, 김신일, 한승희, 2000).

표 3.2 Havighurst의 발단단계와 발달과업

발달단계	발달과업
유아기 (0−6세)	① 직립 보행 ② 고형질 음식 섭취 ③ 언어 능력 연마 ④ 배설 작용 통제 ⑤ 성별 구분과 성적 성숙 ⑥ 생리적 안정 ⑦ 사회적 물리적 환경에 대한 간단한 개념 형성 ⑧ 자신을 부모, 동기 및 타인과 정서적으로 관련 맺기 ⑨ 선악의 구별과 양심
아동기 (6−12세)	① 일반적 놀이에 필요한 신체적 기능 학습 ② 성장하는 유기체로서 자신에 대한 건전한 태도 형성 ③ 동년배와의 친교 능력 ④ 남성과 여성으로서의 사회 역할 ⑤ 읽기, 쓰기, 셈하기의 기초 기능 ⑥ 일상생활에 필요한 개념 ⑦ 양심, 도덕성 가치 척도 ⑧ 인격적 독립의 성숙 ⑨ 사회 집단, 제도에 대한 책임감 감지
청소년 (12−18세)	① 남녀 사이의 보다 새롭고 성숙한 관계 형성 ② 남성과 여성으로서의 역할 ③ 자신의 체격을 인정하고 신체를 효과적으로 구사 ④ 부모와 다른 성인으로부터 정서적 독립 ⑤ 결혼과 가정생활 준비 ⑥ 직업 선택 준비 ⑦ 경제 독립의 확신 ⑧ 시민으로서의 지적 기능과 개념 함양 ⑨ 행동지표로서 가치관과 윤리체계 습득 ⑩ 사회적으로 책임 있는 행동을 원하고 수행하는 일
청년기 (18−30세)	① 배우자 선정 ② 배우자와의 동거생활 능력 ③ 가정생활

	④ 육아 능력 ⑤ 가정 관리 능력 ⑥ 취업 ⑦ 시민 책임 감당 ⑧ 마음에 드는 사회 집단 모색
중년기 (30-60세)	① 성인으로서의 시민, 사회적 책임 수행 ② 생활의 경제적 표준 설정 및 유지 ③ 10대 자녀가 행복한 성인이 되도록 뒷바라지 ④ 성인에 필요한 여가 활동 ⑤ 배우자와의 인격적 관계 유지 ⑥ 중년기의 생리적 변화 수용과 적응 ⑦ 노부모 부양
노년기 (60세 이후)	① 체력 감소 용납 및 건강관리 적응 ② 은퇴 준비와 수입 감소에 적응 ③ 배우자 사망에 적응 및 죽음 준비 ④ 동년배와 친밀한 관계 형성 ⑤ 사회적, 공인적 책임의 이행 ⑥ 만족스런 생활 조건의 구비

출처: 김종서 외(2000). 평생교육개론. 서울: 교육과학사. pp. 167-173.

한국인의 발달과업에 관한 최근의 연구(임진영 등, 2008; 이성진, 윤경희, 2007, 김인규, 임은미, 2007)에서 한국인의 발달과업을 주요 영역별로 명확하게 기술하기 위해 다양한 집단으로부터 의견을 조사한 바 있다. 여기서는 이 조사 결과를 바탕으로 한국 학생들이 직면하는 다양한 발달과업을 분류하였으며, 이에 기초하여 학습문제를 진단하고 컨설팅하는 과정에서 필요한 고려사항을 점검하고자 한다. 학습컨설팅(박병기, 2012)에서의 발달과업은 사회심리학적인 내용을 보충하는 의미도 있다고 할 수 있다.

2 기본 생활능력 발달과 학습문제 및 컨설팅

여기서는 이성진, 윤경희(2009)에 의해 종합적으로 제시되고 임진영, 최지은(2014)과 최지은(2010) 등에 의해 보다 정교하게 분석된 바 있는 최근 한국인의 발달과업 중 기본 생활능력의 발달과업을 기초로 발생가능한 학습문제를 추출하고 이에 대한 컨설팅에 대해 설명하고자 한다.

1) 기본 생활능력 발달과업

기본 생활능력 발달과업은 한국 사회에서 한 개인이 원만한 생활을 영위하기 위하여 각 연령대에서 갖추어야 하는 기본적인 생활능력을 말한다(이성진, 윤경희, 2009). 그 발달과업을 구체적으로 살펴보면 <표 3-3>과 같다.

표 3.3 기본 생활영역 발달과업

	20세기 발달과업		21세기 발달과업
영·유아기 (6세 이전)	유아놀이 하기, 손가락을 따로따로 꼽기, 걷기, 고체음식 먹기, 달리기, 몸의 균형을 잡고 간단한 율동하기, 음식물을 가리지 않고 고루 먹기, 대·소변 가리기, 옷과 신발을 혼자서 입고 신기, 주변의 위험물에 조심하기, 신체를 깨끗이 하기	취학 전	대소변을 가리기, 바른 언어습관을 익히기, 스스로 옷, 양말, 신발 신기, 교통신호 식별하기, 집과 부모의 전화번호 기억하기, 집주소 알기, 음식을 맛있고 즐겁게 먹기, 부모님 및 어른의 말씀을 잘 듣기
아동기 (6-12세)	각종 운동에 필요한 기본적인 기능 익히기, 자신의 신체구조를 이해하고 신체에 대한 건전한 태도를 가지기, 음식물을 고루 먹어 균형된 영양 섭취하기, 각종 위험으로부터 신체의 안전을 도모하고 보호하기, 신체나 주위환경을 깨끗이 하여 위생적으로 생활하기	초등학교	안전수칙 지키기, 학교생활 적응, 밖에서 뛰어노는 운동하기, 준비물과 숙제를 스스로 챙기기, 정확한 의사전달하기, 대중교통을 혼자 이용하기, 자기 방을 치우고 청소하기, 혼자 음식 챙겨먹기
청년전기 (12-18세)	체력과 체능을 증진시키기, 자신의 신체적 구조나 생리적 변화에 대하여 적응하기, 균형 있는 체격을 유지하기 위한 운동과 자세 취하기, 충분한 영양과 적절한 휴식 취하기, 청결한 환경을 유지하는 위생적인 생활을 영위하기, 건강에 좋은 습관 기르기	중·고등학교	학교생활에 적응하기, 공부, 운동, 용돈 계획을 스스로 세워 실천하기, 예의바르게 대화하기, 흥미와 특기 발견하기, 자기반성, 자신이 필요한 용품 알아서 사기, 학업을 충실하게 하기, 시간 관리하기, 건강관리하기, 봉사활동
청년후기 (18-24, 25세)	체력과 체능을 증진시키기, 공해와 오염의 해독을 알고 이를 막아내는 생활하기, 의약품을 바로 알고 남용하지 않기, 건강을 위한 규칙 생활하기, 음주 및 흡연에 대해 올바로 이해하기, 성에 대한 바른 태도 가지기	20대 전반	시간 관리, 스스로 계획을 세우고 실천, 독립할 수 있는 능력을 키우기, 스스로 용돈 벌기, 군대 계획 및 적응, 건전한 음주 및 흡연 습관, 운전면허 취득

영유아기의 경우 과거와 현재의 발달과업에 큰 차이가 없음을 알 수 있다. 기본 운동발달과 식습관에 관한 발달과업이 주를 이루고 있다. 다만 현재 한국사회에서 영유아를 동반한 외출이 잦아지면서 교통안전과 실종과 관련한 발달과업이 추가되었다. 초등학생 시기는 경제수준의 발달로 자기 방을 관리하는 문제가 새로 등장하였고 원거리 통학이 늘어남에 따라 교통과 관련한 과업이 새로 생겼으며 맞벌이의 증가로 혼자 식사를 챙기는 것이 추가되었다.

2) 기본 생활능력 발달과업과 학습컨설팅

기본 생활영역과 관련하여 발견된 대표적인 발달과업을 보면 매우 다양하며 학생들은 이러한 발달과업에 의하여 사회적 압력을 받고 있다고 볼 수 있다. 취학 전 아동은 안전과 관련된 주요 지식에 대해 학습해야 한다는 압력을 받고 있으므로 컨설턴트는 부모나 어린이집 교사, 유치원 교사를 컨설팅할 때 이러한 발달과업을 알려주고 이를 한 항목씩 점검하는 과정을 컨설팅 내용에 포함시켜야 할 것이다.

초등학생의 경우 과거에는 영양섭취나 위생이 주요 과업이었다면 최근에는 학교생활과 관련하여 과제 수행과 의사 전달 등 조금 더 수준 높은 과업을 요구받고 있다. 이러한 압력은 초등학생이 학습을 수행하는데 다양한 방식의 부담으로 작용할 수 있다. 특히 대중교통 이용문제는 안전과 관련하여 매우 중요하며 학습문제와 관련해볼 때 시간 관리문제와 연결될 수 있다. 또한 맞벌이의 일상화로 혼자 음식을 챙겨먹는 문제는 다양한 측면에서 학습문제에 지대한 영향을 미칠 수 있다. 영양의 부족을 초래하여 인지발달에 장애를 초래할 수도 있으며 식사에 대한 물리적·정신적 부담으로 인해 학습자의 학습을 직접적으로 방해할 수 있다. 따라서 학습부진 학생의 컨설팅 시 이러한 항목의 점검이 필수적이다.

중고등학교 시기의 발달과업에서는 흥미와 특기 발견하기 과업의 압력으로 학생들이 수강 과목에 대한 호오를 결정하게 될 가능성이 있다. 자신은 수학에 흥미가 없으므로 할 필요가 없다고 여기고 시간투자를 게을리 할 가능성이 높아진다. 학업에 충실하기라는 항목은 이 시기 학습동기를 결정하는 중요한 요소이다. 이 시기 학생들은 사회적으로 학업에 충실하라는 압력을 대다수 받게 되므로 컨설턴트는 이러한 압력을 재점검하도록 부모와 교사를 설득해야 할 것이다. 봉사활동은 학업과 관련하여 시간배분에 대한 부담을 준다. 하지만 긍정적인 영향을 미치는 경우도 많으므로 봉사활동에 대한 학습자의 의미부여 역시 점검할 필요가 있다.

대학생 시기의 발달과업을 보면 독립과 관련하여 학습문제를 야기할 가능성이 크다. 군대라는 학습의 단절 또한 이 시기 남성 학습자들이 경험하는 보편적 학습문제라고 할 수 있다. 컨설턴트는 이 시기 학습자와는 직접 컨설팅할 가능성이 많으므로 경제적 문제와 시간 단절 문제를 주안점으로 두어야 할 것이다.

3 정의적 특성의 발달과 학습문제 및 컨설팅

정의적 특성은 학생의 학습동기와 관련하여 매우 중요한 영역이다. 학습전략 등 인지적 요인이 학습에 주는 영향도 물론 존재하지만 정의적 특성, 특히 학습 동기가 학습에 주는 영향력은 실로 지대하다. 학습문제에서 정의적 특성으로서 동기 영역은 필수적으로 고려해야 할 영역임은 명백한데 이러한 정의적 영역의 발달과업이 각 시기에 학생들이 달성해야 하는 사회적 압력으로 작용한다. 이 시기의 발달과업이 달성되지 못할 경우 학생들은 학습에 지장을 받으며 학습부진을 초래하게 된다.

1) 정의적 영역의 발달과업

황매향(2008)에 의해 연구된 정의적 특성의 발달과업은 발달 시기별로 매우 다양하게 나타나고 있는데 구체적인 내용은 <표 3-4>와 같다.

표 3.4 정의적 영역의 발달과업

20세기 발달과업		21세기 발달과업	
유아기	해야 할 것과 해서는 안 될 것을 분별하기, 남자와 여자의 차이를 알아 남자는 남자답고, 여자는 여자다운 태도를 배우기, 즐겁게 노래 부르기, 혼자서도 지루해 하거나 두려워하지 않고 놀 수 있기, 어른의 계속적인 보호 없이도 이웃에 나가 잘 놀기, 다른 아이들과 잘 어울리기, 어른에게 공손하게 대하고 인사할 줄 알기, 다양한 감정(사랑, 선망, 좌절, 증오, 시기, 질투)을 적절하게 표현하기	유치원 이전	부모로부터 사랑받고 칭찬받는다, 부모와 신체적으로 접촉한다, 부모와 함께 논다, 가족과 신뢰감을 형성한다, 형제들과 상호작용한다, 친구를 사귄다, 언어를 습득한다.
		유치원	부모로부터 사랑받고 칭찬받는다, 부모와 신체적으로 접촉한다, 부모와 함께 논다, 가족과 신뢰감을 형성한다, 형제들과 상호작용한다, 친구를 사귄다, 언어를 습득한다, 단체생활을 경험한다.

아동기	옷을 스스로 단정히 입기, 소년은 소년답게, 소녀는 소녀다운 역할과 행동배우기, 자신의 일을 스스로 하는 습관 기르기, 양심, 도덕성, 가치판단 기준을 발달시키기, 간단한 악기 다루기, 그림 그리거나 공작품 만들고 감상하기, 동시, 동화, 위인전 등 아동문학작품 읽기, 놀 때는 잘 놀고 공부할 때는 공부하는 태도 기르기, 자연을 아끼고 보호하는 습관 기르기, 자기의 감정을 조절할 줄 알기	초 저학년	부모와 교사로부터 사랑받고 칭찬 받는다, 가족과 유대감을 느낀다, 선생님을 동경하고 좋은 관계를 갖는다, 교우관계를 형성한다, 주어진 과제를 성취한다, 수업시간에 발표를 한다, 학예회나 발표회에 참가한다, "컸다"는 대접을 받는다.
		초 고학년	부모와 편안하게 대화한다, 교우관계를 형성한다, 다양한 문화적 경험을 한다, 단체활동에 참여한다(수련회, 캠프 등), 학습과제를 성취한다, 선생님과의 인간관계를 경험한다, 사춘기를 겪는다, 대인관계의 범위가 넓어진다, 2차 성징을 경험한다.
청년 전기	바람직한 이성교제에 대한 바른 태도를 발전시키기, 부모나 다른 사람으로부터 정서적으로 독립하기, 성적 충동이나 감정을 통제하기, 문학 및 예술작품을 이해하고 감상하기, 여가를 건전하게 보내기, 긍정적인 자아개념 형성하기, 일생을 살아갈 지침이 될 가치 획득하기	중학생	부모와 편안하게 대화한다, 교우관계를 형성한다, 다양한 문화적 경험을 한다, 단체활동에 참여한다(수련회, 캠프 등), 2차 성징을 경험한다, 선생님과의 인간관계를 경험한다, 사춘기를 겪는다, 어떤 것에서의 몰입을 경험한다.
		고등 학생	일생을 함께 할 친구를 사귄다, 가족들로부터 자신의 능력을 인정받는다, 학업에 몰두한다, 자신의 존재가치를 인식한다, 목표달성에 성공하거나 실패한다, 대학입학에 성공하거나 실패한다, 인생이 무엇인가에 대해 고민한다.
청년 후기	독립적으로 생활할 수 있는 태도와 자신감 갖기, 여가를 유용하게 활용하기, 건전한 생활관 확립하기, 전통적인 가치관을 생활에 조화시키기, 높은 수준의 도덕적 판단 능력과 이에 따라 행동할 수 있는 태도 기르기	20대	결혼한다, 취업한다, 출산을 경험한다, 배우자 가족에 적응한다, 직장생활의 적응과 부적응을 경험한다, 부모로부터 독립한다, 군대에 입대한다, 대학생활을 해 본다, 자기의 일을 스스로 해결한다, 우정을 나눈다, 깊이 있는 독서를 한다.

Learning Consultation to Solve Academic Problems

유아기에는 20세기 발달과업에서 성역할 구분이 포함되어 있어 중요한 발달과업으로 간주되었으나 성평등을 지향하는 21세기에 와서는 부모 관계와 친구관계 등이 강조되는 경향으로 변했음을 알 수 있다. 유치원 시기에는 단체생활을 경험하게 되는 것이 새로운 과업으로 등장하고 있다. 초등학교 시기에는 교우관계가 중요해지는 동시에 과제성취에 대한 압력이 등장한다.

초등학교 고학년과 중학교 시기에는 사춘기에 대한 문제가 등장하고 있는데 많은 연구(예를 들어 윤성민, 2017 등)에서 사춘기 적응문제를 다룰 만큼 매우 중요한 과업이라 할 수 있다. 고등학교 시기는 친구관계가 정착되면서 학업에 몰두하는 것이 매우 중요한 시기이다. 이후 대학생이 되면서 남자는 군대 입대가 주요 발달과업으로 등장하고 심지어 결혼도 과업으로 사회적 압력이 된다. 독립에 대한 압력이 최초로 등장한다.

2) 정의적 영역의 발달과업과 학습컨설팅

정의적 영역의 발달과업은 신체적, 인지적 발달과업과는 달리 매우 다양하게 나타날 수 있지만 주요발달과업의 경우 연령대별로 크게 차이가 나지 않는 경향을 보인다. 먼저 유치원 이전 시기를 보면 부모의 사랑이 매우 중요한 시기임을 알 수 있다. 부모들이 초보일 경우가 많아 주로 부모컨설팅이 이루어진다. Erikson의 발달이론과 발달과업에 나타난바 기본적인 신뢰와 사랑 그리고 신체적 접촉의 중요함이 컨설팅 과정에서 강조되어야 할 것이다. 언어습득이 주요 발달과업으로 등장하므로 언어습득에 대한 압력이 과도하지 않도록 조절을 해줄 필요가 있다.

유치원 시기에는 역시 학생을 직접 컨설팅하는 것보다 부모나 유치원 교사를 대상으로 할 경우가 많다. Erikson의 심리사회적 발달이론에 의하면 이 시기 학생들은 주도성과 죄의식의 정도에 있어 개인차가 나타난다(임진영 외, 2009). 발달과업 역시 여기에 초점을 두어 부모 관계에 대한 과업이 주를 이루므로 컨설턴트는 이러한 점을 주지하고 아동이 지나친 죄책감으로 유치원 학습활동에 지장을 받지 않는지를 점검하고 부모로 하여금 보다 적극적으로 사랑을 표현하도록 해야 할 것이다. 발달이 이른 아이의 경우 이 시기에 단체생활로 말미암아 열등감이 생성될 가능성도 있으니 부모와 교사에게 비교행동에 대한 각별한 주의를 당부해야 할 것이다.

초등학교 저학년의 경우 근면성 대 열등감의 시기로서 교사의 관심과 사랑이 매우 중요해지는 시기라 할 수 있다. 특히 선생님과 좋은 관계를 가지고 선생님을 동경

하는 경험을 가질 수 있도록 유도하는 것이 중요하므로 컨설턴트는 이 점을 유념하여 부모의 협조와 교사의 관심을 당부해야 할 것이다. "컸다"는 대접을 받지 않을 경우 열등감에 빠질 가능성이 있음을 주지하여 부모와 교사가 소홀하지 않도록 유도해야 할 것이다.

초등학교 고학년의 경우 여전히 근면성 대 열등감의 시기로서 다양한 문화적 경험을 하면서 단체 활동에도 참여하는 발달과업이 주어지는 시기라 할 수 있다. 따라서 수련회나 각종 캠프 등에 참여한 경험이 있는지 확인이 필요하며 결여되었을 경우 참여를 유도한다. 이 시기부터는 학생을 직접 컨설팅하는 경우도 있으므로 컨설턴트가 직접 확인하여 진단할 필요가 있으며 학업에 대한 압력이 서서히 증가하는 시기이므로 이에 대한 성취감을 가졌는지를 확인할 필요가 있다. 사춘기를 경험하고 극복하는 시기이므로 2차 성징 등에 대한 확인을 하도록 한다.

중학생이 되면 사춘기를 겪게 되고 정체감 형성의 기로에 서게 된다. 이 시기에 어떤 것에서의 몰입을 경험하면 사춘기 극복이나 정체감 형성에 도움이 되므로 관심사를 확인하고 이에 매진하도록 유도하는 것도 좋은 컨설팅이 될 수 있다. 고등학생 시기는 정체감 형성의 완성기이므로 이의 달성 여부를 확인해야 할 것이다. 철학적이 되기 쉬우므로 컨설턴트는 다양한 철학적 사상이나 종교를 소개할 경우를 대비해야 할 것이다. 또한 대입을 준비하는 시기로서 학습문제의 민감성이 매우 높은 시기이므로 이를 잘 다루어야 한다. 다만 이러한 문제는 인지적 영역과 관련되어 컨설팅이 이루어져야 하므로 인지적 영역에서 본격적으로 다루도록 한다.

대학생 시기의 경우 결혼을 하는 것이 제일 강조되는 발달과업이긴 하지만 결혼에 관한 관점의 급격한 변화(예를 들어, 박선향, 2016)로 컨설턴트는 이 문제에 보다 신중하게 접근해야 할 것이다. 이 연령대에 대학을 가지 않을 경우 취업이 주요 발달과업으로 작용할 수 있다. 각종 채용 시험이나 자격증 시험을 준비하는 경우도 많아 학습문제가 여전히 매우 중요한 문제로 간주되므로, 컨설턴트는 이에 대한 다양한 지원을 해줄 수 있다. 특히 자기 주도적 학습(송인섭, 2008)이 주를 이루는 시기이므로 자기 주도적 학습과 관련한 다양한 팁을 준비해서 컨설팅에 임해야 할 것이다.

학습문제와 가장 직접적으로 관련을 맺고 있는 것이 인지적 특성의 발달과업일 것이다. 학습에 영향을 주는 요소가 아니라 학습 그 자체에 압력을 행사하는 직접적인 사회적 영향과 기대라고 할 수 있다.

1) 인지적 특성의 발달과업

임진영 등(2007)은 인지적 특성에 해당하는 다양한 발달과업을 조사하여 발표하였는데 학령기 주요 발달과업을 재정리하면 <표 3-5>와 같다.

표 3.5 인지적 특성의 발달과업

20세기 발달과업		21세기 발달과업	
아동기	글을 읽고 쓰기, 자기의 의사를 적절히 표현하기, 수를 알고 계산할 줄 알기, 일상생활에 필요한 기초적 개념을 배우기, 자연현상이나 사회현상을 보고 이에 대한 기초적인 원리를 이해하기, 시간개념을 발달시키기, 친척들과 자기와의 관계나 촌수 알기, 여러 직업의 종류와 하는 일 알기	유치원 이전	기초적인 의사표현을 하기, 5 이하의 수를 세기, 주변의 사물을 구분하기
		유치원	필요한 의사표현을 하기, 색깔을 구분하기, 글자에 관심을 가지고 자기 이름을 쓰기, 10 이하의 수를 세기
		초 저학년	간단한 글을 읽고 내용을 알기, 받아쓰기, 한글을 바르게 읽고 쓰기, 두 자릿 수의 덧셈, 뺄셈을 하기, 구구단 외우기
		초 고학년	책을 읽고 느낀 점 쓰기, 자신의 생각을 글로 조리 있게 표현하기, 책을 읽고 글의 주제를 알기, 분수의 곱셈과 나눗셈 하기, 사칙연산을 능숙하게 하기, 주위환경에 대해 관찰하기, 알파벳을 읽고 쓰기, 컴퓨터를 통해 필요한 내용을 찾기, 다른 사람의 입장에서 생각하기
청년 전기	정치, 경제, 사회, 문화에 대한 기본적인 지식을 갖추기, 자연과 사회환경의 여러 원리를 배우고 생활과 관련짓기, 전통문화를 이해하고 보존·발전시키는 데 필요한 지	중학생	글의 목적을 파악하기, 글의 제재와 주제를 파악하기, 주제와 관련된 주장하는 글을 설득력있게 쓰기, 기초적인 영어 문장을 읽고 암기하기, 영어의 기본적인 문법을 알기, 기초적인 영어회화 하기, 일차방정식과 이차방정식 풀기

	고등학생	글의 목적을 파악하고 주제를 파악하기, 글 속에 담긴 글쓴이의 의도를 파악하기, 정보를 이용하기, 글쓴이의 오류를 비판하기, 영어로 간단한 자기소개하기, 외국인과 간단한 인사 정도의 회화 나누기, 사회적 문제에 대해 자신의 의견을 논하기, 무한대의 개념을 이해하기, 고차방정식을 풀기
청년기	20대 전반	자신의 의견을 논리적으로 주장하기, 글을 읽고 글쓴이의 오류를 지적하고 대안을 제시하기, 시사문제에 대한 지식을 쌓기, 실생활에 전공지식을 응용하기, 일상 영어 회화를 하기, 엑셀과 파워포인트를 활용하기
	20대 후반	전공했거나 일하는 분야에서 전문적인 지식을 가지기, 신문기사를 이해할 수 있는 분야별의 상식을 알기, 컴퓨터를 이용하여 자유자재로 문서를 만들고 활용하기, 경제에 대한 전반적인 이해를 하기, 이성교제와 결혼준비에 필요한 지식을 갖추기

(고등학생 행 좌측 칸) 식 갖기, 외국문화 및 국제관계에 대한 이해 넓히기, 신체구조와 현상 및 성에 대하여 이해하기, 매스 커뮤니케이션에 대한 이해와 지식 갖기, 논리적으로 사고하고 합리적으로 문제를 해결하는 능력 기르기, 자기의 능력과 적성에 대하여 비교적 정확히 파악하기

(청년기 행 좌측 칸) 결혼과 가정생활 준비하기, 출산과 육아에 대한 지식 획득하기, 직업을 선택하고 취업을 준비하기, 민주시민으로서 사회생활에 필요한 지식과 기능 익히기, 국가현실이나 국제관계에 대한 바른 지식 배우기, 급변하는 사회에 적응하기 위하여 각종의 최신정보 알기, 상식과 식견을 넓히기, 합리적인 준거에 비추어 판단할 수 있는 능력 갖추기

먼저 아동기를 보면 과거 20세기에는 시기구분이 포괄적이고 매우 일반적인 요구사항들로 나열되어 있는데, 전통적인 의미에서 '친척들과 자기와의 관계나 촌수 알기'가 발달과업에 포함되어 있음이 특이하다고 할 수 있다. 직업적 진로에 대한 탐색도 이른 시기에 요구되고 있다. 반면 21세기 발달과업은 시기구분도 세분화되고 인지적 발달과업들도 시기별로 위계적인 구조를 잘 이루고 있음을 알 수 있다. 유치원 시기에 '글자에 관심을 가지고 자기 이름을 쓰기'라는 발달과업은 현행 누리교육과정에 비추어 재해석될 여지가 있을 것이다.

초등학교 저학년의 경우 기본적 국어능력과 수학능력이 강조되고 있으며 기초 학업이 중요시되고 있음을 알 수 있다. 초등학교 고학년의 경우 국어영역에서는 표현이 중시되고 있고 수학의 경우 세분화되는 경향을 보인다. 영어에 입문하는 과업과 컴퓨터 이용의 강조가 시대적 변화를 반영하고 있다. 사회인지적 능력도 고려되어 '다른 사람의 입장에서 생각하기'라는 항목이 주요 발달과업으로 제시되고 있다.

중학생의 경우 20세기에는 사회에 대한 지식을 본격적으로 요구받기 시작하는 시기로 특징지을 수 있는데 21세기에 와서는 논술능력과 영어실력이 강조되고 있다. 고등학생의 경우 비판적 글 읽기와 사회를 보는 관점이 발생하는 시기로 규정되고 있는데, 세계화라는 시대적 맥락이 영어회화를 강조하는 경향을 발생시킨 것으로 보인다.

대학생 시기에 문자정보에 대한 비판적 해독력이 강조되고 시사, 전공을 두루 통달하도록 요구받고 있는 것으로 나타났다. 20세기에는 결혼과 직업준비, 시민의식 함양이 주였던 반면 21세기에는 이 시기에도 여전히 지식습득이 강조되고 있어 준비기가 연장되었음을 알 수 있다.

2) 인지적 영역의 발달과업과 학습컨설팅

인지적 발달과업은 학습문제와 직접적으로 관련된다는 점에서 학습컨설팅에 주는 시사점이 크다고 할 수 있다. 학생의 인지적 발달과업과 인지발달의 수준이 학습컨설팅 시 필수 고려요소임은 자명하다. 인지발달의 경우 피아제의 이론으로 시작하여 신피아제 이론과 현대 뇌과학적 관점까지 변화해 왔는데 영역특정적 지식기반이 중요시되는 경향을 띤다(이성진 외, 2009).

가) 인지 발달과 학습컨설팅

학습자의 인지적 특성을 고려함에 있어 인지구조의 이해가 필수적이다. Case(1985)의 이론에 의하면 인지구조는 정신공간의 확장으로 설명될 수 있다(김연주, 1989). 이로써 인지 발달은 질적 변화의 관점에서 양적 변화의 관점으로 전환되었으며 특히 Fisher(1980)는 기술의 확장으로 인지발달을 해석하고 영역특정적 지식의 전문화와 상세화를 강조하게 되었는데 이는 일반적 능력의 확장이 아니라 영역특정적 지식의 축적 및 확장으로 인지발달을 설명하는 것이다. 이런 관점에서 학습문제는 대부분 지능의 부족이나 인지구조 발달의 문제로 귀결되는 것이 아니라 특정 주제의 학습과 관련한 선행 지식의 습득 유무로 귀결된다. 물론 당연한 추론이지만 선행 지식 결여의 원인과 이유는 다양할 수 있다. 이런 점에서 전문적인 컨설팅이 필요한 이유를 찾을 수 있다.

이러한 인지 발달의 변화양상은 컨설턴트가 학습자를 진단하고 교사와 부모를 컨설팅할 경우 가장 먼저 고려해야 할 요소일 것이다. 따라서 컨설턴트는 인지 발달의 일반적 특징뿐만 아니라 대상 학습자의 인지 발달 상태에 대한 보다 상세화되고 전문적인 지식을 습득해야 한다. 인지 발달에 대한 이해를 바탕으로 학습자가 처한 학습문제를 이해하는 것과 더불어 그 학습이 '문제'가 된 배경, 즉 학생에게 주어지는 사회적 압력으로서의 인지적 발달과업에 대한 이해도 필수적이라 할 수 있다.

나) 유치원 이전 시기의 발달과업과 학습컨설팅

유치원 이전 시기에 21세기 학생들이 경험하는 사회적 압력으로서의 발달과업은 주로 의사표현능력, 기본적인 셈, 사물에 대한 기초적 이해 등으로 어린이집 등에서 습득이 가능한 과업들로 구성되어 있다. 그러나 이러한 과업은 단순하고 쉬운 과제로 보이지만 당사자인 유아들은 하나하나가 넘어야 할 산이고 난제이다. 따라서 컨설턴트는 이러한 유아의 위기의식에 대한 공감적 이해가 필수적이다. 또한 사소해 보이는 기본적인 의사표현이나 셈의 경우에도 이 시기를 놓쳐버리면 누적적 결손에 의한 학습문제의 결정적인 원인이 될 수 있으므로 컨설팅 시 이러한 기초적인 능력의 습득 유무를 반드시 확인해야 할 것이다.

유치원 시기의 발달과업은 그 이전 시기의 연장이므로 이 시기의 학습문제는 이전 시기와 큰 차이가 없다. 따라서 컨설턴트는 유치원 교사나 학부모를 컨설팅할 경우 인지적 결함이나 정서적 애착 문제에 대한 확인뿐만 아니라 필수 영역특정적 지식의 습득 여부를 진단하도록 안내해야 할 것이다. 그리고 유아기의 미미한 차이가 이후 초등학교, 중학교로 연령이 증가할수록 큰 영향을 끼칠 수 있음을 인지하여 영역특정적 지식의 전문성 이론에 입각하여 코치해야 할 것이다. 사실, 기초 전문성의 습득이 유아기의 가장 큰 발달과업임을 컨설턴트 자신이 누구보다도 먼저 절감해야 한다고 볼 수 있다.

다) 초등학교 시기의 발달과업과 학습컨설팅

초등학교 전반기 발달과업은 유아기의 연속선상에 있긴 하지만 부모의 관심이 유아기보다는 상당히 감소함으로써 상대적으로 교사의 전문적 관심이 요구되고, 이에 따라 교사의 압력이 상승하는 시기라는 특징이 고려되어 해석되어야 할 것이다. 이 시기에는 문해력이 필수요소로 간주되므로 컨설턴트는 문해능력의 습득 유무를 가장 우선적으로 확인한다. 실제 컨설팅 과정에서 초등학교 5학년이 글을 제대로 읽지 못하는 경우가 발견되기도 한다. 초등학교 과정에서 글을 정확하게 읽지도 못하면서 다른 여러 가지 단서에 의해 읽는 것처럼 '행세'하는 학생이 있었으며 이 학생은 진단 즉시 바로 읽기훈련에 투입되었다.

초등학교 고학년이 되면 습득해야 할 지식이 보다 상세화된다. 이 시기 학생들의 학습문제는 인지적인 측면에서는 대부분 누적적 결손에 의한 경우라고 볼 수 있다. 따라서 보상학습이 컨설팅의 주요 주제가 될 가능성이 높다. 부모, 교사와 협력하여 가능하면 빨리 보상학습이 투입되도록 체제를 구축하는 것이 컨설팅의 주요 과업이 될 수 있다. 현 학교체제는 보상학습에 있어 그리 효율적인 시스템을 갖추지 못했으며 주로 사교육에 의존하고 있다. 최근 방과후 학습이 개설되는 등 학교 내에서 보상학습을 시행하려는 시도는 매우 바람직하다고 할 수 있는데 이런 상황에서 컨설턴트의 역할이 더 중요해지게 된다. 학생이 어떤 영역에 취약한지를 진단하고 이에 대한 보상교육 방안을 마련하여 소개하는 등 다양한 측면에서 학생 당사자, 학부모, 교사의 요구에 부응할 수 있을 것이다.

라) 중고등학교 시기의 발달과업과 학습컨설팅

Piaget(1953)에 의하면 중학생의 경우 형식적 조작이 가능한 시기로 설명하는데, 여기서 '가능한' 시기라는 것은 할 수 있는 학생이 있거나 할 수 있는 주제가 생긴다는 의미로 해석되는 것이 좋다. 물론 Piaget 이론의 인지구조는 현재 인지발달의 측면에서 재해석되어야 하지만 이론의 성격상 학생이 직면하는 학습문제와 구체적으로 연관되는 내용을 이론에 내포하고 있어 최근 이론보다 오히려 현장에 적용하기는 더 편리하고 효율적인 면이 많다고 할 수 있다. 다만 진단의 측면에서 유용하다 할지라도 처방의 측면에서는 최근의 새로운 이론을 바탕으로 방안을 모색해야 할 것이다. Piaget 이론의 입장에서 학습문제는 인지구조에서 비롯되므로 인지구조가 바뀔 때까지는 해결이 불가능하다. 물론 Vygotsky(1962)에 의해 비계설정(scaffolding) 등의 처방이 제시되긴 했지만 최근 인지이론과 뇌과학에 의하면 이러한 처방은 재검토될 여지가 크므로 전문가로서의 학습컨설턴트는 보다 개선된 최신의 이론으로 무장할 필요가 있다.

중학생 시기와 고등학생 시기는 발달과업상 수준의 차이 외에는 별다른 차이가 없다고 볼 수 있다. 단지 발달과업 하나하나를 고려하여 학생의 학습문제를 진단하고 해결책을 구안해야 할 것이다. 글의 주제를 파악하는 데 있어서도 글쓴이의 의도나 오류까지 파악해야 하는데 이러한 점이 결여되어 학습문제로 이어지는 경우를 생각해 볼 수 있다. 즉, 어떤 학생의 경우 이러한 과업을 자각하지 못하고 글을 자기관점에서만 해석하고는 글을 이해했다고 착각해서 학습문제로 이어지는 경우가 있을 수 있으므로 컨설턴트는 이러한 점을 점검하고 문제점을 제시해주어야 한다.

마) 대학교 시기의 발달과업과 학습컨설팅

대학생이 되면 자신의 의견을 논리적으로 주장하는 것이 관건이 되는데, 여전히 남의 의견만으로 자신의 관점을 구성하는 경향을 보이는 학생의 경우 스스로 이러한 결함을 자각하기 힘들기 때문에 컨설턴트는 이러한 점을 진단하고 자각시켜서 해결책을 함께 모색하는 것이 주요 과업이 될 수 있다. 또한 다양한 매체(책, 뉴스, 영화 등)를 자신의 관점으로 재해석함으로써 비판적이 될 수 있음에도 이러한 시도를 해볼 기회가 없었던 학생의 경우에는 자신의 학습문제의 원인을 정서적 문제나 물리적 제약 등 다른 곳에 귀인하는 경우가 많다. 학습동기이론의 고전이라 할 수 있는 귀인이론은 현대에 와서 동기의 인지적 접근으로 발전하였으므로 컨설턴트는 이러한 이론에 입각하여 대상 학생의 인지적 동기특성도 잘 파악할 수 있다. 그리고 과업분석을 통해 잘못된 귀인과 사태판단을 바로 잡고 합리적인 대안을 제시할 필요가 있는데 이 경우 발달과업의 확인이 필수적인 과정이 될 수 있다.

엑셀과 파워포인트를 학교에서 따로 가르쳐 주지 않기 때문에 많은 학생들은 학원이나 친구 혹은 인터넷을 통해서 사용법을 습득하는데 이에 대해 무지한 학생의 경우 대학에서의 수강활동에 있어 다양한 어려움에 직면할 가능성이 크다. 그렇지만 스스로 이러한 문제점을 진단할 능력이 없으므로 컨설턴트의 개입이 필수적이라 할 수 있다. 초중고 시기의 부모나 교사의 역할을 대학생의 부모나 교수가 하지는 않는다. 따라서 이 시기에는 학생을 직접 컨설팅하는 경우가 일반적이며 컨설턴트는 앞서 제시한 경우와 같이 이 시기 발달과업을 보다 면밀히 검토, 확인하여 학습문제의 원인을 찾아야 할 것이다.

P/A/R/T **4**

학습문제해결 학습컨설팅에서의
단계별 개입

학습문제해결 학습컨설팅에서의 단계별 개입

전 명 남

　학습컨설팅은 학습자가 처한 문제 상황에서 적절하고 효과적인 해결을 할 수 있도록 하는 조력 활동이다. 학습컨설팅은 시작에서 종료까지 일련의 과정을 거친다. 학습컨설팅을 통한 학습문제해결 과정은 단편적이고 즉각적인 문제해결이라기보다는 총체적인 문제해결이고, 현실에 안주하거나 포기하기보다는 바라고 기대하는 상태로 이동하는 문제해결이며, 또한 파괴적이고 이기적인 문제해결이 아니라 자신과 타인을 존중하는 문제해결이다. 예를 들어 게임중독으로 학습에 어려움이 있는 학생의 경우를 가정해보자. 현재의 답답한 마음을 풀기 위해 오락실에 가거나, 게임중독 때문에 계속 학교에서 최하위권 성적을 받고 있어서 "공부해도 나는 안돼, 성적이 오르지 않아" 하고 합리화거나, 학교에서 품행이 나쁜 친구들과 어울리면서 학교 밖 놀이에 집중하고 자기와 주변 친구들마저도 학습곤란을 지속적으로 이어가거나 한다면 이는 단편적이고 즉각적이며 파괴적이고 이기적인 문제해결이다. 이에 반해, 자신이 결심했던 '도서관에서 방과 후에 2시간 동안 공부하기', '학교에서 배운 내용을 매일 복습하기', '적성을 찾아서 진로관련 활동하기'와 같은 것은 바라고 기대하는 상태로 이동하는 문제해결이고, 학교에서의 학업적 곤란을 낮추고 가족들의 걱정이나 자기 자신의 내면적 고민을 줄이는 총체적인 문제해결이며, 자기 자신은 물론 형제자매나 친구들에게 긍정적 영향을 미치고 부모님들도 존중해 주는 문제해결이 되는 것이다.

　이 장에서는 '협력적 모형 기반 접근의 학습문제해결 학습컨설팅'과 '해결중심 접근의 학습문제해결 학습컨설팅'의 두 가지 접근법으로 나누어서 단계별 개입방법에 대해 다룬다. 협력적 모형 기반 접근의 학습문제해결 학습컨설팅은 협력적으로 의뢰된 문제를 개념화하고 문제의 원인이나 전·후 상황을 이해하고 이를 해결하는 것에 초점을 둔 접근이라고 할 수 있다. 컨설턴트는 심리, 행동, 정서적인 측면에서 학습문제를 관찰하고 문제에 맞는 진단도구를 채택·실시하고 결과를 분석하여 보고할 수 있는 지식과 기술을 갖추어야 한다(윤채영, 2013). 현재 대부분의 학교기반 학습컨설팅에서는 이러한 접근 방법을 사용하여 학생들이 학습문제를 진단하고 처방하며, 문제의 원인과 성격에 따라 개입을 실시하고 있다.

한편, 해결중심 접근의 학습문제해결 학습컨설팅은 컨설티 혹은 학생이 지금까지 해온 것과는 다른 것을 하거나 생각해보도록 도움으로써 문제를 해결하고 삶을 보다 만족스럽게 하는 것을 목표로 하는 접근이다. 컨설팅은 컨설티나 학생이 주로 이미 잘 하고 있는 것을 찾아내어 확장시키며 문제중심적인 내적 대화에서 해결중심적인 내적 대화로 바꾸는 과정으로 구성된다. 해결중심 접근은 학자나 이론에 따라 다양한 갈래가 있으나, 이 장에서 다루는 해결중심 학습컨설팅은 De Shazer(1985)와 Berg(1994)의 이론과 임상을 기반으로 학습에 적용한 학습컨설팅 개입방법이다. 해결중심 접근에서는 기본적으로 인간은 문제를 해결할 수 있는 능력을 가지고 있기 때문에 어떤 상황에서도 문제를 해결할 수 있다고 가정한다. 그 근거는 누구도 예외 없이 일상생활에 성공했던 여러 가지 경험들을 가지고 있다는 데 기인한다. 해결중심 학습컨설팅에서는 문제를 가지고 온 학습자를 해결능력이 없어서가 아니라 해결능력을 잘 사용하지 못하고 있다고 본다.

1 협력적 모형 기반 접근의 학습문제해결 학습컨설팅의 단계별 개입

1) 협력적 모형 기반 접근의 학습문제해결 학습컨설팅 특징 및 단계

학습문제해결 학습컨설팅은 일반적으로 컨설팅의 내용에 따라 행동 모형과 정신건강 모형, 참여자와의 관계 형태에 따라 협력적 모형과 전문가 모형으로 나눌 수 있다. 행동 모형(behavioral model)은 행동주의와 사회학습이론을 기반으로 하고 있으며, 컨설턴트와 컨설티 간의 상호작용보다는 컨설티 혹은 클라이언트의 문제해결을 위한 방법으로 주로 적용된다. 이러한 모형의 목적은 바람직하지 않은 행동 빈도를 감소시키고 바람직한 행동 빈도를 증가시키고자 하는 것이다. 정신건강 모형(mental health model)은 정신역동이론과 내담자 중심 심리학을 이론적 기반으로 하고 있으며, 주로 감정과 기능적 문제해결에 초점을 둔다(정세영, 2016). 전문가 모형(expert model)은 컨설팅 내용과 과정에 관한 전문성 두 가지를 모두 가진 컨설턴트가 의뢰된 문제를 직접 해결하기 위해 개입하는 것(Schein, 1988)으로, 의뢰된 문제와 관련 있는 내용에 관한 전문가로서의 역할을 수행한다. 협력적 모형(collaborative model)은 컨설턴트와 컨설티가 협력하여 학교 내 문제, 즉 학습문제, 미성취문제, 행동문제 등을 해결하는 데 초점을 두고 공동으로 규정한 문제에 대한 해결책을 생성하기 위하여 상호작용하는 과정을 의미한다. 컨설팅은 컨설턴트와 컨설티, 클라이언트의 삼각구도 관계를 가지는데, 컨설턴트는 사회학습이론, 학급평가, 학습과정, 학습자 관리, 응용행동분석 기술 등의 지식 기반을 가지고, 컨설티는 교육과정의 범위와 계열에 대한 지식, 수업전략, 아동발달에 대한 이해 등의 기반을 가진다. 이 모형의 목적은 일반교실에서의 학습문제 또는 비성취문제를 가지는 학생을 관리하거나 해결하는 데 있으며, 이를 관리하거나 해결하기 위해 공유된 책임의식을 촉진하는 전문가(컨설턴트)와 일반교사(컨설티)가 서로 대등한 관계를 가진다. 컨설턴트와 컨설티 간에 상호 협력적 관계를 가지는 것이 이 모형의 특징이며 프로그램 실행 단계에서는 컨설티가 주로 책임을 가지지만 다른 단계에서는 컨설턴트와 공동의 책임을 가진다(윤초희, 2009).

최근의 컨설팅 추세는 컨설턴트와의 관계가 위계적 관계에서 협력적 관계로 변화하고 있으며, 컨설팅의 형태는 간접 서비스에서 직·간접 혼합 형태로 변화하고 있다(윤초희, 2009). 협력적 모형의 컨설팅에서는 어느 한 사람만이 반드시 전문가일 필요가 없다. 즉, 협력적 컨설팅은 두 사람 이상 사이에서 발생하며 참여자 사이의 전문가 역할은 주기적으로 바뀐다. 학교의 교사는 행동수정을 위한 강화계획이나 내용을 더 잘 기억하므로 이를 돕기 위한 향상 방법을 제안하는 전문가가 될 수 있으며, 부모는 학생의 학업을 돕고 격려하는 방법을 검토하는 전문가로, 클라이언트인 학생은 자신의 흥미와 선호하는 학습양식, 그리고 강화인을 검토하는 전문가가 될 수 있다(Kampwirth & Powers, 2006; 김정섭, 유순화, 윤경미 역, 2010).

일반적으로 학교와 학교 밖 상황에서 학습문제해결 모형은 '문제정의', '계획 개발', '실행계획', '평가'의 순환적 과정으로 인식되어져 왔다. 즉, '문제는 무엇인가', '그 문제는 왜 일어났는가', '우리는 무엇을 해야 하는가', '그것이 효과가 있는가'이지만(Chafouleas, Riley‒Tillman & Sugas, 2007; www.pbis.org), 이러한 접근은 실제 상황에 적절한 학습컨설팅으로서의 한계가 있다. 이에 비해 학습문제해결 학습컨설팅은 보다 협력적인 관계를 형성하고, 개입전략과 실행에 있어서 의견을 수렴해 나가며, 인프라 구조를 가진 실행 과정을 거친다.

협력적 모형을 기반으로 한 학습문제해결 학습컨설팅의 일반적인 절차는 1) 협력관계 형성 및 학습컨설팅의 구조화, 2) 학습문제의 진단, 3) 학습컨설팅 목표 설정/수립, 4) 개입전략 설정/수립, 5) 개입전략 실행, 6) 종결 및 추수관리로 볼 수 있다.

표 4.1 협력적 모형 기반 학습문제해결 학습컨설팅의 절차

단계	세부과정	내용
협력관계 형성 및 학습컨설팅의 구조화	학습자 대면하기	· 컨설팅 대상자와 첫 만남
	컨설팅 관계 맺기	· 인식된 문제와 요구사항 논의
		· 학습 컨설턴트와 학습자와의 관계 맺기
	컨설팅 계약 맺기	· 컨설팅 협의 및 계약
학습문제의 진단	정보수집	· 학습컨설팅 목적 분석
	문제분석	· 원인파악을 위한 의뢰대상 진단 및 문제 분석
		· 문제 확인을 위한 교사·학부모 면담
학습문제해결 학습컨설팅 목표 설정/수립	문제해결 목표 수립	· 문제의 정의
		· 문제해결 목표 및 방향 설정
	문제해결 계획 수립	· 문제해결 전략 설계 및 활동내용 선정
		· 학교관계자와 검토 후 수정
	학습 프로그램 구안	· 프로그램 구성 및 내용 구성
개입전략 설정/수립, 개입전략 실행	프로그램 운영	· 학생에 대한 교육적 개입 및 학생 반응 관찰
		· 운영방안 수정 협의
종결 및 추수관리	평가 및 교육적 개입 종결	· 목표 달성 확인 및 평가
		· 교육적 개입 종결
	추수관리	· 마무리 및 추수관리

출처: 한국교육심리학회(2012), 윤채영, 윤소정, 김정섭(2011).

2) 협력관계 형성 및 학습컨설팅의 구조화

학습컨설팅 과정의 첫 단계에는 컨설턴트와 컨설티, 클라이언트와의 관계를 형성하고 컨설팅 과정에서의 전반적인 합의와 함께 계약을 하기까지의 과정이 포함된다. 컨설턴트와 컨설티 간의 협력관계가 성공적으로 이루어져야 이를 바탕으로 목표 설정/수립 및 개입전략의 설정/수립까지 효과적으로 이루어질 수 있다(Kampwirth & Powers, 2016). 컨설턴트, 컨설티, 클라이언트가 협력관계를 형성하고 컨설팅이 반드시 필요하다는 데 합의를 이루게 되면 계약을 하게 되는데, 계약을 할 때는 참여하는 사람들 모두의 기대가 계약 속에 언급되어야 하며, 컨설팅 비용 및 기간 등이 포함되어야 한다. 이 단계를 거침으로써 컨설턴트는 컨설티의 조직 혹은 관계 속으로 개입하게 된다. 컨설턴트가 개입하는 것은 컨설티 조직의 임시구성원으로 수용되는 과정이다. 컨설팅의 실제 상황에서는 협력관계의 형성과 컨설팅의 지속 여부 등과 관련된 여러 가지 상황이 첫 단계에서뿐만 아니라 이후 단계에서도 지속적으로 발생하므로 성공적인 컨설팅이 되려면 이런 과정에 끊임없이 주의를 기울여야 한다.

가) 협력관계의 형성

학습컨설팅을 하고자 할 때 컨설턴트(consultant) 또는 컨설티가 학습컨설팅이 필요하다고 판단되는 학생을 직접 만나는데 이때 학습컨설팅 과정에서의 협의사항을 구체적으로 논의하게 된다. 현실적으로 컨설턴트가 클라이언트, 즉 학생을 직접 컨설팅하는 사례가 많으므로 이 장에서 언급되는 컨설티(consultee)는 교사 혹은 부모가 될 수도 있고 학생이 될 수도 있다. 첫 만남의 장소는 가급적 조용한 장소를 선택하고 학습컨설팅 과정에서 필요한 정보를 즉각적으로 제공할 수 있는 곳 또는 컴퓨터 사용이 가능한 장소가 좋다. 첫 만남에서는 컨설티 또는 클라이언트가 학습컨설팅에 대해 다소 생소하게 여길 수 있으므로 컨설턴트는 미리 준비해 온 자료를 토대로 학습컨설팅의 개념, 절차, 기대효과 등에 대해 간략히 설명한다(한국교육심리학회, 2012).

① 협력관계 형성을 위한 면담

학습컨설팅이 자발적으로 의뢰가 된 경우는 컨설티가 이미 도움을 청하기로 마음을 먹었기 때문에 컨설팅을 진행하기가 어렵지 않다. 그러나 비자발적으로 컨설팅에 참여하게 된 경우에는 컨설티가 교사이든, 학부모이든, 학생이든 처음 면담을 할 때 컨설턴트가 문제를 잘 다룰 수 있을 것이라고 신뢰하는 라포(rapport)가 형성되지 않았기 때문에 비협조적이거나 거부반응을 보이는 경우가 많다. 이런 경우에 대처 가능한 몇 가지 요령은 다음과 같다.

- 컨설팅을 의뢰한 사람이 누구인지 말해 준다.
- 컨설팅을 의뢰한 이유를 말해 준다.
- 자신의 의지와 상관없이 하게 된 것을 어떻게 느끼고 생각하는지 말하게 한다.
- 컨설티의 선택이 중요함을 강조한다.
- 컨설팅을 받음으로써 얻을 수 있는 이점을 설명한다.
- 컨설팅의 진행 과정을 설명해 준다.

컨설턴트는 면담을 진행할 때 컨설티보다 말수가 적어야 하며, 단번에 해석과 해결책을 내서는 안된다. 면담 과정에서 직접적으로 개입하는 것이 적절하지 않을 때에는 아무 말도 하지 않고 기다리는 것도 하나의 방법이다.

나) 학습컨설팅의 구조화

학습컨설팅 초기에 학습컨설팅에 대한 구조화가 필요한데, 컨설팅 시간, 빈도, 총 횟수, 비용 등에 대해 다룬다. 컨설턴트의 역할, 학습자의 역할, 관계의 성격 등에 대한 지침을 제공하고 비밀보장에 대해서도 구조화하여 안심하고 학습컨설팅에 참여할 수 있도록 한다.

표 4.2 학습컨설팅의 구조화

초기 구조화 항목	내용
학습컨설팅 구조화	학습컨설팅 시간, 빈도, 총 횟수, 비용 등에 대한 지침
학습컨설팅 관계 구조화	학습컨설턴트 역할, 학습자 역할, 관계의 성격 등에 대한 지침
비밀보장 구조화	비밀보장

[학습컨설팅 신청서]   신청날짜: _____

신청자 이름(관계): _____   연 락 처: _____

학생의 이름: _____   학년: ___ 나이: ___ 연락처: _____

학습컨설팅 의뢰내용:

문제 관련 기타 정보 및 자원: _____

학습컨설팅 희망 시간: _____

다) 학습컨설팅을 위한 관계 및 계약 맺기

학습컨설팅 관계를 맺기 위해 의뢰된 문제가 무엇이고, 왜 의뢰하게 되었는지, 컨설팅을 통해 얻고자 하는 바가 무엇인지 파악하고, 의뢰된 대상의 연령, 학력이나 발달 특징, 인지·정서·사회적 특성을 이해하며, 컨설팅 과정의 참여 구성원들, 주체자, 컨설팅 방법이나 시간 및 장소 등을 중심으로 컨설티의 요구사항과 문제를 면담하고 논의한다. 이와 같은 내용을 다시 검토한 다음에 학습컨설팅 계약을 맺는다. 컨설팅의 계약은 구체적으로, 합의에 의하여, 문서화시켜 시행하는 것이 바람직하다. 가급적 첫 회기에 계약관련 사항을 명확히 하는 것이 좋다. 학부모가 직접 의뢰했을 경우에는 컨설팅 비용까지 계약 내용에 포함되지만, 학교나 지역사회 프로그램을 통해 의뢰되었을 경우에는 대개 컨설팅 단가가 정해져 있고 컨설티가 직접 지불하는 것이 아니므로 컨설팅 비용이 계약 내용에 포함되지 않는다.

컨설팅 계약서

컨설턴트: ○○○
컨 설 티: □□□

◇ 컨설팅 목표
□□의 과제완수 비율을 현재의 60%에서 90% 이상으로 향상.

◇ 컨설팅 기간 및 장소
기간은 7주이고, 장소는 학생의 집
매주 5%씩 완수율을 상승시켜서 6주간 진행하고 7주에 종결함.

◇ 컨설팅 시간
매주 목요일 오후 8시-9시(부모님 퇴근시간 고려).

◇ 컨설팅 비용
1회 실시할 때마다 ＿＿만원과 교통비 2만원을 합하여 ＿＿만원으로 함.

◇ 컨설팅 성과 평가 방법
<과정평가>
부모님이 □□의 행동을 지켜보고 벽에 붙어있는 과제표에 매일 아침 체크함.
□□는 자신의 행동을 스스로 평가하여 매일 아침 벽에 붙어있는 과제표에 체크함.
□□는 약속된 강화가 부모님으로부터 왔는지에 대하여 평가함.

<효과평가>
선생님이 3주차와 6주차에 □□의 변화된 행동에 대하여 기록해 주심.

◇ 컨설턴트의 역할
학습에 도움이 되는 □□의 행동을 찾아내고 격려하기.
학습에 방해가 되는 □□의 행동을 찾아내고 컨설팅 주제로 드러내기.
학습에 도움이 되는 정보 전달하기.
변화과정 점검하고 추가과제 제시하기.

◇ 컨설티의 역할
<학생>
컨설팅 약속시간에 빠지지 않고 참여하기.
좋아진 점에 집중하기.
부모님이나 선생님보다 자신의 변화를 먼저 생각하기.
학교에서 돌아오자마자 과제를 점검표에 적기.
학습과제 수행을 하지 못했을 경우, 그 이유를 구체적으로 생각해 보고 오기.

학습과제 수행이 어려울 것으로 예상되는 경우, 컨설팅 시간에 솔직히 말하기.
컨설턴트에게 솔직하게 말하기(하기 불편한 말도 꺼내 놓기).

<부모>
컨설팅 기간 동안 자녀에게 비난하지 않기.
성과가 천천히 나타나더라도 인내하며, 자녀와 좋은 관계 유지하기.
컨설턴트와의 전화 가능시간: _____요일 ___시부터 ___시 사이
자녀의 변화보다 부모 자신의 변화를 먼저 생각하기.

3) 학습문제의 진단

컨설턴트가 컨설티, 클라이언트와 협력관계를 형성하고 컨설팅에 대한 합의와 계약이 마무리되면 컨설티 혹은 클라이언트가 마주하는 문제가 무엇인지, 그리고 앞으로 무엇을 어떻게 해결해야 하는지를 확인·분석해야 한다. 이 단계는 향후 진행될 컨설팅의 방향을 설정하기 위해 필요한 정보들과 자료를 수집하고 분석하는 과정이다. 전 단계에서 협력관계를 형성하고 합의를 하는 과정에서 이미 문제가 어느 정도 다루어졌다면, 여기서는 그러한 문제를 집중적으로 파고들어 문제를 보다 깊이 있고 명료하게 밝히게 된다. 효과적인 학습컨설팅을 위해서는 학습자의 학습관련 능력에 관한 정보뿐만 아니라 다양한 영역에서 여러 가지 방법을 통한 자료수집이 필요하다. 이를 위해 컨설티와 클라이언트, 그리고 필요하다면 클라이언트와 밀접한 관계를 맺고 있는 사람들까지 대화, 관찰, 일상의 기록, 사건이나 상황, 설문지, 상담 등을 통해 자료를 수집하여 활용할 수 있다.

가) 원인 이해 또는 진단

학습 컨설턴트는 진단 단계에서 학생 특성에 대한 정보를 수집하고 학생 문제의 원인을 진단한다. 즉, 원인 진단을 위하여 컨설팅 대상에 대한 정보를 수집한 후 '무엇이' 문제이며, '무엇을' 다뤄야 하며, '왜' 컨설팅을 하는지 목적을 확인한다. 주로 학업과 관련된 문제의 원인을 파악하는데 이 과정에서 문제와 관련된 개인사, 가족관계, 성적 하락 시기, 학습전략 등을 파악한다. 그리고 학습문제를 진단하는 데는 표준화 검사, 비표준화 검사, 면담, 관찰 등을 활용하며, 학업과 관련된 인지적, 정서적, 환경적 요인을 최대한 다각도로 검토하고 측정한다.

표 4.3 다양한 학습문제 유형

학습문제 배경요인	학습문제 변화가능 요인

• 발달과 성숙
• 학습사(學習史)
• 지능/적성 불일치
• 기초학습결손/선수학습결손
• 학습전략 문제
• 능력부족
• 기질과 성격
• 인지양식 문제
• 학습에 대한 태도
• 무단결석/등교거부/학교중도포기/규율위반/
  불만/다문화 또는 귀국 재적응
• 교수－학습요인: 교육과정, 교수법
• 가족구조 및 변화, 가족에 대한 지각, 부모의
  사회경제적 지위 및 관심 수준과 질, 사교육
	• 학습동기
	• 집중력, 학습 태도, 부모의 기대에 대한 지
	  각, 학습 정서, 비합리적 신념
	• 학습 관련 성격적 특성(미루거나 꾸물거림,
	  완벽주의, 성적에 대한 집착), 불안, 우울
	  스트레스
	• 학습전략, 학습방법, 학습습관의 실천, 학습
	  의 효율성
	• 공부시간 및 관리, 타 활동과의 갈등
	• 신체적·물리적·심리적 환경 및 지각(부모,
	  형제자매, 교사, 학교친구, 또래관계)
	• 부모의 양육태도 및 관계
	• 교사의 기대 및 관계
	• 진로 또는 진학

나) 학습문제 진단 방법

컨설턴트와 컨설티는 수집된 자료의 분석과 해석을 통해 문제를 정의하고 진단을 한다. 수집된 자료의 분석과정은 객관적이어야 하며 편견을 배제하여 이루어져야 하는데, 편파적이거나 편견이 반영된 시각에서의 자료 해석은 문제를 잘못 정의내리거나 핵심을 제대로 짚어내지 못하게 된다. 이는 효과적인 컨설팅을 위한 방해요소가 되므로 컨설턴트는 전문가적 입장을 견지하여야 한다.

① 표준화 검사

여러 가지 활용 가능한 검사들을 통해 학습문제를 진단할 수 있다. 표준화 검사를 선정할 때는 검사를 실시하려는 목적에 맞아야 하며, 검사도구의 타당도와 신뢰도를 점검하고, 검사 규준의 여부를 확인해야 한다. 그리고 검사 규준의 제작에 사용된 집단이 컨설팅에 적용하기에 적절한가를 검토하고 검사의 실용성도 고려해야 한다. 컨설턴트는 검사를 실시한 후 해석할 때도 유의해야 하는데, 검사결과에 대한 기대를 미리 탐색하고, 심리검사는 클라이언트를 이해하는 방법 중의 하나임을 설명해야 한다. 그리고 검사결과를 알려줄 때는 결과에 대해 컨설티 혹은 클라이언트가 어떻게 생각하는지를 구체적으로 살펴야 한다. 심리검사 결과와 평소의 행동 관찰 결과가 다르게 나온다면 이에 대한 차이점을 탐색하도록 한다.

표 4.4 표준화 검사의 예	
지능검사	- 웩슬러지능검사(Wecshler Intellingence Scale) - 카우프만 아동용 지능검사(KaufmanAssessment Battery for children: K-ABC)
교육성취도검사	- 기초학습기능검사 - 기초학습기능 수행평가체제(Basic Academic Skills Assessment: BASA)
학습부진	- 학습부진아 판별검사 - 학습부진아용 배치 및 진단검사
학습전략검사	- 학습방법진단검사 - ALSA 청소년 학습전략검사 - 자기조절학습검사
학습태도검사	- 학습흥미검사 - 표준화학습흥미검사 - 학업동기 및 학습전략검사

기타: 가정환경진단검사, 교육환경검사
　　　한국판학습장애평가척도(K-LDES)
　　　아동·청소년 행동평가척도(K-CBCL), 주의집중력검사
　　　시험불안 척도, 자아개념 척도, 귀인양식 검사
　　　아동충동성검사, 주의력장애진단검사
　　　청소년용 다면적 인성검사
　　　청소년용 기질 및 성격검사
　　　투사검사(HTP, SCT, TAT)
　　　진로탐색검사: STRONG 진로탐색검사, 홀랜드 진로탐색검사

② 면담

면담을 통한 학습문제 진단은 클라이언트의 생각과 그가 느끼는 현실에 대한 깊은 이해가 가능하다. 클라이언트 외에 부모, 교사, 친구 등을 통한 정보수집도 가능하다. 미리 계획하여 정해진 시간과 장소에서 정해진 주제와 목표를 가지고 팀 형태 등으로 이루어지는 공식적인 면담이나 비구조화된 방식으로 이루어지는 비공식적인 면담을 이용하여 문제를 진단한다. 컨설턴트와 컨설티의 협력적인 관계에서 면담이 이루어져야 하며 원활한 면담을 위해 공식적인 면담 이전에 비공식적인 면담이 먼저 이루어지는 것도 좋다.

③ 관찰

관찰은 각 생활 장면에서 나타나는 행동을 직접 기술하거나, 이야기 기록법, 시간

표지법, 사건기록법, 척도사용법 등을 활용하여 진행할 수 있다. 컨설턴트는 다양한 형식적 또는 비형식적 관찰 방법 중 하나를 선택할 수 있으며, 어떤 방법을 선택하는 가는 교실, 교사, 의뢰된 문제의 유형, 이용 가능한 시간에 달려 있다. 관찰을 위해 컨설턴트는 아래 사항을 고려해야 한다.

1. 언제까지 관찰이 이루어져야 하고 얼마나 오랫동안 관찰해야 하는가?
2. 어떤 정보를 수집할 것이며 어디서 그 정보를 얻을 것인가?
3. 관찰하는 동안 다른 학생과 교사와 상호작용할 것인가, 아니면 아무와도 상호작용하지 않을 것인가?
4. 학급학생에게 왜 교실을 방문하는지에 대해 어떻게 설명해야 하는가?
5. 관찰하고자 하는 행동 이외의 행동에 관한 정보도 기록해야 하는가?
6. 의뢰된 학생의 행동과 대조하기 위해 다른 학생의 행동도 기록해야 하는가?

④ 비형식적 검사

준거지향검사 또는 교사나 컨설턴트가 직접 만든 검사, 체크리스트 등으로 클라이언트를 분석하고 진단하는 데 참고로 사용할 수 있다.

| 참고 3 | 체크리스트(예시) |

이름: 날짜:

읽기
_____ (약간, 심하게) 문자를 구분하지 못한다.
_____ 동 학년에 비해 읽기수준이 (약간, 심하게) 낮다.
_____ 단어를 소리 내어 읽을 수 있는 능력이 (약간, 심하게) 낮다.
_____ (약간, 심하게) 읽고 의미를 구분하지 못한다
_____ (약간, 심하게) 독해력이 낮다.
_____ (약간, 심하게) 읽은 자료를 기억하는 능력이 낮다.
_____ (약간, 심하게) 읽은 내용을 요약하지 못한다.
_____ 기타_____

쓰기
_____ 이름을 쓰지 못한다.
_____ 문자를 보고 따라 쓰지 못한다.
_____ (약간, 심하게) 필체가 나쁘다.
_____ 한글 맞춤법이 (조금, 매우) 서툴다.
_____ 노트필기를 꾸준히 하지 않는다.
_____ 기타_____

수학

_____ 수 감각이 (약간, 심하게) 낮다.
_____ 사물에 숫자를 대응하지 못한다.
_____ 기본 사칙연산이 부족하다. 더하기( ), 빼기( ), 곱하기( ), 나누기( )
_____ (약간, 심하게) 수학적 개념이 부족하다.
_____ 수학 교구가 필요하다.
_____ 응용력이 낮다.
_____ 시계를 볼 줄 모른다.
_____ (약간, 심하게) 돈 계산을 하지 못한다.
_____ (약간, 심하게) 측정 개념이 낮다.
_____ 고급 연산 능력이 부족하다. 분수( ), 소수( ), 백분율( ), 기초대수학( )
_____ 기타_____

정보처리기술

_____ 사물을 다른 사물과 (약간, 심하게) 구분하지 못한다.
_____ (약간, 심하게) 주의를 기울이지 못한다
_____ 교사가 수업 중에 하는 말을 이해하지 못한다.
_____ 시각－공간적 개념을 혼동한다.(위－아래; 왼쪽－오른쪽)
_____ (약간, 심하게) 모방하는 것이 어렵다.
_____ (약간, 심하게) 소근육 운동 협응이 약하다.
_____ (약간, 심하게) 대근육 운동 협응이 약하다.
_____ 조직화가 약하다. 때로는 식별하지 못하는 것 같다.
_____ 기타_____

언어기술

_____ 발음이 정확하지 않다.(부정확한 발음 예:)
_____ (약간, 심하게) 어휘력이 부족하다.
_____ 목소리가 (약간, 심하게) 쉬었거나 거칠다.
_____ (약간, 심하게) 더듬거리며 말한다.
_____ (약간, 심하게) 문법이 부정확하다.
_____ (약간, 심하게) 말하기를 꺼린다.
_____ (약간, 심하게) 어린애처럼 말한다.
_____ 기타_____

공부나 일하는 습관

_____ 공부의 필요성에 대해 부정적으로 생각한다.
_____ 시작은 잘하나 항상 제때 마무리를 하지 못한다.
_____ 좋은 성적에 관심이 없다.
_____ 모르는 내용이 학습과제로 주어지면 해결하려고 들지 않는다.
_____ 학습 내용이 힘들면 하지 않는다.
_____ 수업이나 학습과제를 수행할 때 잠이 와서 조는 편이다.

_____ 주로 적절한 재료(종이, 연필)를 가지고 있지 않다.

_____ 과제에서 자주 벗어난다.

_____ 과제를 자꾸 다시 해야 한다.

_____ 해야 할 학습과제를 자꾸 미룬다.

_____ 내용에 대한 이해보다 시험점수를 중요시 여긴다.

_____ 공부(일) 생산성(효율성)이 낮다.

_____ 공부를 계속하기 위해서는 끊임없이 자극을 받아야 한다.

_____ 숙제를 다하지 않는다.

_____ 일이나 재료를 조직화하는 것을 어려워 한다.

_____ 학습계획을 세우지 않는다.

_____ 시간관리를 잘 못한다.

_____ 집중력이 높은 시간을 잘 모르고 있다.

_____ 오답노트를 작성하지 않는다.

_____ 학습 계획을 지키려고 노력하지 않는다.

_____ 공부기술이 없다.

_____ 교과서나 노트에 수업 내용을 적어 놓지 않는다.

_____ 공부할 때 핸드폰이나 TV에 영향을 받는다.

_____ 학업에 관심이 없다.

_____ 학교 생활에 소극적이다.

_____ 학습 집중을 위한 고정된 장소가 없다.

_____ 공부하기 위한 환경을 갖추려 노력하지 않는다.

_____ 학습과 관련된 질문을 하지 않는다.

_____ 공부하고 싶지 않으면 공부를 하지 않는다.

_____ 기타_____

사회적 기술

_____ 다른 학생과 (약간, 심하게) 어울리지 못한다.

_____ (약간, 심하게) 무례하고 안하무인이다.

_____ 권위에 대해 (약간, 심하게) 저항적이다.

_____ 다른 사람을 자주 비난하고 행동에 대한 책임을 지지 않는다.

_____ (약간, 심하게) 친구가 없고, 친구가 있어도 좋아하지 않는다.

_____ (약간, 심하게) 다른 사람의 일을 방해한다.

_____ (언어적으로 또는 신체적으로) 공격적이다.

_____ 부적절하게 소리를 지르고, 쓸데없는 말을 자주 한다.

_____ (약간, 심하게) 과잉행동을 하고 충동적이다.

_____ (약간, 심하게) 물건을 파손한다.

_____ (약간, 심하게) 도둑질한다.

_____ (약간, 심하게) 지속적인 감독이 필요하다.

_____ 기타_____

정서적 행동

_____ (약간, 심하게) 우울하고, 슬퍼하고, 불행하다.
_____ (약간, 심하게) 정신이 없다.
_____ (약간, 심하게) 다른 학생이 자신을 괴롭힌다고 불평한다.
_____ (약간, 심하게) 주제넘게 참견하고 신경질적이다.
_____ 부끄럼이 많고 수줍어하고, 다른 사람과 어울리지 않는다.
_____ (약간, 심하게) 의존적이다.
_____ (약간, 심하게) 소심하다.
_____ (약간, 심하게) 자존감이 낮다.
_____ (약간, 심하게) 과잉반응을 잘하고 화를 잘 낸다.
_____ (약간, 심하게) 정서변화가 극단적이다.
_____ (약간, 심하게) 주목받고 싶어서 학급의 연예인처럼 행동한다.
_____ 기타_____

4) 학습문제해결 학습컨설팅 목표 설정/수립

학습문제해결 학습컨설팅의 목표를 설정할 때는 컨설턴트와 컨설티 혹은 클라이 언트가 함께 목표를 설정하는 것이 중요하며(이명숙 외, 2015; Kahn, 2000), 컨설티의 언어를 사용하여 설정하는 것이 도움이 된다(Kahn, 2000). 이 때 목표는 현실적이고 매우 구체적이며 명확하고 측정가능하여야 한다(Kahn, 2000). 대개 학습컨설팅을 받는 일반적인 목표는 성적향상일 가능성이 높다. 그러나 이런 형태의 목표는 최종 결과의 달성 여부에 초점이 맞추어져 있기 때문에 달성 가능성이 낮을 수 있다. 그러므로 이보다는 과정 중심적이고 구체적인 목표를 설정하는 것이 도움이 된다(신을진, 김형수, 2007). 예를 들면 '수업 시간에 집중하기'를 목표로 삼기보다 '수업 시간에 떠들지 않고, 수업 시간에 내준 과제를 수업 시간이 종료되기 전까지 제출하기'를 목표로 삼는 것이 좋으며, '성적을 중위권으로 올리기'보다는 구체적인 목표 등수를 설정하는 것 등이 좋다. 이외에도 목표를 설정할 때 부정적 행동 혹은 행동의 부재로 표현하는 것 보다 긍정적 행동 혹은 행동의 존재로 기술하는 것도 필요하다. 예를 들면 '수진이가 수업시간에 떠들지 않기'를 '수진이가 수업시간에 손을 들고 질문을 하기'로 기술하는 것이다(Kahn, 2000).

가) 목표설정: 변화방향의 설정

학습컨설팅에서 달성해야 할 목표를 설정할 때는 컨설턴트와 컨설티 혹은 클라이언트가 함께 참여하여 변화방향을 설정하는데, 원하는 욕구, 소망, 필요 등을 밝혀서 이를 토대로 설정하되, 여러 가지 문제들 중에 컨설팅에서 우선적으로 다룰 문제를 협의하여 선정하도록 한다. 변화방향 선정에 기준이 될 수 있는 것은 컨설티 혹은 클라이언트가 호소하는 문제, 변화시키고 싶어 하는 문제, 현재 당면한 문제, 해결 가능한 문제, 구체적인 문제, 심리나 인간관계 문제 등이다. 변화방향은 구체적이고 명확해야 하며, 변화방향에 현실성이 있어야 한다. 여러 학습 문제들을 유사한 원인을 가지는 몇 가지 주요 문제들로 압축하는 것을 문제 축약이라고 하는데 문제 축약을 하게 되면 문제를 보다 명확하게 인식할 수 있으므로 변화방향을 설정하는 데 도움이 된다.

변화방향 설정에 있어 목표행동을 기술할 때는 컨설티 혹은 클라이언트 중심으로 기술하며, 구체적이고, 기대되는 결과를 기술하여 성취가능성을 높일 수 있는 긍정적 기술을 하도록 한다. 목표행동을 수행하는 상황 조건을 판단할 때는 구체적이고 결과형으로, 타당성을 고려하도록 한다. 목표의 성취 여부를 판단하는 수락기준은 수락기간과 수락수치로 나타나도록 하여 명시적으로 확인할 수 있도록 한다. 변화방향을 설정할 때는 컨설팅 기간 및 시간에 대한 합의와 바람직한 행동 및 역할에 대한 안내, 그리고 컨설팅 기간, 횟수, 약속 이행 등에 대한 구조화도 포함한다.

나) 변화과정의 격려

변화방향을 설정하고 컨설팅을 진행하면서 컨설턴트는 변화과정에서의 칭찬, 애정, 인정, 이해 등 긍정적인 피드백을 아끼지 말아야 한다. 변화의 과정을 격려하고 존중해 줌으로써 긍정적인 기대와 동기부여가 되어 컨설팅에 대한 신뢰가 쌓여 문제를 해결하는 데 도움을 주기 때문이다.

5) 개입전략 설정/수립

목표를 설정하고 수립한 후에는 컨설팅을 실행하게 되는데, 그전에 컨설턴트는 컨설팅 과정에서 어떤 부분에서 어떻게 개입을 할 것인지를 결정하게 된다. 개입전략을 세울 때는 이전에 컨설턴트가 실시했던 컨설팅 경험을 바탕으로 성공했던 전략들을 중심으로 사용하도록 한다. 개입전략은 실행 가능해야 하며, 목표설정과 마찬가지로 구체적이어야 한다. 문제에 따라 개입전략이 달라지는데, 컨설티 혹은 클라이언트가 직접 전략을 결정하도록 해야 책임의식과 의지를 가지고 실행하게 되고, 문제 재발의 가능성이 줄어든다(Kahn, 2000). 과제 제시를 위한 컨설팅 기법의 예를 몇 가지 소개하면 다음과 같다.

표 4.5 컨설팅 기법의 예

학습 동기 결핍	공부할 과제에 대한 흥미, 의욕, 관심 등이나 성취동기, 통제의 소재, 귀인, 자기존중감, 자기조절학습 등을 파악하고 학습에 대한 정서적인 태도 등의 변화를 일으킬 수 있도록 컨설팅 진행.
이전 학습 부족	학습 동기나 의욕은 충분하나 이전 학습이 부족하다면 수준에 맞는 개별적인 보충학습을 실시할 수 있음.
공부 방법의 문제	열심히는 하는데 결과가 나쁜 경우에는 공부하는 방법이 문제일 때가 많은데 주의 집중이 문제인 경우에는 외적인 요인 때문이면 학습 환경을 수정함으로써 주의 집중을 방해하는 요인을 바꿀 수 있고, 내적인 요인 때문이라면 개인적 고민, 불안한 생각, 공상 등의 행동을 통제할 수 있는 개입전략을 세울 수 있음. 공부 방법 자체의 문제인 경우에는 SQ3R, 코넬식 노트필기법과 같은 학습전략을 배우게 함으로써 개입 가능.
부모 또는 교사와의 관계	학습 문제의 원인이 부모 또는 교사와의 관계 때문이라면 이를 다룰 필요가 있음. 예를 들어, 부모가 거부형인지, 방임형인지, 전제형인지의 양육방식을 파악하여 그에 맞는 개입을 시도해야 하는데, 일반적으로 자녀의 학습 부진으로 부모가 좌절감을 겪게 되면 자녀에게 거부적인 태도를 보이며 잔소리가 증가하게 됨. 이에 따라 자녀는 부모의 간섭과 비난에 대한 반발로 공부를 더욱 멀리하게 되고 이를 보는 부모는 다시 거부적, 전제적 태도를 가지게 되는 악순환이 반복되는데, 이러한 부모와의 관계 패턴을 파악하고 개입.
또래 집단의 영향	놀기 좋아하는 친구, 비행하는 친구 등 또래집단의 영향으로 문제가 발생되는 경우에는 또래들과의 관계가 컨설팅 과정에 포함되어 함께 활동하는 프로그램을 부분적으로 실행할 수도 있음.

6) 학습컨설팅 실행 기술

실행 단계는 컨설팅 과정에서 변화를 유도하기 위한 해결방안의 실행, 실행방안의 조정, 교육, 훈련 등이 이루어지는 단계이다. 실행단계는 네 가지 하위과정들로 구성된다. 첫 번째는 교육적 개입 방안을 선택하는 과정으로, 이 과정은 컨설턴트나 컨설티 혹은 클라이언트가 효과적으로 문제를 해결하는 데 가장 적합한 것이라고 믿는 방안들을 선택하는 것이다. 그 다음은 계획을 수립하는 과정으로 선택한 중재방안들을 활용하면서 컨설턴트와 컨설티, 클라이언트가 이 방안들을 포괄하는 계획 세우기의 과정으로 진입한다. 컨설티와 클라이언트 및 관련 조직의 독특한 요구에 적합하고 가장 좋은 계획을 선택할 때까지 다양한 계획들의 장점과 단점을 면밀히 따져 본다. 협력하는 상황에서 참여자 모두는 계획을 수행하기 위해 일을 할당받고 맡은 일에 대해 책임을 진다. 세 번째로 계획을 실행하는 과정이 이루어지는데, 이 과정은 계획이 실행되기 시작한 후부터 컨설턴트가 계획이 잘 진행되고 있는지를 관리하는 과정이다. 마지막으로 계획을 평가하는 과정이다. 평가 결과에 따라 컨설팅 과정은 이전 단계(문제 정의)로 되돌아가거나 더 이상 개입하지 않고 컨설팅을 중단하게 될 수도 있다(한국교육심리학회, 2012).

문제해결을 위한 중재방안을 실제로 수행하는 것은 컨설티나 클라이언트이지만 컨설턴트도 공동의 책임을 가지고 필요한 정보와 적절한 도움을 제공하여야 한다. 즉, 구체적인 실행 계획을 수립하는 단계에서는 컨설턴트가 주도적 역할을 수행하였지만, 실행과정에서는 컨설티를 지원하고 실행과정을 관찰하는 역할을 담당하게 된다(한국교육심리학회, 2012). 문제의 성격과 해결을 위한 중재방안의 특성에 따라 그에 적합한 다양한 활동들이 수행가능하다.

또한 적절한 기법을 사용하여 모니터링하고 코칭하는 역할을 수행해야 한다. 예를 들어 수업관찰 기법을 활용할 경우, 양적 측면과 질적 측면에서 수업을 관찰하고 모니터링하여 실행과정을 코칭한다. 모니터링은 약식 회의 과정을 거치지 않더라도 커뮤니티나 메일을 통하여 쉽게 이루어질 수 있다. 이외에도 의사소통 기법, 상담 기법, 멘토링 기법을 활용할 수 있으며, 최종 보고서 및 자료 축적을 위해 수업참관록이나 지도안, 평가회 결과물들의 자료와 같은 형식으로 실행과정 중간의 활동 상황을 정리해 둘 필요가 있다(한국교육심리학회, 2012).

가) 관찰

관찰을 위해서는 컨설턴트의 가용 자원, 시간, 개인적 특성 등 컨설티 혹은 클라이언트가 처한 현실적인 환경과 특징에 대해 잘 알고 있어야 한다. 관찰의 범위는 학습행동을 비롯한 전반적인 모습뿐만 아니라 컨설티와 클라이언트를 둘러싼 환경 중 학습에 영향을 미칠만한 것들까지 모두 포함된다. 학습자의 공부방 분위기에서부터 지역사회에 이르기까지 컨설턴트가 직접 관찰할 수 있다. 또한 학습 습관과 그 외의 습관적 행동, 부모 및 교사와의 관계, 학습과 관련된 강점과 약점이 모두 관찰 범위에 포함된다고 할 수 있다.

> **사례 1** 관찰 사례
>
> 컨설턴트는 담임교사로부터 주회(가명)를 의뢰 받았다. 지능은 정상이지만 기초학습 능력이 부족하다고 한다. 학부모와 전화 통화 후 주회의 집을 처음 방문할 때, 일부러 학교에서 주회의 집까지 걸어가면서 주회가 날마다 접하는 환경을 보았다. 공원을 하나 지나서 집에 도착하였고, 임대아파트인 주회네 집에 가기 전에 그 지역사회의 가장 고급스러운 아파트 단지를 지났다. 주회의 집은 비좁은 곳에서 4인 가족이 함께 살았으며, 신발장 앞에 빈 술병이 많이 놓여 있었다. 주회의 어머니가 다소 불안한 표정이지만 반갑게 컨설턴트를 맞이하여 주셨다. 닫혀있는 안방 문으로 인기척이 가끔 느껴졌다. 주회와 어머니는 안방 문을 자주 쳐다보고 있음을 발견하였다. 주회는 어머니의 표정을 자주 살폈고, 시선이 불안정하였다. 휴대폰을 만지작거리면서 문자를 자주 보내고 있었다.
>
> **질문:**
> • 주회의 학습 환경과 관련하여 컨설턴트가 관찰한 것은 무엇인가?
> • 주회와 어머니의 행동에서 주회의 학습에 영향을 미칠 수 있는 요인의 단서가 발견되는가?

나) 경청

경청은 컨설팅 참여자들 간의 우호적인 관계형성을 위한 기반이 된다. 컨설턴트는 비언어적·언어적 메시지를 경청해야 하며, 컨설티 역시 의뢰대상, 즉 학생의 메시지를 적극적으로 경청해야 한다. 경청을 할 때는 상대방에 대한 요구와 기대에 특히 주목한다. 말이 진행될 때는 진지한 태도로 끝까지 들으며 자신이 경청하고 있음을 전달해야 하는 것도 중요하다. 경청은 상대방으로부터 정보를 받아들이는 것이고, 의사소통이 계속 이루어지면서 컨설팅이 지속되도록 유지해주며, 나아가 문제를 겪고 있는 학생 혹은 컨설티의 반응을 격려해주는 기능을 한다.

경청을 할 때는 진지한 태도로 듣되, 컨설턴트가 말과 행동을 선택적으로 주의할 필요가 있다. 그리고 컨설티 혹은 클라이언트의 경험을 충분히 듣고 제대로 이해하려는 노력을 함으로써 내용뿐만 아니라 속마음까지 이해하려는 적극적인 노력이 필요하다. 가령, "성적이 떨어졌어요."라고 말한다면, "무척 실망했겠구나!"라고 반응하며 학생의 마음을 이해했음을 알려주는 피드백을 한다. 이는 자신이 이야기에 주의를 집중하고 있다는 외적인 행동표현을 하며 듣는 것으로 적극적 경청이라고 할 수 있다. 또한 상대방과 눈을 맞추고 고개를 끄덕이며, "그래요?", "그래서 어떻게 되었나요?", "오, 그런 일이 있었구나!", "저런, 마음이 많이 아팠겠구나!", "그럼 그렇고말고"라는 추임새를 넣으면서 듣는 것도 적극적 경청을 하는 방법이다.

'경청'의 기술

- 컨설티와 마주 대한다.
- 컨설티나 클라이언트에게 열린 자세를 취한다.
- 컨설티나 클라이언트를 향해 몸을 기울인다.
- 시선의 접촉을 유지한다.
- 비언어적인 얼굴표정, 말의 속도나 높낮이, 손동작이나 눈물 또는 호흡, 눈동자의 움직임 등과 같은 신체반응 등에도 주의를 기울인다.
- 편안한 자세로 긴장을 풀고 이완시킨다.
- 말하는 내용을 집중해서 들으면서 동시에 침묵하고 자신의 감각을 이용해서 전달되는 메시지의 내용을 파악한다.
- 경험 및 상황의 내용과 뒤따르는 정서적인 문제 등에 대한 자료들을 연결시키면서 듣고 정리한다.

다) 공감

공감은 상대방의 감정을 적극적으로 인지하고 인정하며 상대방의 입장에서 상황을 판단하는 것이다. 말한 내용이나 감정을 정확하게 이해했는지 질문 또는 재진술을 통해 확인한다. 감정을 유발한 상황과 그 상황으로 인한 감정, 원래의 의도를 정확하게 파악하기 위해서 사실적인 이해를 넘어, 주관적인 기분과 입장에 대한 정서적인 이해가 필요하다. 공감을 하게 되면 컨설턴트가 컨설티 혹은 클라이언트의 상황과 감정을 잘 이해하며 수용하고 있다는 느낌을 주게 된다. 즉, '내 마음을 나와 같이 알아준다'는 느낌을 주게 되어 상대에 대한 신뢰가 높아지고 자기 공개가 촉진되는 것이다. 이를 위해서는 상대방의 입장과 관점에서 이해하려는 노력이 필요하다. 말의 표면적이고 사실적인 의미만을 이해하는 것이 아니라 그 이면에 깔려 있는 정서적 의미를 포착하려는 노력을 해야 한다. 그리고 공감을 하고 있다는 것을 언어적으로 표현해 주는 것이 중요한데, 더하거나 보태지 않고 느낀 감정을 있는 그대로 적절하게 전달해 주는 것이 필요하다. 또한 감정을 충분히 표현하지 못한다면 컨설턴트가 정확한 언어로 표현해 주는 것도 효과적이다.

사례 2 공감 사례

맞벌이로 매일 집에 혼자 있는 초등학교 5학년 준영(가명)이의 어머니는 아동이 노력을 하지 않아서 성적이 나오지 않고, 기초학력 미달이 되었다면서 아동에게 비난을 한다. 엄마는 이렇게 노력하는데, 아동이 공부를 하지 않으니 살맛이 나지 않는다고 하소연한다. 아동은 옆에서 컨설팅 상황에 집중하지 않고 다른 생각을 하고 있는 듯하다. 가끔 열변을 토하는 엄마를 쳐다보면서 위축된 자세를 취한다. 컨설턴트는 아동의 집이 매우 산만하고, 공부 공간과 다른 생활공간이 구분되어 있지 않으며, 어머니의 말에도 두서가 없는 등 아동의 노력 부족만으로 원인을 돌리기 어려운 환경적 요인을 여러 가지 발견한다. 조금 전에 만나고 온 아동의 담임교사는 자기로서도 할 만큼 하지만 워낙 부모가 자녀 공부에 관심이 없고, 아동도 기본 수업태도부터 안 갖춰져 있어서 개선되기가 어렵다고 하였다. 컨설티들은 컨설팅 상황에 대하여 다소 긴장하고 있으며, 컨설턴트가 자신들을 어떻게 평가할지에 대하여 민감해져 있다.

공감적 반응

- 어머니를 향하여: "어머님은 준영이가 노력을 하면 성적이 지금처럼 내려가지 않고, 기초학력부진에서도 벗어날 수 있다고 생각하시는군요. 준영이의 노력이 부족하다는 생각에 섭섭하시기도 하고요."
- 아동을 향하여: "준영이는 어머니 말씀이 옳다고 생각하면서도 뭔가 다른 생각이 있는 듯하군요. 좀 억울한 느낌도 들어서 어머니가 준영이를 좀 더 이해해 주기를 바라는 마음도 가지고 있고요. 내가 맞게 이해한 건가요?"

라) 무조건적 존중

타인으로부터의 무조건적인 존중(unconditional positive regard)을 통해 자기존중감이 증진될 수 있다. 개인의 모든 경험이 무조건적으로 긍정적인 존중을 받게 되면 자신의 경험을 충분히 수용하여 자기구조로 통합시킬 뿐만 아니라 내면적 자원을 발휘하여 온전히 기능하는 사람(the fully functional person)으로 성장하게 된다(박선환 외, 2013). 따라서 컨설턴트는 컨설티 혹은 클라이언트의 모습을 있는 그대로 수용해야 하며 컨설턴트의 판단기준으로 평가해선 안 된다. 컨설티의 노력을 충분히 인정해 주고 성과가 낮더라도 수행 과정 자체를 인정하며 존중해 준다.

- 어머니를 향하여: "지금까지 참 애쓰셨어요. 여러 가지 어려운 여건 속에서도 자녀 교육에 신경을 많이 쓰시고, 이렇게 컨설팅까지 요청하시니 감사합니다. 어머님의 그 마음이 전해지니까 준영이도 어머님이 하자는 대로 컨설팅에 응해준 것 아닐까요?"
- 아동을 향하여: "준영학생, 지금까지 학생의 본분을 지키느라 애썼어요. 누구나 학교생활에서 크고 작은 어려움을 겪지요. 학교생활이 쉽지만은 않다는 것을 저는 알아요. 참 수고가 많네요."

마) 진정성

진정성은 컨설티 혹은 클라이언트가 궁금해 하거나 질문을 하는 경우에 컨설턴트가 표현을 해 주는 것이다. 컨설턴트는 자신의 감정과 생각을 솔직하고 친절하게 표현하며 궁금해하거나 질문을 할 때에 한하여 표현하는 것이 효과적이다. 컨설티의 심리상태를 고려하여 컨설팅 동기를 낮추거나 자존감을 저하시키지 않도록 유의한다. 컨설턴트가 진정성 있게 반응을 함으로써 컨설티 혹은 클라이언트가 컨설턴트를 신뢰함과 동시에, 자신을 객관적으로 바라볼 수 있게 된다.

- 어머니를 향하여: "어머님, 제 생각에는 준영이가 아직 초등학생이기 때문에, 학력을 회복하기 위해서는 지금보다 좀 더 많은 도움을 필요로 할 것 같아요. 초등학생은 아직 자기조절력을 집중적으로 발휘하기가 어려워서요."
- 아동을 향하여: "솔직히 말하면, 컨설팅을 할 때 조금 더 집중해 주었으면 좋겠어요. (준영학생이 집중하지 않다고 느껴질 때면 선생님(컨설턴트)이 참 힘이 빠지고, 학력증진에 더 오랜 시간이 걸리게 될 것 같아 걱정도 돼요.) 준영학생이 조금만 더 집중한다면 힘이 날 것 같아요."

바) 나-메시지를 사용한 대화기법

'나-메시지(I-message)'는 미국의 심리학자 토마스 고든(Tomas Gordon) 박사가 제시한 대화법으로, '나'를 주어로 자신의 감정이나 생각을 솔직하게 표현하는 것이다. 자존심과 인격을 건드리지 않으면서 행동변화를 촉구할 수 있는 것이 '나-메시지'의 핵심이다.

일반적으로 의사소통에 장애를 가져오는 것은 '나-메시지'보다 '너-메시지'를 사용하기 때문이다. '너-메시지'는 상대방에게 문제의 책임을 지우고 감정을 전달하여 의사소통뿐만 아니라 인간관계에도 방해가 된다.

'나-메시지'는 상황, 영향, 감정 등 세 가지가 포함돼야 한다. 문제가 되는 '상황'을 설명한 뒤, 그것이 나(부모 혹은 교사)에게 어떠한 '영향'을 미쳤는지 말하고, 그것에 대한 나(부모 또는 교사)의 '감정'을 솔직하게 표현하는 것이다. 즉, 학생을 비난하거나 감정을 상하게 하지 않으면서 학생의 행동 때문에 나(부모 혹은 교사)의 감정이 어떻다는 것을 말하는 것이다. 또한 '나-메시지'에는 기대나 바람 등을 부가할 수 있다. 현재 상태를 개선시키고 싶거나 희망사항을 첨가할 수 있지만, 이는 학생이 받아들일 수 있는 인간적 관계가 되었을 때 활용해야 한다.

사례 5 나-메시지 사례

자녀가 시험기간에 컴퓨터만 하고 있을 때

- 너처럼 생각 없는 애는 처음 봤다. 너는 생각이 있는 거니? (너-메시지)
- 네가 컴퓨터만 하고 있는데(상황) 이번 시험에 좋지 않은 결과를 받아서(영향) 실망할까봐 엄마가 걱정이 된다.(감정) (나-메시지)

사) 명료화

컨설티 혹은 클라이언트가 호소하는 문제의 내용과 의미를 분명하게 밝히고 컨설팅에서 다룰 문제의 내용을 명확히 해 나가는 과정을 문제 명료화라고 한다. '문제'란 말이 고칠 점, 잘못된 점, 바르지 못한 점, 힘들게 하는 점 등과 같이 다소 부정적인 의미로 쓰이기 때문에 문제 명료화 과정을 결점을 찾는 과정으로 이해하기 쉽다. 그러나 부정적 요소에만 초점을 두면 컨설티 혹은 클라이언트는 자신의 상태가 부정적으로 인식되는 것에 대한 불안이나 불쾌한 감정 때문에 컨설팅 과정에서 저항할 수도 있다.

문제를 생산적으로 명료화하는 한 가지 방법은 컨설티 혹은 클라이언트의 욕구나 소망, 필요 등을 밝혀서 이를 토대로 컨설팅 목표를 설정하는 것이다. 다시 말하면 문제를 명료화하기 위해서는 없애고 싶은 부정적인 내용들을 명확히 하는 것과 함께 새롭게 형성시켜야 할 긍정적인 것, 즉 컨설팅 목표를 명확히 해야 한다는 의미이다. 명료화의 종류는 '호소문제 명료화', '증상 명료화', '문제 상황 명료화', '문제사(問題史) 명료화', '문제 태도 명료화' 등이 있다.

명료화는 컨설티 혹은 클라이언트의 말 속에 내포되어 있는 뜻을 컨설턴트가 알아채어 컨설티 혹은 클라이언트에게 명확하게 말해주는 것으로, 단순한 재진술과는 다르다. 예를 들어, 누군가에 대해 싫다거나 믿을 수 없다는 이야기를 한다면 컨설턴트는 '내가 듣기에 그 사람이 이렇게 속였기 때문에 더 믿을 수 없다, 그런데 그 사람이 싫지는 않다. 이런 것 같은데 정확합니까?'라고 명료화할 수 있다. 또한 컨설티 혹은 클라이언트의 실제 반응에서 나타난 감정 또는 생각 속에 암시되었거나 내포된 의미를 보다 분명하게 말해주는 것도 포함된다. 컨설턴트는 이러한 과정을 '그것이 정확하게 무엇을 뜻하는 것이지요?'와 같은 질문이나 '그 사람이 마음에 들지 않는다고 했는데 어떻게 마음에 들지 않는지 그게 불분명하군요.'와 같이 모호한 부분을 짚어주는 것으로 명료화를 시켜줄 수도 있다. 따라서 명료화는 호소하는 문제의 내용과 의미를 분명하게 밝히고 컨설팅에서 다룰 문제의 내용을 명확히 해 나가는 과정이라고 할 수 있다.

사례 6 명료화 사례

학생: 저는 시험 볼 때 긴장감 때문에 압박감을 느껴요.
• 긴장감은 어떻게 표현이 되나요?
• 압박한다는 것은 무엇을 말하나요?

학생: 저는 집중을 못해요.
• 어떤 상황에서 집중이 되지 않나요?
• 집중이 안 된다는 근거는 무엇이죠?

아) 반영 및 재진술

반영(reflection)은 컨설티 혹은 클라이언트의 심리적 마음을 감정의 단어로 표현하는 것이고, 재진술은 컨설티 혹은 클라이언트가 한 말을 그대로 되돌려 주는 것이다. 컨설티 혹은 클라이언트는 자신이 느끼고 있는 상태가 무엇을 의미하는지 본인도 잘 이해하지 못하는 경우가 많은데, 이때 컨설턴트가 상태를 잘 인지하여 적절하게 표현해 주어야 하며, 특히 감정 맥락을 잘 찾아내어 적절하게 연관시킬 수 있도록 해야 한다. 재진술은 반영과 비슷한 맥락이지만, 반영이 주관적인 감정의 측면에 강조점을 둔다면, 재진술은 인지적 측면 내지 사실적 측면에 강조점을 두는 차이가 있다고 할 수 있다. 단, 이때 컨설티 혹은 클라이언트가 말한 것 이상의 감정으로 비약할 필요가 없으며 감정이나 행동의 원인에 대해 너무 깊숙이 개입할 필요는 없다(박선환 외, 2013). 대화에서 반영과 재진술을 통해 상대방을 배려하는 표현을 해줄 수 있는데, 반영적 표현이 어려울 때는 재진술을 사용하는 것만으로도 상대방으로 하여금 편안함과 자신을 인정해주고 있다는 느낌을 받게 할 수 있다.

사례 7 반응 및 재진술 사례

[반영] 학생: 저는 수학 선생님과 관계 없어요.
- 아! 수학 선생님한테 속상하고 화나는 것이 있나 보죠?

[재진술] 학생: 저는 머리도 안 되고 집중도 못해서 공부를 못해요.
- 아! 열심히 공부해도 성적이 안 올라서 지능이 떨어진다고 생각한 거죠?
- 그리고 집중이 잘되면 공부가 잘된다고 생각한 거죠?

자) 질문

질문은 상대에게 의견을 묻는 방법인 동시에 위협이 될 수도 있는 기법이기 때문에 컨설팅 관계에서 가장 중요하고 섬세한 기술이라고 할 수 있다. 컨설팅 과정에서 질문을 하는 이유는 ① 정보와 자료를 수집하고, ② 의견을 듣고, ③ 태도를 감지하기 위해서라고 할 수 있다. 질문을 할 때는 컨설팅에 필요한 정보를 효과적으로 모을 수 있도록 미리 계획된 질문을 하는 것이 좋으며, 질문을 통해 획득한 자료가 얼마나 정확한지에 대해 지속적인 점검이 필요하다. 질문에서 '왜'는 권위감과 위압감을 주고, 적절한 응답에 어려움을 초래할 수 있으므로 컨설티가 한 말 중에서 불확실하거나 이해가 되지 않는 부분에 대해서만 사용하도록 한다. 질문은 컨설턴트가 이해한 내용(태도, 감정, 의견 등)을 확인하는 행동이기도 하지만 컨설티 혹은 클라이언트가 말하는 화제에 대한 관심과 호기심을 표현하는 수단이 되기도 한다. 자신의 모순과 비합리성을 깨닫게 하는데 질문이 효과적일 수 있다. 질문은 컨설턴트의 의견을 직접 제시하는 것보다 컨설티 혹은 클라이언트가 자신의 주장에 모순과 비합리성이 있음을 자각하도록 유도하여 의견을 변화시키도록 하는 적극적인 기능을 수행하기도 한다.

질문을 할 때는 컨설턴트의 일방적인 질문 공세보다는 컨설티 혹은 클라이언트에게 질문을 받고 다시 컨설티 혹은 클라이언트에게 질문을 하는 균형성이 필요하다.

(1) 방향을 잃은 질문

컨설팅 시에 상황에 따라 방향을 잃은 질문이 발생하기도 한다. 이러한 방향을 잃은 질문은 보통 두 가지 상황 때문에 발생하는데, 첫 번째는 컨설턴트가 미리 정해 놓은 계획을 가지고 있으며 그것을 의뢰인에게 적용시키려고 마음먹고 있을 때이다. 두 번째는 컨설턴트의 듣는 기술이 너무 부족해서 자기가 다른 사람의 말을 끊거나 관계없는 질문을 하고 있다는 사실을 모르고 있을 때이다.

사례 8 방향을 잃은 질문 사례

컨설턴트: 영철이(가명) 어머님, 영철이에 대해 이야기해 주시겠어요?

학 부 모: 음, 읽기 능력이 매우 부족해요. 그 아이는...

컨설턴트: (말을 끊으며) 아, 제 2언어를 사용하는 다른 아이들처럼요. 그리고 4학년 형제가 한 명 있지요? 제가 그 애를 아는데...

학 부 모: 예 있어요. 그런데 기훈이(가명)는 책을 거의 읽지 못해서...

컨설턴트: (또 말을 끊으며) 자, 우리 이렇게 합시다. 저에게 기훈이의 파일을 주시겠어요? 제 메일로요. 만약 기훈이가 형과 비슷하다면... 혹시 기훈이는 학습장애인가요?

(2) 직접질문과 간접질문

질문은 크게 직접질문과 간접질문으로 나누어 볼 수 있다. 직접질문은 질문을 받은 사람이 직접적으로 대답을 하도록 유도하는 질문이고, 간접질문은 대답을 해야 하는 컨설티의 심정을 고려하여 유연하게 대답을 할 수 있도록 유도하는 질문이다. 직접질문은 충분한 라포가 형성되지 않은 상황에서는 불안하게 만들 수 있는 데 반해, 간접질문은 심리적 압박과 충격을 덜 받도록 해줄 뿐만 아니라, 응답을 원하지 않을 경우 이를 허용해 줄 수도 있다.

사례 9 직접질문과 간접질문 사례

[직접질문]
• 너 지난번 시험에서 수학과 영어점수는 몇 점이고 반에서 몇 등이지?

(3) 개방형 질문과 폐쇄형 질문

컨설티 혹은 클라이언트가 답을 할 때 '예, 아니오'와 같은 객관식형의 답을 하게 하는 것을 폐쇄형 질문이라고 한다. 개방형 질문은 답의 일정한 형태를 제한하지 않고 자신의 견해나 태도를 자유롭게 표현할 수 있도록 구성된 질문을 말한다. 개방형 질문을 하면 스스럼없는 대화가 이어질 수 있지만, 폐쇄형 질문은 연속적으로 여러 번 할 경우 상대방이 심문하는 느낌을 받을 수 있으므로 주의하여야 한다. 보통 사람들은 자기 자신과 자신의 감정과 의견에 대해 이야기하기를 좋아하는데, 개방형 질문은 이 모든 것을 허락한다.

사례 10 개방형 질문과 폐쇄형 질문 사례

[개방형 질문]
• 내가 무엇을 도와줄까요?
• 숙제를 못한 어떤 이유가 있었습니까?
• 선생님 말을 이해 못했다니 그럼 내가 어떻게 말해야 했을까요?

[폐쇄형 질문]
• 내가 내준 숙제를 다 했나요?
• 내가 전에도 그렇게 말하지 않았나요?

(4) 고차적 사고나 깊은 이해를 위한 질문

컨설팅 시에 개인의 가치관이나 의미 있게 여기는 것은 무엇인지, 가정은 무엇이고, 갈등은 어떠한지 등의 질문들을 종종 하기도 하는데, 이런 질문들은 고차적 사고를 촉진하여 문제나 대상에 대해 '더 깊은' 이해에 도달할 수 있도록 도와준다.

사례 11 고차적 사고나 깊은 이해를 위한 질문 사례

컨설턴트: 영준이(가명)가 학교에서 다른 선생님들 과목에는 잠을 자거나 무관심하고

국어 선생님 시간에만 공부를 했다고 들었는데 왜 그렇게 했을까요?

학 부 모: 네... 영준이는 장래에 국문학과에 진학하는 것만이 자기 인생에 의미가 있다고 생각한 것 같아요. 초등학교 2학년 때 수학을 잘 못 한다고 친구들 앞에서 놀림을 당한 후로 수학뿐만 아니라 과학이나 다른 과목도 싫어하게 되었는데요. 반면에 글짓기 대회에 나가서는 교내외에서 상장을 받아왔었거든요.

컨설턴트: 영준이가 학교에서 국어 시간만이 자신의 존재감을 느끼도록 만든다고 생각한 것으로 이해가 되는데요?

학 부 모: 네 그런 것 같아요.

차) 의사소통

의사소통은 인간관계를 바탕으로 한다. 따라서 인간의 신체적·심리적·사회적 만남이 전제되는 것이다. 의사소통의 장애가 발생하며 쉽지 않은 이유는 의사소통에서 전달하고자 하는 것이 눈에 보이는 실체가 아니라 무형의 의미와 관념이기 때문이다. 의사소통의 당사자들이 주고받는 것은 이러한 무형의 의미와 관념을 기호화한 것이므로 100% 일치하는 소통이 이루어지기 어렵다. 사람들은 서로 다른 기준과 가치에서 살아가므로 단순히 하나의 통일된 기준과 가치의 제시로 해결될 수 없다(정순현, 2006).

자연스러운 의사소통을 방해하는 장애와 그로 인해 상호 느끼게 되는 결과적 정서들은 서로 연관된다. 의사소통을 방해하는 대화의 유형이 몇 가지 있다. 첫 번째는 '너는 어떻게 그러니?', '네 꼴을 봐라', '겨우 그렇게 했니?'와 같은 비난·비판이다. 비난·비판을 들은 컨설티 혹은 클라이언트가 느끼는 일차적인 반응은 저항심이다. 두 번째로는 명령과 강요인데, 아무리 라포가 잘 형성된 관계라도 컨설턴트가 명령이나 강요를 하면, 반발심이나 공포심을 가지거나 말대꾸를 하게 만들 수 있다. 세 번째로는 경고나 위협으로, 컨설팅 과정에서 많이 친해졌다고 생각하고 '~하지 않으면 혼날 줄 알아.', '내 말 안 들을래?', '~ 안하면 나도 생각이 있으니 그렇게 알아.'와 같이 말한다면 저항, 분노, 거부감 등을 불러일으킬 수 있다. 네 번째는 훈계와 설교이다. 훈계나 설교는 상대방을 신뢰하고 있지 못하다는 인상과 의무감, 죄책감을 느끼게 만들 수 있으며, 사람에 따라 허탈감이나 자기방어적인 반응을 이끌 수 있다. 다섯 번째로 규제와 지배를 들 수 있다. 컨설턴트의 성격에 의한 것이든 컨설팅 과정의 특수한 상황에서 나온 것이든 규제하거나 지배적인 말은 기본적으로 구속감이나 반발심을 이끌게 마련이다. 여섯 번째로, 충고와 해결 제시이다. 컨설턴트의 충고나 해결제시가 필요한 경우도 있지만, 부정적 기능을 하게 되는 대화상황일 때는 반항심이나 의존심 또는 심하게는 수치심을 느끼게 할 수도 있으니 주의해야 한다. 일곱 번째로, 동정과 위로의 말을 하였는데 이것이 제대로 기능하지 못하고 역기능을 하게 되는 경우에는 반발심을 유발하거나 답답함을 줄 수 있다. 아홉 번째는 질문과 캐묻기이다. 컨설턴트의 의도와 어긋나서 캐묻는 형태의 대화가 진행될 수도 있는데, 약속에 늦은 경우 '왜 이렇게 늦었니?', '오다가 누굴 만난 거야?', '뭐 하다가 늦었어?'라는 말을 하게 되면 서로에게 불쾌감이나 짜증 또는 불안감이나 두려움까지 가지게 될 수 있다. 열 번째로, 컨설턴트의 분석적·진단적 발언이 불편한 감정이나 모멸감을 줄 수 있다. '어제 약속에 안 온 걸 보니 여자 친구랑 헤어진 거구나?'와 같은 말을 하게 되면 듣는 사람이 컨설턴트의 의도와 다르게 해석할 수 있으므로 주의한다. 마지막으로 컨설턴트가 말하다 보면 자기도 모르게 폐쇄나 회피적 발언을 하게 되기도 하는데, '난 모르겠다. 알아서 해.', '그만하고 다른 얘기해.' 등의 말을 듣게 되면 상대방은 두려움이나 소외감 등을 느낄 수 있다.

카) 대인관계 기술

(1) 긍정적인 대인관계 만들기

컨설팅에서 원활한 진행을 위해서는 참여자들과의 긍정적인 대인관계를 형성하는 것이 중요하다. 긍정적인 대인관계를 기반으로 한 컨설팅은 신뢰가 형성되고 협력이 일어나 성공적인 컨설팅으로 이끌 수 있기 때문이다. 긍정적인 대인관계를 위해서는 컨설턴트가 따뜻함과 진실성, 긍정적인 관심을 표현해야 한다. 따뜻함은 컨설티 혹은 클라이언트에 대한 진정한 관심과 배려를 전달하고 보여주는 것으로, 컨설턴트의 비언어적인 행동(미소, 목소리, 표정 등)으로 표현할 수 있다. 진실성은 컨설턴트가 자신의 자아개념과 일치하게 행동하고 일관성있는 태도를 보이면서, 컨설티 혹은 클라이언트를 조종하거나 통제하는 방식으로 자신의 생각과 감정을 나누지 않는 것이다. 즉, 컨설턴트가 자발적 반응과 태도, 방어를 하지 않는 태도, 자신을 개방하는 태도 등을 가지는 것이다. 긍정적 관심은 상대방에 대한 인간적 존중을 보여주는 것으로, 행동이나 외모, 성적 등과 같은 외부적 요소와 관계없이 따뜻하고 소중하게 대하며 가치 있는 한 인간으로 존중하는 것을 의미한다.

(2) 능력과 자신감 전달하기

성공적인 컨설팅을 위해 컨설턴트에게 신뢰감을 가지게 하는 데는 컨설턴트에 대한 능력을 확신하게 하는 것이 중요하다. 컨설팅에서 신뢰감을 주는 것은 컨설턴트의 진실된 태도뿐만 아니라, 컨설턴트가 문제의 해결에 도움이 될 수 있으리라는 믿음을 갖게 하는 것이다. 컨설턴트는 이를 위해 특정 자료, 사실, 자원, 컨설팅 과정에 대한 자료와 의견 등의 여러 가지 정보를 제공하거나, 조언, 지시 등을 통한 변화 촉진을 직접적으로 안내할 수 있다. 그리고 행동에 초점을 맞추어 지침과 지지 등을 제공함으로써 피드백을 주기도 해야 한다. 이를 위해서 컨설턴트는 모든 관련 영역(예. 교육과정, 방법, 행동관리, 특수교육 등)에 대한 확실한 배경지식을 습득하고, 다양한 상황에 적용될 수 있는 경험에 근거한 개입유형을 개발하여 조력자로서 준비가 되어 있어야 한다 (Kampwirth & Powers, 2006; 김정섭, 유순화, 윤경미 역, 2010). 이러한 실질적인 정보가 확보되어 있으면 컨설턴트는 컨설팅에 대해 자신감을 가지고 임할 수 있게 되며, 컨설티 혹은 클라이언트에게도 능력을 보여줄 수 있는 실질적 자료로서 기능을 할 수 있다. 이는 따뜻하고 긍정적인 관심과 함께 컨설턴트가 가져야 할 중요한 요소이다.

(3) 상태가 좋아질 것이라는 생각 심어주기

컨설턴트의 따뜻한 관심과 뛰어난 능력 외에, 이를 받아들이는 컨설티 혹은 클라이언트의 낙관적인 기대 역시 성공적인 의사소통을 위해 중요하다. 컨설티가 '컨설턴트는 좋은 사람이고 능력이 뛰어난 사람이지만 이 문제는 해결되지 않을 것이다'는 부정적인 생각을 가지고 있다면 컨설턴트와 협력적인 의사소통이 이루어지지 못하고 서로 동상이몽을 꾸게 될 것이다. 이를 위해서는 컨설턴트의 지지와 공감이 필요하다. 무조건적인 긍정적 존중은 가치관, 신념체계, 행동 양식 등을 이해하고 가치있게 여기며, 자신을 더 잘 통제해 나갈 수 있다는 믿음을 전달하여 컨설티 혹은 클라이언트에게 힘을 줄 수 있다. 또한 수행의 결과보다는 인간에게 초점이 맞추어져 추진력을 잃지 않도록 용기를 불어넣는 격려가 필요하다. 칭찬은 수행결과에 초점을 맞추는 것으로 격려와 구별된다.

타) 컨설팅 관계에서 힘

Raven(1965)이 제시한 인간관계 유형에 영향을 미치는 여섯 가지 형태의 사회적 힘은 보상적, 고압적, 합법적, 참조적, 전문가적, 정보적 힘이다. 컨설팅도 인간관계가 기본적으로 형성되므로 이에 동반하는 사회적 힘의 상호 작용이 존재한다. 협력적 컨설팅에서 작용하는 힘은 참조적, 전문가적, 정보적 힘이다. 보상적, 고압적, 합법적인 힘은 감독관이나 행정인사들에서 나타나는 힘으로, 보상적 힘이란 A가 B에게 이익이나 칭찬, 상 등의 보상의 형식으로 수여하는 힘이며, 고압적 힘이란 A가 B에게 이익을 줄 수도, 보류할 수도 있으며, 합법적으로 맞설 수도 있는 힘이다. 그리고 합법적 힘이란 B가 A에 대해 자신을 통제할 수 있는 합법적 능력 혹은 권위를 가지고 있다고 믿는 힘이다. 이와는 다르게 참조적 힘이란 B가 A에 대해 자신과 비슷하게 보거나 관계할 만한 가치가 있다고 인식하고 A가 제안하는 것을 잘 따르는 힘이다. 그리고 전문가적 힘이란 A는 B가 갖지 못한 지식이나 기술을 가진 사람으로 인식하는 것이고, 마지막으로 정보적 힘이란 정보를 제공하는 A가 힘을 가진 것이 아니라 정보 자체가 힘을 가지는 경우를 말한다. 우수한 컨설턴트는 정보적 힘뿐만 아니라 참조적 힘과 전문가적 힘 사이에 균형을 이루기 위해 노력한다. 컨설턴트가 모든 해답을 가지고 있는 것처럼 보이려고 애쓸 필요는 없지만 그렇다고 전문적인 통찰력과 정보를 제공하지 않는 '일반 사람'으로 보여서는 안 된다.

파) 저항

컨설티 혹은 클라이언트 입장에서 '변화'를 수반하는 것이 컨설팅이다. 따라서 컨설팅 과정에서 변화를 거부하고 '현 상태를 유지'하려고 하거나, '회피하기 위한 방법'을 찾으려고 할 때도 있는데 이를 저항이라고 한다. 저항은 변화 노력에 수반되는 자연적인 현상이며, 다른 사람으로부터 지시나 명령, 제안을 받아들여야 한다고 지각하는 경우뿐만 아니라 스스로가 주도하는 변화의 경우에도 발생한다. 컨설턴트는 컨설티 혹은 클라이언트가 원하는 방향으로 가게 할 수 있으나 원하지 않는 경우에는 어느 방향으로도 가게 할 수 없다. 따라서 컨설턴트는 저항을 예상하고, 저항의 가장 분명한 원인을 파악하여 이를 다루는 계획을 세워야 하며, 저항의 증상을 인식하는 방법을 배워야 한다. 변화는 누구에게든 쉽지 않은 일이라는 사실을 잊어서는 안 된다.

의뢰자(교사)의 저항:
- '교육 전문가'로서 학생의 문제를 다루는 방법에 대해 자신이 무지하다는 인식으로 수치심과 부적절감을 느끼게 되어 컨설턴트의 자문에 저항적인 태도를 보일 수 있다.
- 성공적인 컨설팅으로 학생을 다루게 되면 이후 학생들을 전담하게 된다거나 책임이 부과될 수 있다는 두려움을 가질 수 있다.
- 교사의 다양한 개입 노력에도 불구하고 반복적인 실패를 거듭하게 되면 교사가 학습된 무력감을 느껴 저항의 원인으로 작용할 수 있다.

의뢰자(학부모)의 저항:
- 부모로서 부족하다는 느낌
- 이전 학교에서 가진 나쁜 경험

- 컨설팅에 대한 의심
- 학교 정책이나 절차·학습조력 방법에 대한 지식 부족
- 아이 돌보기와 교통편
- 일상적인 생활고와 같은 경제적인 문제

7) 종결 및 추수관리

학습컨설팅의 과정과 결과를 중심으로 효과를 평가하며, 일반적으로 목표에 비추어 다루고 종결한다(윤초희, 2009; 이명숙 외, 2015; PRIME; Shriden & Cowan, 2004). 또한 실행 이후 계획을 수립하며 추수관리를 한다.

가) 종결을 위한 컨설팅 기법

학습컨설팅의 종결 시에는 컨설턴트와 컨설티 혹은 클라이언트가 협의하여 종결 여부, 종결 방법에 대해 결정한다. 종결 시점은 객관적으로 평가 및 판단하되 컨설턴트는 목표성취 여부, 전반적인 긍정적 변화 여부, 기간 종료 여부, 컨설팅 효과 여부, 컨설티 혹은 클라이언트의 종결의사, 무의식적 갈등 등을 고려한다. 문제해결, 목표가 성취되었음에도 불구하고 컨설팅 관계를 지속하고자 할 경우에는 분리불안 등을 고려한다. 종결은 이후를 위한 또 다른 준비단계로도 볼 수 있기 때문에 이후에 무엇을 하여야 할지를 명확한 그림으로 그릴 수 있도록 도와 주고 자신감을 갖도록 조력한다. 추수지도가 필요하다고 판단되면 추수지도를 위한 장소와 시간을 정한다.

종결 과정은 종결 의사를 탐색하고 종결 여부를 결정한 후 종결 방법을 결정하는 순서를 거친다. 학생의 경우 학교에 다니는 동안 계속 도움을 필요로 하기 때문에 종결 후에도 컨설팅 관계가 지속되기도 한다. 그러나 일시적으로라도 컨설팅을 종료하는 것이 좋다.

학습컨설팅을 종결할 때는 우선 진행되어온 학습컨설팅의 전반적인 내용을 순서대로 상기시킨다. 처음 상태와 종결까지 오게 된 과정을 돌아보고 각 단계로의 이행과정에서 배운 기법들을 상기시킨다. 그 다음으로 학습컨설팅 과정에서 컨설티(혹은 클라이언트)-컨설턴트 관계의 변화과정을 되돌아본다. 컨설티(혹은 클라이언트)-컨설턴트 관계가 지속적으로 협력적이었는지, 갈등 상황에 처했을 때는 어떻게 대처했는지 등을 살펴보는 것도 효과적인 학습경험이 될 수 있다. 컨설턴트는 컨설티 혹은 클라이

언트가 학습컨설팅을 통해 습득한 내용을 최대한 자기 것으로 만들 수 있도록 조력하는데 특히 본인에게 효과적이었던 기법을 숙지하도록 한다. 마지막으로 학습컨설팅 과정을 평가한다. 학습컨설팅 과정에서 잘 되었던 것과 그렇지 못했던 것 혹은 도움이 되었던 것과 그렇지 못했던 것을 스스로 찾아보게 한다. 또한 학습컨설팅 과정에서 표현하지 않고 지나친 것을 최대한 표현할 수 있도록 돕는다. 학습컨설팅과 관련된 다양한 정서를 정직하고 솔직하게 표현하도록 조력한다.

나) 총체적 및 분석적 평가

학습컨설팅 과정과 결과에 대한 평가는 목표 달성 여부를 객관적인 결과로 평가하기가 어렵거나 적절하지 않은 경우가 많다. 그러므로 양적 자료와 함께 질적 자료에 근거하여 평가하는 것이 바람직하다. 컨설티의 만족도와 재의뢰 여부, 다른 동료교사에게 추천 여부 등도 컨설팅의 결과를 평가할 수 있는 지표가 될 수 있다. 또한 참여자의 자기평가, 반성적 저널이나 후기작성, 설문지 등을 활용할 수 있는데, 특히 참여자의 자기평가는 유용한 평가자료가 될 수 있다(한국교육심리학회, 2012).

2 해결중심적 접근의 학습문제해결 학습컨설팅 단계별 개입

1) 해결중심 접근의 특징

학습문제해결 학습컨설팅의 해결중심 접근에 대해서는 학자나 학파에 따라 다양한 관점들이 있지만, 이 장에서 소개하는 접근 방법은 De Shazer(1985)와 Berg(한국명 김인수, 1994)가 밀워키의 단기가족치료센터에서 개발한 단기해결치료의 이론과 임상에 기초하여 학습문제해결에 적용한 학습컨설팅이다. 인간의 삶에서 일반적으로 문제를 해결한다고 내놓은 기존의 해결책들이 종종 문제를 지속시키고 해결하지 못한다는 점과 문제해결에 있어서 문제의 원인이나 기원에 대한 통찰이 항상 필요한 것은 아니라는 신념에서 출발한 접근법이다. 즉, 모든 일이 원인에서 결과로 연결되는 일직선으로 해석되는 것은 아니고, 순환적으로 이루어진다고 본다. 오히려 문제해결의 핵심은 원하는 바에 초점을 맞추는 것이고 개인이 가지고 있는 장점, 예외를 발견하게 하는 것에 있다. 설상가상으로 계속 학업적 실패를 경험한 학생이라도 예외적으로 이미 경험한 성공을 발견함으로써 스스로의 문제를 해결할 열쇠를 발견하는 것이다. 컨설턴트는 이러한 예외상황을 찾아서 자세히 질문하고 생생히 그려내도록 하는 역할을 한다.

학습문제해결 학습컨설팅의 해결중심 접근의 관점에서는 컨설티나 클라이언트에게 문제해결능력이 잠재되어 있음을 인정하고 중요시한다. 그리고 문제해결을 제시하기보다는 문제해결방안을 모색하여 새로운 유형의 행동을 시작하게 하는 데 초점을 둔다. 컨설턴트는 컨설티나 클라이언트의 내면의 문을 열어주는 것이 아니라 스스로 문을 열고 내면에서 일어나는 변화 욕구를 인정하고 강화할 수 있도록 열쇠의 역할을 한다. 이에 컨설턴트와 수평적인 협동관계를 형성하게 된다.

가) 해결중심 접근을 위한 원칙

(1) 문제보다는 해결을, 과거보다 미래를

해결중심 접근에서는 병리적인 것 대신에 건강한 것에 초점을 둔다. 즉, 문제가 되었던 과거보다 변화하는 미래에 초점을 두기 때문에 과거의 정보는 상황을 변화시키는데 관련이 없고 실제로 비효과적이라고 간주한다. 문제를 해결하는 것은 '문제가 어떻게 발달되어 왔는가'와는 전혀 상관없기 때문에 문제의 발달과정을 살펴보는 것은 시간낭비이고 불필요한 과정이라고 여기고, 컨설티 혹은 클라이언트의 미래를 위해 어떤 희망을 가지며 이를 어떻게 달성할 것인가에 초점을 둔다. 이를 위해서 문제의 예외 상황이나 문제가 일어나지 않았을 때를 탐색하고 강조하여 효과가 있는 새로운 해결책을 개발한다.

(2) 컨설티는 해답을 알고 있다

해결중심 접근에서는 컨설티 혹은 클라이언트가 가진 강점, 자원을 발견하여 이를 컨설팅에 활용한다. 사람은 누구나 자신을 가장 잘 알고 있으며 자신에게 어떤 변화가 필요한지를 가장 잘 알고 있다고 믿기 때문에 '당신은 무엇이 변화하기를 원하나요?'라고 물으면서 시작한다. 잘못된 것에 관심을 두는 대신 성공한 것과 성공하게 된 구체적인 방법을 발견하는 데 관심을 두는 것이다(김승금, 2007). 따라서 컨설티 혹은 클라이언트로 하여금 새롭거나 다른 변화된 방식으로 행하거나 바라보도록 한다.

(3) 불가피한 작은 변화가 눈덩이로

학습문제해결 학습컨설팅의 해결중심 접근에서는 변화는 불가피한 것으로 여긴다. 한 부분의 변화는 전체의 변화를 가져온다는 체계론적 입장을 지지하고 있다. 살아있는 생물체로서의 인간에게는 항상 변화가 있으며 스스로 새로운 것을 창조할 수 있는 존재라고 믿는 것이다(김승금, 2007). 불가피한 변화는 기본 전제이므로, 변화 자체보다는 언제 어떻게 변화를 할 것인가가 주요한 문제다. 또한 작은 변화는 큰 변화를 일으키는 모체이며 해결의 출발점이라고 믿기 때문에, 문제가 되는 학습행동에 작은 변화만 주어져도 문제를 둘러싼 상황을 변화시킬 수 있다고 여긴다. 따라서 여러 상황과 사람들이 얽혀 있는 문제라도 한 사람의 변화 행동이 긍정적 눈덩이 효과를 만들어 낼 수 있다고 강조한다. 컨설티 혹은 클라이언트는 긍정적인 미래를 창조하기 위해 지속적으로 격려를 받으며, 자신이 상상하고 원하는 미래를 현재로 만들어 나간다. 과거와 현재, 미래 어디든 성공에 관해 말하는 것은 이를 위해 도움이 되며 컨설팅의 성과는 컨설티 혹은 클라이언트 스스로 자신이 잘 하고 있는지를 관찰하면서 개선되어 가는 것으로 나타난다.

(4) 컨설티의 자율적인 협력

컨설티 혹은 클라이언트가 문제에 대해 인식하고 변화의 필요성을 느끼게 되면 학습문제 해결을 위한 컨설팅에 저항이 일어나지 않는다고 본다. 컨설티나 클라이언트는 협조적이면서 변화를 원하고 있지만 어떻게 변해야 하는지에 대한 확신이 없기 때문에 주저하고 망설인다. 컨설팅에서 저항을 하는 것은 그들에게 적합하지 않은 해석을 했거나 잘못된 컨설팅이기 때문이라고 여기기 때문이다. 저항이 일어날 때는 컨설티나 클라이언트의 이야기에 더 귀를 기울이며 무엇을 원하는지, 어떤 변화가 일어나기를 원하는지를 포착하면서 보조를 맞춰 간다(조성희 외, 2015). 컨설턴트는 컨설티 혹은 클라이언트의 강점과 자원, 말과 협력을 이끌어 내고 개인적 유능감 질문을 함으로써 칭찬을 이끌어 낸다.

(5) 네가 옳다

해결중심 접근에서는 컨설턴트보다는 컨설티나 클라이언트 중심으로 컨설팅이 이루어지기 때문에 컨설티나 클라이언트가 요구하거나 행동하기를 원하는 과정이 탈이론적이거나 비규범적이더라도 이 견해를 존중한다. 컨설턴트는 자신이 선호하는 이론을 고수하고자 해서는 안된다. 이전의 다른 컨설팅에서 효과를 보았더라도 하나의 상황을 다양하게 보고자 애써야 하며 모든 의견이 옳다는 것을 인정해야 한다. 컨설티 혹은 클라이언트가 기술하는 과거, 현재, 미래에는 규정된 이론이나 설명이 있을 수 없다. 때로는 해결중심 접근이 맞지 않는 컨설티와 클라이언트가 있을 수 있다는 것도 인지해야 한다. 학습컨설팅을 진행할 때 컨설티 혹은 클라이언트와 처음 만났을 때는 컨설티의 과거 경험 또는 문제가 되었던 행동들을 이야기하게 된다. De Shazer는 '내담자 세계관'을 강조하면서 컨설티나 클라이언트의 이야기를 그들의 시각으로 보고 이해하기를 주장했다. 즉, 컨설티나 클라이언트의 세계 속으로 들어가 그곳에서 이야기를 듣고 이해하는 것이다. 이는 새로운 행동을 격려하고, 개인이 갖는 무력감을 덜어주고, 문제가 되는 행동을 조장하지 않는 '새로운 행동'으로 나아가도록 동기화한다(홍순혜 외, 2008).

나) 해결중심 접근의 컨설팅 과정

해결중심 학습컨설팅에서 컨설턴트가 우선적으로 초점을 두어야 하는 것은 첫째, 컨설티 혹은 클라이언트가 아직 잘 사용하지 못하는 능력을 찾도록 돕고 둘째는 성공하지 못한 해결방안보다는 과거에 이미 성공했던 해결방안에 대해 이야기함으로써 효과가 없는 것이나 안 되는 것에 몰두해 있는 이들의 생각과 행동 감정 및 태도 등을 바꿀 수 있도록 해야 하는 것이다. 해결중심 학습컨설팅의 특징은 학습 문제의 원인을 규명하기보다는 이미 가지고 있는 자원을 활용하여 변화를 할 수 있도록 돕는 것이다. 또한 모든 학습문제에 대한 예외 상황은 컨설턴트와 컨설티 또는 클라이언트에 의해 설정될 수 있으며 이는 해결책을 탐색하는 데 사용할 수 있다. 해결중심 학습컨설팅에서는 작은 변화가 큰 변화를 이끈다고 보기 때문에 주로 컨설티 혹은 클라이언트가 달성할 수 있는 아주 작은 목표를 세운다. 첫 번째 작은 도미노를 쓰러뜨리면 전체의 도미노를 쓰러뜨리는 작업이 이루어지는 것과 같이(Erickson, 1967), 학습컨설팅에서 작은 목표를 다루기 시작하는 것이 전체의 변화를 이끌게 되는 것이다.

해결중심 접근에서 성공적인 컨설팅을 위해 어렵지만 중요한 것은, 컨설티 혹은 클라이언트의 희망, 즉 원하는 미래와 이루고자 하는 성취를 위한 '질문을 개발'하는 것이다(Iveson, 2002). 컨설팅 과정에서 첫 번째 회기는 원하는 희망, 혹은 해결하고 싶은 문제가 무엇인지에서 출발하고 기적 질문, 척도 질문 등 해결중심 접근 컨설팅 기법을 통해서 대화를 이어나간다. 그리고 컨설팅을 마무리할 때는 칭찬으로 끝난다. 두 번째 회기 이후부터는 원하는 목표에 어느 정도 도달했다고 느끼는지, 목표를 향한 다음의 실천은 어떤 것이 있는지 등에 주로 집중하며 문제를 해결하기 위해 포기하지 않고 한 걸음씩 내딛을 수 있도록 전략을 세우고 돕는다. 이런 과정에서 사용되는 기법이 기적 질문, 척도 질문 등의 질문이다. 적극적인 협조와 노력으로 컨설팅이 비교적 원만하게 잘 진행되고 있다면 예외상황의 탐색이나 대처전략보다는 원하는 미래와 목표가 얼마 남지 않았으며, 지금까지 잘 하고 있다는 격려를 더 많이 하고 목표를 향한 다음 단계를 탐색하도록 돕는다. 반면에 부정적이거나 흔들리는 모습을 보이면 예외상황을 탐색하고 그에 맞는 대처전략을 세울 수 있도록 돕는다. 컨설팅은 컨설티 혹은 클라이언트가 바라는 최종목표를 위해 진행되고, 각각의 회기에서는 목표 성취와 관련된 칭찬으로 끝내도록 한다.

그림 4.1 해결중심 접근 컨설팅의 진행 과정

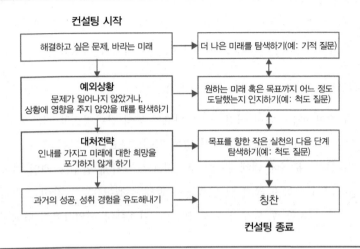

2) 단계별 개입

가) 컨설팅에 대한 동의와 목표 설정하기

처음 만남에서는 두 가지에 유의해야 한다. 컨설팅의 진행과정 등 컨설팅에 대한 정보를 제공하는 것과 라포를 형성하는 것이다. 컨설턴트는 선입견을 최소화하기 위해 컨설티나 클라이언트를 만나기 전에 최소한의 정보만 얻는 것이 좋다. 경우에 따라 녹음, 녹화가 필요하면 동의를 얻어야 한다.

해결중심 접근의 컨설팅에서는 기존의 컨설팅과 같은 구조적인 절차가 중요하지 않다. 컨설팅의 횟수가 한정되어 있지 않지만 가능한 한 빠른 시간 내에 해결책을 찾아내기 위해 최선을 다하며 실질적으로 8회 이하의 단기 컨설팅이 주로 이루어진다. 한 회만으로 종료되는 경우도 있다. 컨설팅은 문제와 문제형성, 잘못 시도된 행동에 초점을 맞추기보다 작고 구체적인 해결책을 찾아내는 데 강조점을 둔다. 매 회기의 처음에 컨설티 혹은 클라이언트가 문제해결을 위해 이미 실시한 것을 묻고 칭찬하며, 해결에 단서가 될 수 있는 것을 제안한다. 다음 회기까지 행동적 과제를 내어주고 상황에 따라 때때로 제안이나 지시를 내리기도 한다. 해결중심 접근의 학습컨설팅은 고정된 만남의 횟수를 미리 정하지 않는데 첫 번째 회기를 마칠 때 '다음 주에도 컨설팅을 계속 하고 싶은가요?' 혹은 '컨설팅을 얼마 동안 진행하고 싶은가요?' 등의 질문을 하며 얼마나 자주, 오랫동안 컨설팅을 원하는지를 컨설티나 클라이언트가 결정하도록 한다. 계속해서 오겠다고 하면 목표 달성에 대한 동기를 칭찬하고, 한참 후에 오겠다고 하면 컨설티나 클라이언트가 충분한 시간을 가지고 자신의 행동 대안을 연습하고 그 상황을 유심히 관찰하고자 하는 분명한 의지에 대해서 칭찬한다(조성희 외, 2015).

나) 예외상황 찾기(바라는 미래상 그리기)

문제를 진술할 때는 '어떤 어려움이 있나요?' 등의 간단명료한 질문을 던지고, 그 다음으로 '하나씩 하나씩 정확하게 어떤 일이 일어났나요?'와 같이 좀 더 구체적으로 상세하게 질문한다. 문제에 대해 좀 더 구체적으로 말하게 할수록 개입 가능성과 목표가 많아진다. '지금 하지 않고 있는 일들을 말해 주겠어요?'와 같이 스스로 자신의 상황을 파악하고 인지할 수 있도록 유도한다. 이 단계에서 예외상황의 탐색이 이루어지기도 한다.

Iveson(2002)은 해결중심 접근의 첫 번째 만남에서 전형적으로 이루어지는 네 가지 핵심 과제를 제시한 바 있는데, 첫 번째는 컨설티 혹은 클라이언트가 바라는 것을 탐색하기이다. 앞으로 있을 컨설팅을 통해 혹은 오늘 첫 번째의 만남을 통해서 이루고 싶은 희망이 무엇인지 찾아내는 것이다. 두 번째는 그 바라는 것들이 실현된다면 일상 생활이 어떻게 달라질 것 같은지를 물어보고 탐색하는 것이다. 세 번째는 바라는 것들이 실현되게 하기 위해 이미 하고 있거나 과거에 해 봤던 것이 무엇인지를 알

표 4.6 첫 번째 회기에서의 네 가지 핵심과제

과제	예시
컨설팅을 통해서 얻고 싶은 것, 바라는 것이 무엇인지 찾기	이 컨설팅으로 가장 이루고 싶은 것이 무엇인가요? 이 컨설팅이 유용한지 어떻게 알 수 있을까요?
이 바람들이 이루어진다면 일상에서 어떤 변화가 일어날 것인지 탐색하기	만약에 오늘밤에 자는 동안에 기적이 일어나서 모든 문제가 해결된다면, 내일 무엇이 달라져 있을까요?
이 바람들을 실현시키기 위해 과거에 해 봤거나 지금 하고 있는 것이 무엇인지 탐색하기	문제가 일어나지 않았던 때에 대해 말해 주시겠어요? 당신이 바라는 기적이 조금이라도 일어났던 순간은 언제인가요?
원하는 목표 실현을 위해 작은 실천을 한다면 달라질 수 있는 점이 무엇인지 탐색하기	당신이 원하는 삶을 위해 5%의 변화가 필요하다면 제가 무엇을 도울 수 있을까요?

출처: Iveson(2002).

아보는 것이고, 네 번째는 바라는 희망을 실현하기 위해 아주 작은 실천을 한다면 무엇이 달라질 것 같으며, 컨설턴트가 무엇을 도와주기를 바라는지를 발견하는 것이다.

예외상황을 찾아내는 것은 해결중심 접근 컨설팅에서 필수적인 부분이다. 예외상황이란 문제가 일어나지 않았을 때의 상황으로, 학습에서 문제가 되지 않는 상황이 어떤 경우인지를 찾는 것이다. 컨설팅의 원인이 되는 문제는 항상 일어나는 것이 아니라 문제가 될 때도 있고, 그렇지 않은 경우도 있기 때문에 문제가 발생하지 않는 예외적인 상황에 초점을 맞추고 탐색하는 것은 미래에 문제가 일어나지 않을 가능성이 있다는 기대를 할 수 있게 한다.

사례 12 예외 상황 탐색 사례

- 숙제를 잘 해 갔을 때는 교실에서 어떤 일이 일어나지요?
- 수업 시간에 한 번도 돌아다니지 않을 때는 선생님이 어떤 반응을 보이시나요?
- 오늘은 어떻게 약속 시간에 늦지 않고 오게 되었지요?

사례 13 첫 회기에서의 과제(De Shazer의 과제를 응용)

- 다음 며칠 동안 컨설팅을 하게 된 원인이 되는 행동을 하지 않았던 때를 찾아봅시다. 스스로 다르게 행동했던 것에 대해 적어봅시다.

  _____
  _____

- 문제가 된다고 하는 행동들을 하지 않을 때, 어떤 일이 일어나는지 알아봅시다. 선생님이나 부모님이 어떻게 반응하였는지 적어봅시다.

  _____
  _____

- 다음에 만나는 날은 _____일(____요일) ____시 ____분입니다.

출처: 홍순혜 외(2008).

다) 가지고 있는 자원 꺼내기

컨설티 혹은 클라이언트의 강점과 자원을 찾아 끄집어 내어 탐색하는 것은 해결중심 접근에서 매우 중요한 부분이다. 원하는 결과를 성취하기 위하여 이미 가지고 있는 자원, 기술, 지식, 믿음, 동기, 행동, 증상, 사회 관계망, 환경, 개인적인 특성 등

Learning Consultation to Solve Academic Problems

을 활용한다(김승금, 2007). 일반적으로 문제가 있는 일상에서 변화를 스스로 꾀한다거나 특별한 가치를 발견한다거나 하는 것은 굉장히 어려운 일이다. 강점과 자원을 끌어내기 위한 방법 중의 하나는 그들이 문제에 부딪쳤을 때 어떻게 대처했는지, 즉 역경에도 불구하고 어떻게 버틸 수 있었는지 떠올려 보는 것이다. 이 때 컨설턴트는 어려운 환경에서도 잘 이겨낸 용기와 인내심을 칭찬하여 강화한다. 이때의 칭찬은 실제적인 사건에 기초하여야 하며 단순히 친절하다는 호의를 표시하기 위한 칭찬은 하지 않아야 한다.

컨설티 혹은 클라이언트의 기억 속에서 성공에 대한 사례를 더 많이 발견할수록 실생활에서 이미 효과적인 것으로 증명된 가능한 행동, 대안, 자원에 대한 귀중한 정보를 제공받게 된다. 이 단계에서는 '하지 못한 것'이 아니라 '이미 가지고 있는 것'으로 사고를 전환할 수 있도록 유도해내는 것이 핵심이다. 어려운 시기의 적응에 필요한 유용성, 열심히 노력하는 성실성, 유머 감각, 다른 사람을 돕거나 이야기를 잘 듣는 것, 계획을 세우는 것, 배우는 것에 관심을 가지는 것 등은 모두 변화를 위한 토대가 된다(김은영 외, 2013).

전명남(2017)의 연구에서 나타난 바에 따르면, 기초학력미달 중학생이라도 스스로 잘 못하는 과목도 있지만 잘 하는 과목도 있다고 인식하고 있으며, 자신 있는 영역에서 기량을 발휘할 수 있음을 기술하고 있다. 다음의 사례에서 학교생활에 전혀 흥미가 없고 무기력하던 학생들에게서도 가능한 자원을 도출할 수 있음을 알 수 있다.

사례 14

기초학력미달 학생 18: 네, 많이 나아졌어요. 국어시간은 이해하는데요, 전에 시에 대해서 관심이 없었거든요. (이제는) 시를 읽으면 운율이 느껴지는 거 약간 있고, 시를 쓰면 글을 쓰잖아요, 그러면 약간 저도 모르게 국어의 책에 있는 내용들을 쓰고 그렇게 되는 거예요. 엄마도 깜짝 놀라고 저도 깜짝 놀라고. 어떻게? 시를 쓸 때도 운율이 약간 흘리도록 느낌 있게(웃음)...

기초학력미달 학생 13: 내가 잘 못하는 과목도 있는데 잘 하는 과목도 있어요(웃음).

기초학력미달 학생 18: 자전거... 사막 있는데 갈 건데요. 사막 자전거 있어요, 요만한 거... 네, 눈 왔을 때도 이런 거 탈 수 있고... 제 건 그냥 로드마스터 자전거고요, 사이클은 한 이 정도 되거든요... 그냥 로드마스터는 이거보다 얇아요, 두께가... 로드마스터는... 수용이요. 그거 잘 타져요. 평평한 데서 타니까. 로드마스터보다는 로드바이크가 더 좋아요. 요만한 거... 근데, 자동차 도로가

있으면요, 2분의 1 정도는 자전거가 다녀도 돼요. 제가 친한 친구가 가르쳐
줬어요. 인터넷에서 봤는데요, 인도 같은 데서 다니는 건 그 14세 미만인가만
인도에서 타도 되는데 그 정도 되면(14세 이후는) 인도에서 타면 안 된다고
도로에서 2분의 1정도만 타면 된대요. 자동차들 그냥 싹 지나간대요. (그림을
그리면서) 만약에 이게 자동차라고 쳐요. 2분의 1정도 타면 이렇게 살짝만 비
켜가면 되는데 이거 막... 중간에 타면 빵빵거리고, 2분의 1 정도는 안전하고
좋아요. (그림을 그리면서) 자동차 방향이 이리로 가면 이렇게 타야 되고요,
자동차 방향이 (반대 방향인) 이리로 가면 이렇게 타는 게 안전해요. 이렇게
타면 사고 날 일이 없어요.

주말엔 한 번도 안 쉬고 세 시간은 탈 수 있어요. 자전거가 기어를 바꿀 수
있어 가지고...

기초학력미달 학생10: 네. 인테리어 디자이너도 보면 제가 방학숙제로 만들기 같은 거
있거든요. 폐품이나 뭐 그런 거 하는데요, 겨울 때였어요. 케이크 상자 있잖
아요. 그 케이크 상자에 무슨 과자보면 과자에 이렇게 마개 같은 거 있잖아
요. 초코칩 보면 시퍼렇..인가 그거 뭐 있었는데 그거 잘라가지고...

네. 골판지 같은 거 그거 잘라가지고 수첩보면 다양한 배경화면 있잖아요, 그
거 잘라가지고 붙이고 그래가지고 제가 옷장이나 문... 네. 냉장고나 책상이나
그렇게 다양하게 만들었어요.

네. 작게. 잘라서 요새 보면 인테리어 보면 집에 가구 있잖아요. 근데 내부보
고 '아, 저렇게 하면 되겠다' 그런 생각을 해서 오렸더니 애들이 다 선생님도
칭찬하시고 뭔가 애들이 다 이렇게 말했거든요. 인테리어하는 데 설계하는 것
같다고... 옷에... 옷 보면 못 입는 옷이 있잖아요. 그런 걸 해보고 싶은 거에
요. 본 해가지고 가위로 오리고 이렇게 코일하고 했죠, 했는데 엄마가 이걸
어떻게 했냐고.

출처: 전명남(2017).

학습에 실패한 행동에 머물지 않고 자신에게 성공적이었던 이야기를 하도록 요청
하는 대표적 질문은 다음과 같다. 먼저 '어떻게 그것을 했나요?'인데, 이는 컨설티 혹
은 클라이언트가 무엇인가를 했다고 보고, 행동과 유능함, 책임감이 자신으로부터 나
왔다는 것을 전제하고 있다. 다음 질문은 '어떻게 그렇게 하기로 했나요?'이다. 이는
컨설티 혹은 클라이언트가 학생이 의식적인 결정을 했다고 전제하고 미래에 영향을
주는 새로운 대처 방법을 다루도록 요청하는 것이다. 이외에도 '어떻게 그렇게 잘 해
냈나요?'와 같은 질문은 컨설티 혹은 클라이언트가 자신의 성공에 대해 말할 수 있는

기회를 가지도록 돕는다. 예를 들어 학기말 시험 성적이 나쁘다고 불평하면, 시험 준비나 개인의 무능력 또는 시험 성적이 나쁜 원인이 무엇인지에 대해 이야기하기보다는, 시험을 준비하기 어려운 과정에서 이를 견뎌낸 부분들을 찾아내는 것이다.

라) 변화를 맞이하고 유지하기

컨설티 혹은 클라이언트의 자원과 가능성을 확인한 후에는 구체적 행동을 기반으로 목표로 나아가는 기회를 늘려야 한다. 이때는 척도 질문이 유용하게 사용된다. 첫 회기에서 했던 척도 질문을 기반으로 현재의 상태를 질문하고 지금의 점수가 되는 데 도움이 되는 것이 무엇이었는지, 성공한 사례는 무엇이었는지 등을 질문하여 변화를 긍정적으로 받아들이고 성공감을 느낄 수 있도록 유도한다. 또한 가장 친한 친구 혹은 자신이 중요하게 여기는 타인이 지금의 자신에게 뭐라고 말할 것 같은지를 물어보며 스스로 이루고 있는 변화가 매우 바람직하며 진전을 이루고 있는 것임을 확인시킨다. 이어지는 회기들에서는 조금씩 일어나는 변화를 척도에 기반해서 컨설팅을 해 나가는데, 변화가 없거나 오히려 아무 성과도 내지 못했을 때도 잘 해내고 있는 것임을 확인시켜주고 변화를 위한 행동을 유지할 수 있도록 격려한다. 이때는 언어를 효과적으로 사용하는 것이 중요한데, '지금의 점수에서 1점을 더 올리려면 어떻게 해야 할까요?'라고 묻는 것은 불쾌감을 줄 수 있으므로 하면 안된다. 대신 '지금보다 1점이 더 올라갔다는 것을 어떻게 알 수 있을까요?'라고 물음으로써 스스로 답을 찾아갈 수 있으며 열쇠를 쥐고 있는 것은 컨설턴트가 아니라 자신을 재확인하도록 해야 한다. 자신의 현상을 다르게 관찰하고, 어떤 행동이 효과적인지에 대한 일련의 패턴을 깨닫게 되면 이후의 변화는 자연스럽게 유지될 수 있을 것이다.

마) 종결하기

해결중심 접근의 학습컨설팅에서 종결한다는 것은 컨설티나 클라이언트의 문제가 모두 해결되었다는 것을 의미하는 것은 아니다. 작지만 중요한 문제를 스스로 해결할 수 있게 되었다는 것을 의미하는 것이며, 앞으로 보다 더 큰 문제를 해결할 수 있는 방법을 알게 되었음을 뜻하는 것이다(김승금, 2007).

컨설팅의 모든 회기를 종결할 때 컨설턴트는 '오늘 인상적이었던 것은' 혹은 '지금까지 이야기하면서 제가 좋았던 것은'이라는 말로 대화를 시작하고 뒤이어 컨설티 혹은 클라이언트의 강점과 앞으로 변화를 유지하고 새로운 삶을 사는 데 도움이 될

만한 요소들을 언급해 준다. 물론 이러한 대화는 반드시 종결 시에만 하는 것은 아니다. 필요할 때 매 회기마다 사용할 수도 있으며 또 반드시 이런 형식이 아니더라도 자연스럽게 이런 내용이 오가도록 할 수 있다. 특히 컨설팅을 종결할 때 컨설턴트가 놓치지 말아야 할 것은 컨설티 혹은 클라이언트에게 매우 관심이 있으며, 컨설티 혹은 클라이언트가 삶을 어떻게 관리하고 이끌어나가는지에 호기심이 많다는 것을 알게 하는 것이다. 잠재력과 능력을 믿고 있음을 보여주어 앞으로 비슷한 문제가 다시 나타나더라도 잘 해결할 수 있다는 확신이 들게 하는 것은 매우 중요하다.

3) 개입 기술 및 기법

가) 협력

해결중심 접근에서는 컨설팅의 성공 여부가 컨설턴트와의 협력적인 관계에 있다고 해도 과언이 아니다. 컨설팅에서의 저항을 문제와 해결에 대한 주인의식의 부족으로 재해석하고(Kahn, 2000), 문제해결에 대한 동기부여와 헌신의 정도에 따라 방문자형(visitor), 불평형(complainant), 혹은 고객형(customer)으로 분류한다. 방문자형은 문제가 없다고 생각하거나 컨설팅에 강요되어 온 경우를 의미하며, 일반적으로 문제해결에 대한 의욕이 없을 뿐더러 문제에서의 본인의 역할에 대한 의식이 없을 수 있다. 그에 반해 불평형은 문제가 무엇인지 인식하고, 무엇이 문제인지 자세히 또 기꺼이 논의하지만 문제해결에 대한 책임은 지고 싶지 않은 경우이다. 반면 고객형은 문제해결을 위해 노력할 의사가 있는 사람들이다. 컨설턴트는 컨설티 혹은 클라이언트가 어떤 유형인지 인정해 주고 고객형이 되도록 천천히 이끌어주어야 한다. 하지만, 현실적으로 방문자형에 머무는 경우도 있다(김계현 외, 2009; Kahn, 2000). 성공적인 컨설팅을 위해서는 컨설티와의 관계성이 어떠한 유형인지를 확인하고 그에 따라 접근 방식을 달리 해야할 필요가 있다.

(1) 방문자형

방문자형(visitor)은 문제를 인식하고 그 문제로 인해 고민하고 괴로워하지만 해결에 대해서도 기대하는 바가 적고 의지를 보이지 않는다. 따라서 컨설팅을 받아야 할 필요성이나 문제해결 동기가 약하다. 왜 컨설팅이 필요한지 이해하지 못하기 때문에 컨설팅에 무관심하거나 이끌려 왔다는 사실에 불만을 가지고 있다. 이런 유형은 첫 회기 때 컨설팅 목표를 설정해야 하는데 자신의 목표를 명확하게 밝히지 못하는 경우가 많다. 자신에게 문제가 있기는 하지만 컨설팅이 필요할 정도는 아니라고 생각하며, 문제의 원인이 자신이 아니라 다른 사람 혹은 외부 환경에 있으므로 자신이 어떻게 해결할 수 있는 부분이 아니라고 생각한다. 일반적으로 본인의 의지가 아닌 타인에 의해 컨설팅이 의뢰된 경우 방문자형이 많고, 이러한 유형은 컨설팅 과정에서 소극적이며 컨설팅에서 벗어나고자 하는 마음이 강하다.

방문자형의 컨설티 혹은 클라이언트와 관계를 형성하기 위해서는 다른 사람의 요구—학부모 혹은 교사—와 결정을 따르는 것이 얼마나 힘들었는지를 이해해 주고 자신이 이해받고 있다는 느낌을 가지게 한다. 이를 통해 신뢰가 형성될 수 있으며 목표를 설정할 수 있게 된다. 이들에게는 칭찬과 재방문을 위한 격려 메시지를 주로 전달하되 신뢰관계가 형성되기까지는 실행과제를 주지 않는 것이 좋다.

(2) 불평형

불평형(complainant)은 문제가 있음을 인식하고, 문제에 대한 괴로움과 불평, 불만을 컨설턴트에게 잘 털어놓지만 해결을 위한 대화에는 소극적이다. 외부적인 요인으로 문제가 발생되었기 때문에 자신은 희생되었다고 느끼며 자신의 힘든 입장과 역할을 인정받기를 원한다. 문제를 해결하기 위해서 자신이 아닌 다른 사람이 변화를 해야 한다고 생각하는 것은 방문자형과 비슷하지만, 문제를 해결할 수 있다는 기대가 비교적 크고 문제해결을 보다 원하고 있다는 것이 다르다. 그러나 문제를 해결하고 싶은 마음에 비해 구체적인 해결방법을 제시하지 못하고, 컨설턴트가 변화 행동들을 제시하더라도 적극적으로 실천하고자 하는 의지는 적다.

불평형일 경우 관계를 형성하기 위해서 컨설티 혹은 클라이언트가 참여를 원하는 사람도 함께 컨설팅 과정에 들어오도록 하는 것도 좋은 방법이다. 이때 참여자(또래 혹은 가족)는 컨설팅의 대상이 아닌 지원자로서 역할을 하게 된다. 따라서 이들과 함께 목표에 대해 의논하며 컨설티 혹은 클라이언트가 새로운 관점으로 문제를 바라보고 목표를 설정할 수 있도록 도와준다.

(3) 고객형

고객형(customer)은 자신의 문제를 정확하게 인지하고 인정한다. 비교적 안정된 컨설팅을 진행할 수 있으며 첫 회기에 컨설팅 목표를 정할 때 명확한 해결을 위한 목표를 가지고 있는 경우가 많다. 어느 정도 해결 방법도 인지하고 있고, 해결하려는 의지도 보인다. 이런 유형은 변화를 위한 의지도 많으며 변화를 이끌어낼 행동을 취할 준비가 되어 있기 때문에 칭찬과 실제적인 과제들을 줌으로써 효과를 볼 수 있다.

나) 구체화

학습문제 학습컨설팅의 해결중심 접근에서는 현실적이며 구체적인 목표를 설정하는 것이 매우 중요하다. 문제를 호소할 때나 목표를 설정할 때, 목표행동이 구체적일수록, 성취가능성도 높아진다. 목표는 미래에 무엇을 원하는지에 대한 것으로 해결중심 대화를 하면서 만들어지고 증폭된다. 컨설턴트는 컨설티 혹은 클라이언트가 바라는 미래를 구체적으로 정의하도록 도움으로써 새로운 경험을 그려나가는 것에 도움을 주도록 한다. 구체화를 위해서는 추상적인 용어가 아니라 동작 상태, 행위 상태를 표현하는 것이 바람직하며 '언제 더 행복한가요?', '언제 덜 화가 나나요?', '언제 덜 슬픈가요?'와 같은 질문을 통해 스스로가 구체화할 수 있도록 기회를 만들어 준다. 목표를 설정할 때는 (1) 명확하고 개인적으로 의미가 있으며, (2) 무엇을 하지 않을 것을 말하는 대신 무엇을 할 것이라고 긍정적으로 언급하고, (3) 제일 첫 단계에서 어떤 행동을 할 것인지의 형식으로 이야기하고, (4) 목표가 컨설티 혹은 클라이언트의 의지와 통제 안에 있으며, (5) 새롭고 다른 목표이고, (6) 규칙적으로 할 수 있는 행동이어야 한다(해결중심치료학회, 2016).

> **사례 15** 구체화 사례
>
> **이번 시험을 위한 목표:**
> - 공부 열심히 하기(추상적)
> - 이번 시험에 하루에 2시간 정도 책상에 더 앉아 있기(구체적)
> - 이번 시험에 도서관에 3번 가기(구체적)
>
> **내가 바라는 것:**
> - 학교 생활 즐겁게 하기(추상적)
> - 매일 친구 두 명에게 먼저 말 걸기(구체적)

다) 질문

질문은 중요한 소통 요소이다. 해결중심 접근에서 질문은 주요 소통 및 개입 도구이다. 컨설턴트는 컨설티 혹은 클라이언트의 언어에서 해석을 하지 않으며 정면으로 도전하거나 직면하는 일이 거의 없다. 질문들은 거의 항상 현재 또는 미래에 초점을 맞추고 있고 컨설티 혹은 클라이언트가 그의 인생에서 일어나길 원하는 것 또는 이미 일어나고 있는 것에만 집중한다. 과거에 대해 질문할 때는 비슷한 상황에서 어려움을 이겨낸 경험을 이야기할 때 또는 원하는 미래를 만들기 위해 과거의 어떤 강점이나 자원을 끄집어낼 수 있는지에 대해 이야기할 때이다. 이는 문제 자체와 문제의 근원을 알아내기 위해 과거에 집중하는 것보다는 이미 효과를 보이고 있는 것에 집중하고 컨설티 혹은 클라이언트가 원하는 삶에 집중해야 문제가 가장 잘 해결된다는 기본적인 믿음을 반영하고 있다(해결중심치료학회, 2016).

(1) 기적 질문

'기적 질문(miracle question)'은 문제 자체를 제거하거나 감소시키지 않고 문제와 떨어져서 해결책을 상상하게 하는 기법이다. 이는 문제에 대한 집착으로부터 벗어나 해결중심의 영역으로 들어가게 한다. 컨설턴트는 기적 상황이 추상적이거나 모호할 때 이를 구체적이고 명확한 행동으로 표현할 수 있어야 한다.

기적 질문은 현재 가지고 있는 문제나 불만의 성격과 상관없이 모든 상황에 효과적으로 사용할 수 있다. 자살 기도나 우울증, 행동장애, 폭력이나 학대 등과 같은 심각한 문제 상황에서도 적용될 수 있다. 이러한 자신의 문제가 해결되는 상황을 상상하는 것만으로도 생각이나 태도에 변화를 가져올 수 있다. 많은 사람들은 다양한 문제들이 자신들로 하여금 매일의 정상적인 삶과 활동을 영위하기 어렵게 한다고 믿는다. 이러한 문제들이 하루아침에 해결이 되어 일상적인 생활을 할 수 있게 된다는 것은 청소년기의 문제를 겪고 있는 학생들로서는 아주 중요한 일이 아닐 수 없다. 일단 이러한 기적의 장면을 상상할 수 있게 되면 자신의 삶을 새롭게 구성하고 발전시키는 것이 가능할 것이라는 생각을 하게 된다(유재성 외, 2009).

사례 16 기적질문 사례

컨설턴트: 이제 내가 이상한 질문을 하나 해봐도 될까요? 만약 현재 문제로 힘들어하고 있는 너에게 기적이 일어난다면 어떤 기적이 일어나면 좋겠어요?

학　　생: 대학생이 되는 거요. 농구의 신도요. 공부를 잘했으면 좋겠어요.

컨설턴트: 그런 기적 중에서 네가 가장 이룰 수 있을 것 같은 건 뭐가 있을까요?

학　　생: 공부를 잘 하는 거요.

컨설턴트: 공부를 잘 하는 기적이 네게 일어난다면 주변의 사람들이 뭐라고 할까요?

학　　생: 우리 엄마가 잔소리를 덜 하시겠지요.

컨설턴트: 어머니께서 잔소리를 하시나요? 어떤 이유로 잔소리를 하시는 거 같아요?

학　　생: 공부 안한다고... 주로 제가 컴퓨터 오락을 하면서 숙제를 미루거나 안하고...

학교의 수행평가준비도 안하고 학교에 가게 되고...

컨설턴트: 네가 공부를 안 하는 이유가 있을까요?

학　　생: 집에 오면 학원 때문에 시간이 없고요. 나는 한다고 하는데 엄마는 잔소리만 하고요...

컨설턴트: 공부할 시간이 없는지 선생님도 궁금한데, 선생님이 도와도 될까요?

(2) 대처 질문

'대처 질문(coping question)'은 자신의 미래를 매우 절망적으로 보아 아무런 희망이 없다고 하는 컨설티 혹은 클라이언트에게 사용하는 것으로, 자신이 이미 대처 방안의 기술을 갖고 있고 지금까지 발휘해 왔음을 깨닫게 하는 기법이다. 어려운 상황에서 잘 견뎌왔음을 깨닫게 하고 어떻게 지냈는지, 대처했는지를 묻는다. 이는 부정적인 신념 체계와 무기력감에 대항하여 성공감을 느끼게 해준다. 컨설턴트는 스스로 대처 방안의 기술을 갖고 있다는 것을 깨닫게 하기 위한 의도로 질문을 하는 것에 초점을 맞춘다.

대처 질문은 자신의 삶을 시련의 연속이라고 보는 청소년들에게 아주 유용하게 사용될 수 있다. 단순히 문제를 지적하고 탐색하기보다 무엇을 하였기에 문제가 더 악화되지 않았고, 상황이 더 어려워지지 않았는지 컨설턴트가 놀라워하면서 그 이유를 알고 싶어 할 때 청소년은 격려를 받는다. 그리하여 자신에 대해 긍정적이고도 소망적인 태도를 갖게 되면 자기에게 있는 에너지와 재능을 동원하여 자신의 삶을 새롭게 보고 재구성하기 시작한다(유재성 외, 2009).

사례 17 대처 질문 사례

컨설턴트: 공부해도 성적이 낮게 나올 수밖에 없는 많은 이유들이 있다는 것을 알겠어요. 원하는 대로 되지 않은 것들이 많이 있었군요. 이 어려운 상황에서 어떻게 공부해 올 수 있었는지 놀랄 뿐이에요. 어떻게 하고 있나요? 공부에 방해를 받을 때마다 매 순간을 어떻게 견디었는지요?

학　　생: 저녁에 아르바이트를 하고 집에 돌아오면 온 몸이 피곤하여 책을 볼 겨를도 없었지만, 아버지만 생각하면 감기던 눈이 떠지더군요. 그래서 힘들 때마다 아버지가 앞에 계시다고 생각하고 그 앞에서 공부하고 있으니 1시간이나 2시간 공부를 하고 잠들 수 있었어요.

(3) 예외 질문

모든 문제에는 예외가 있기 마련이다. 예외란 현재 나타난 문제가 발생할 수도 있었는데 어떤 까닭에서인지 그렇지 않았던 시간이나 상황들을 의미한다(유재성 외, 2009). 따라서 '예외 질문(exception question)'은 컨설티 혹은 클라이언트의 긍정적인 사항들을 찾아내고 그것을 계속 강조하면서 성공을 확대하고 강화하는 기법이다. 예외 질문은 문제가 항상 일어나고 있는 것이 아님에도 불구하고 문제에 너무 압도되어 있는 경우에 유용하다. 예외 질문을 통해 자신이 인식하지 못했던 긍정적인 예외 사항들을 찾아내어 그것들에 대해 이야기할 기회를 주고, 그러한 예외 순간들을 계속 찾아내서 긍정적인 측면을 확대한다. 이 질문은 자신의 삶은 실패가 아니라는 것을 확인시키고, 해결을 강화하는 방법이다.

사례 18 예외질문 사례

컨설턴트: 안 되던 공부가 되거나 아니면 조금이라도 공부가 재미있었던 적이 있었나요?
학   생: 저녁식사하고 아빠랑 공기놀이를 하며 놀았는데요. 공기놀이를 마치고 제 방
         에서 숙제하고, 모르는 거 있을 때 아빠랑 같이 수학문제 풀었을 때요. 보통
         때 아빠는 성적 나쁘다고만 하시고 친구 아들보다 공부 못한다고 혼내시기만
         했는데, 이날은 수학을 잠자기 전까지 함께 풀어주셨어요. 아빠는 학교 다닐
         때 수학을 잘하셨다고 했는데, 그날은 제가 아빠에게 묻기도 했지만 아빠는
         풀다가 틀리시고 실제로는 제가 다 풀었어요.
컨설턴트: 그 일이 처음 있는 일이었나요?
학   생: 네.

---

(4) 척도 질문

'척도 질문(scaling question)'은 숫자를 사용하여 문제에 대하여 표현을 하도록 하는 방법이다. 척도 질문을 통해 스스로 현재 상황을 객관적으로 바라볼 수 있으며 문제의 정도와 해결의 정도에 대한 태도를 정확히 알 수 있다. 척도 상에 긍정적인 변화가 조금이라도 나타나면 컨설턴트는 긍정적인 변화의 원인을 이야기하게 하고 이를 격려해 준다. 그리고 척도상의 점수가 변화가 없으면 더 이상 악화되지 않은 이유를 물어 변화에 긍정적인 영향을 미치는 행동이나 특성을 강화한다. 반면에 척도상의 점수가 부정적으로 변하면, 부정적으로의 하락폭이 더 커지지 않을 수 있었던 이유를 물어 변화할 수 있도록 유도함으로써 긍정적인 방향으로 점수를 조금이라도 올리기

위해 할 수 있는 행동이 무엇인지를 논의하여 해결행동을 강화한다. 따라서 척도 질문은 구체적인 정보를 얻어 문제를 명확히 인식하고 해결책을 합리적으로 탐색할 수 있도록 하는 방법이다. 척도 질문은 자신이 능력 있고 성공적인 존재라는 긍정적인 느낌을 갖도록 해 준다.

사례 19 척도 질문 사례

컨설턴트: 자, 1점이 우리가 처음 만났던 때의 자녀분의 상태를 말하고 10점이 문제가 해결된 상태를 말한다면 오늘 자녀분의 상태는 몇 점이라고 생각하시나요?

학 부 모: 6점 정도요.

컨설턴트: 어떤 면에서 자녀분의 상태가 6점쯤 와 있다는 것을 알 수 있을까요?

학 부 모: 학교에서 돌아와서 컴퓨터 게임을 거의 하지 않아요. 대신 숙제를 하거나 스스로 공부하는 시간이 좀 늘었어요. 하루에 1시간 이상 컴퓨터 게임을 하지 않겠다고 함께 계획을 세우고, 컴퓨터 화면에 자신이 'No Touch'라고 써 붙여 놓고는 하루에 1시간도 안하거나 아예 컴퓨터에 손도 대지 않거든요.

컨설턴트: 그러면 점수가 조금 더 올라간다면, 그러니까 6점에서 7점으로 올라간다면 자녀분의 생활 속에 어떤 변화를 보면 7점에 있다는 것을 알 수 있을까요? 7점이 된다면 무엇이 달라질 거라고 생각하세요?

---

(5) 관계성 질문

'관계성 질문(relationship question)'은 컨설티 혹은 클라이언트와 중요한 관계에 있는 사람들이 갖고 있는 생각, 의견, 지각 등에 대한 질문이다. 사람은 자신이 중요하다고 여기는 사람의 시선, 가치관과 그 사람이 자신을 어떻게 볼 것이라는 생각을 바탕으로 자신의 희망이나 꿈, 힘, 한계, 가능성 등을 지각하곤 한다. 자신이 중요하다고 느끼는 타인의 눈으로 문제를 바라봄으로써 이전에는 없던 가능성을 만들어낼 수 있게 된다.

사례 20 관계성 질문 사례

컨설턴트: 방금 느낀 감정을 엄마가 똑같이 느꼈다고 하면 어떻게 생각하셨을까요?

학   생: 글쎄요, 아마 많이 속상해서 우셨을 것 같아요.

컨설턴트: 그런 모습을 옆에서 지켜보면 어떤 기분이 들까요?

학   생: 엄마가 우는 모습을 보면 저도 기분이 안 좋고 슬퍼요.

라) 칭찬

'칭찬' 또는 '인정하기'는 해결중심 접근에서의 또 다른 필수 요소이다. 이미 잘하고 있는 것을 확인시켜주고 그 문제가 얼마나 힘든지를 공감해 주어 변화를 이끌어주고 격려해준다. 칭찬 또는 인정하기의 효과는 현재 하고 있는 행동 중 효과가 있는 것을 강조하는 데 도움이 된다. 컨설턴트는 칭찬을 통해 긍정적 틀을 만든 뒤 문제에 대한 예전 해결책 또는 예외를 발견하게 되면 예전에 효과가 있었던 것을 더 하도록 하여 도와준다. 각 회기를 시작할 때 진전된 부분에 대해서 이야기를 나누고 조금이라도 노력을 했거나 변화된 부분이 있으면 가능한 구체적이고 자세하게 설명을 하도록 유도한다. 반면에 별로 달라진 것이 없으며 동일하거나 더 악화되었다고 하는 경우도 있는데, 만약 악화되었다면 상황이 더 악화되지 않도록 하기 위해 무엇을 했는지 물어볼 수 있다. 학생이 한 일이 무엇이든 이것이 중심이 되고 이는 칭찬 혹은 다음 변화를 위한 근거가 될 것이다(해결중심치료학회, 2016).

사례 21 칭찬 또는 인정하기 사례

컨설턴트: 쉬는 시간을 활용하면서 나아진 점이 있나요?

학　　생: 어제는 쉬는 시간에 엎드려 있지 않고 잘 모르는 단어를 포스트 잇에 몇 개 적어 봤어요.

컨설턴트: 전에 이야기 나누었던 대로 자투리 시간을 실제로 활용하였군요! 어떻게 그런 생각을 했나요?

학　　생: 실제로 시험 전에 단어를 보면 잘 외워지는지 궁금했어요.

컨설턴트: 그렇게 하는 것이 암기에 좋다는 것을 어떻게 알게 되었나요?

학습문제 해결을 위한
협력적 학습컨설팅과 평가

학습문제 해결을 위한 협력적 학습컨설팅과 평가

박 혜 숙

1 학습문제의 원인 진단

한국의 초, 중등학교 학생들이 직면하는 최고의 고민거리의 1순위는 학업성취이다. 대학 진학을 위한 입시위주의 대한민국에서 학업성취는 행복과 불행을 나타내거나, 자존감, 유능감, 냉담감, 회피, 공격성을 보이는 원인이 된다. 이런 이유로 아동과 청소년의 삶의 중심이 되는 학습과 학업성취에 관하여 그 문제의 발생 원인을 고찰하고 학습자가 주도적으로 문제해결을 할 수 있도록 효과적인 컨설팅 방법을 모색하고자 한다. 본 학습컨설팅에서는 대체로 교사가 의뢰인의 역할을 하는 것이지만, 교사가 직접 특정 학습자를 대상으로 컨설턴트 역할을 할 수 있도록 교사의 역량 강화를 위한 방안도 포함하여 제시하고자 한다.

학습을 하는 주 목적을 단지 특정 교과 학습을 통하여 성취도를 높이고 원하는 성적을 얻고, 나아가 진학 및 직업선택과 관련되는 개념으로 연상하기 쉽다. 그러나 학습은 광의의 개념으로 자아실현과 연결할 필요가 있다.

UNESCO 교육위원회의 보고서에서는 "학습은 개인적, 사회적, 정서적 그리고 지적 성장을 포괄하는 광의의 여정(Gruddas, 2005; Turnbull, 2009, p. 73 재인용)"으로 규정하며, 개인적인 성장과 시민사회의 구성원으로서의 준비를 위한 교육이 통합되어야 한다고 제시하고 있다.

이런 이유로 ① 알기 위한 학습(learning to know), ② 행하기 위한 학습(learning to do), ③ 함께 살기 위한 학습(learning to live together), ④ 존재하기 위한 학습(learning to be)의 네 기둥(pillars)을 제안하였는데, ① 알기 위한 학습이란 지식이 급속도로 팽창하는 21세기에 모든 것을 아는 것은 가능하지도 않을 뿐만 아니라 설사 목표한 지식을 습득했다고 하더라도 빠른 속도로 낡은 지식(유용하지 않은 지식)이 되어 버리기 때문에 정보축적보다는 새로운 지식을 얻을 수 있는 학습방법을 아는 지식을 의미한다. 그리고 ② 행하기 위한 학습은 효과적인 의사소통으로 서로 협력하여 문제를 해결하는 유능감을 일컬으며, ③ 함께 살기 위한 학습은 갈등을 피하고 해결할 수 있는 능력을, ④ 존재하기 위한 학습은 자신의 문제를 해결하는 데 책임을 지고, 독립적이고 비판적으로 사고를 할 수 있는, 즉 자기주도적 삶을 영위할 수 있는 인재를 육성하는 것으로 OECD 국가에서 널리 받아들여진 자기주도적인 학습 역량과 일치한다(https://www.oecd.org/edu/ceri/44254873). 학습과 관련된 호소 문제는 크게 '공부를 못한다'와 '공부를 하지 않는다'로 분류할 수 있다(백미숙, 2013). 공부를 하지 않는 것은 정서 및 동기의 차원이다. 공부를 못하는 것은 인지적 차원으로 학습 능력과 관련이 있으며 이것은 학습 내용과 개인적 능력의 적합성의 문제이다. 컨설턴트는 컨설티가 요구하는 학습자의 학습문제 해결을 위해서 일단 무엇이 문제인가를 아는 것이 중요하다. 컨설팅의 많은 시간을 문제의 원인을 발견하는 데 시간을 할애하기보다는 문제를 해결하는 데 초점을 맞추고 진행하는 것이 좋다. 그러나 의뢰된 학습자를 만났을 때, 그 학습자의 문제를 파악하는 것을 소홀히 할 수 없는데, 왜냐하면 이를 바탕으로 전문가로서 학습 컨설턴트가 학습문제해결을 위한 컨설팅에서 효과적인 의사결정을 할 수 있기 때문이다.

모든 학습자는 각기 다른 개인 특성과 가정, 학교를 비롯한 여러 사회적 환경 특성으로 각기 독특한 학습 경험을 하게 된다. 학업성취를 위한 학습경험을 위해서는 브론펜브레너의 생태체계이론(1979)에서 볼 수 있듯이 효과적인 교사와 전문 컨설턴트가 학습자의 성장 발달에 영향을 주는 개인 요인과 아동·청소년을 둘러싼 주변의 여러 환경 요인을 고려하여 경험을 제공하여야 한다.

가정의 사회경제적 지위와 학업성취가 상관이 있다는 연구들은 가정의 사회경제적 지위(부모의 교육 수준, 부의 직업, 가족 수입 등)가 학생의 학업성취에 미치는 영향은 절대적이며, 학교의 물리적 환경, 교사의 질은 상대적으로 그 영향력이 적다고 본다. 부모의 사회경제적 지위가 낮은 가정의 자녀들은 학교중도탈락 가능성이 높다는 연구도 있지만(유성경, 이소래, 1998: 성윤숙, 2005 재인용), 이는 자녀가 경험하는 가족, 가정의 분위기 및 문화의 차이 때문인 것으로 설명되기도 한다. 부모의 사회경제적 지위 자체가 자녀의 학업에 직접적인 영향을 줄 수도 있으나 '부모관여'가 학업에 대한 사회경제적 지위의 영향을 매개하거나 이와 달리 별도로 영향을 줄 수도 있다(변수용, 김경근, 2008). 저학년인 경우에 부모의 적절한 관여는 필수요소이다. 즉, 부모가 학교생활에 대해 자녀와 대화를 많이 할수록 자녀의 학업성취에 긍정적으로 영향을 끼친다. 비록 고등학생이 되었을 때는 더 이상 영향을 주지 않는다는 연구도 있지만(Muller, 1993), 안도희, 김지아와 황숙영(2005)은 가정의 심리적 환경 요인을 친밀성, 지지, 감독, 의사소통, 갈등, 승인 등으로 구분하고, 초등학생의 경우에는 '친밀성' 요인이, 중고등학생의 경우에는 '감독' 요인이 학업성취에 영향을 준다고 보았다.

이 외에도 다양한 연구자들이 학업성취와 관련한 요인들의 영향력에 대해 연구하였다. 가정의 소득수준이나 부모의 우울과 같은 환경 요인이 아동의 주의집중 능력을 떨어뜨려 학습수행을 포함한 학교적응에 영향을 미친다는 연구도 있지만(장혜진, 김은설, 송신영, 2014), 두 요인의 영향력이 비슷하다고 하는 주장(김미지, 2014)도 있다. Bloom(1976)은 흥미, 자아개념 등과 같은 정의적 영역은 학업성취를 약 25% 정도 설명하지만, 지식, 기능, 능력 등과 같은 인지 영역은 50%를 설명한다고 주장한다. 반면, 학생의 학습행위는 어느 한 요인에 좌우되기보다는 학생과 관련 교사, 학부모, 학원, 지역사회 등 복합적인 요인들이 영향을 미친다고 보면서 학생을 둘러싼 외적 요인이 학습행위의 중요한 요인이라고 하기도 한다(장원규, 2004). 부모지원은 자기조절, 학습 효능감, 성취동기, 공부 시간 등에 영향을 주고 이것이 학업성적에 직·간접적으로 영향을 주는 것으로 나타났다. 즉, 가정환경은 학습자 개인의 인지적 및 정의적 투입행동에 영향을 미치고, 교수-학습과정을 거쳐 학습부진 여부에 영향을 준다고도 볼 수 있다(박병량, 이영신, 조시화, 1980). 요약하면, 가정환경은 개인의 인지적 및 정의적 특징에 영향을 미치고 그러한 개인의 특징들은 학업성취에 영향을 미친다(여태철, 황매향, 이대식, 임효진, 2015).

교사나 전문 컨설턴트는 학습하는 방법을 잘 이해하고 있고, 적응하는 방법을 잘 알고 대처하며, 어떠한 지식도 영원하지 않으며 오직 지식을 탐구하는 과정만이 변하지 않는다는 사실을 인지하는 사람이라고 한다(Rogers & Freiberg, 1994; Turnbull, 2009 재인용). 오늘날 교사의 역할이 과거 지식을 전수하는 역할에서 학습자가 스스로 자신의 지식을 구성할 수 있도록 하는 조력자, 코치로서의 역할로 확대되고 있다. 협력적 학습컨설팅의 기본 과정은 의뢰인인 교사가 외부의 학습전문 컨설턴트와의 협력을 통하여 학습자가 자아실현을 할 수 있도록 조력하는 협력자가 되는 것이지만 교사가 학생을 직접 컨설팅 하는 경우 코치로서의 역할을 하기도 한다.

보통의 경우, 교사의 전형적인 역할이 위계적인 관계를 유지한 채 전문가로서 해답을 알려주거나 학습자에게 필요한 지식과 기술을 습득하는 지침을 제공한다면, 컨설턴트로서 학습컨설팅 상황에서는 교사가 코치의 역할을 하게 된다. 즉, 학습자와의 신뢰 관계 형성을 통하여 특정 학습문제에 직접적으로 도와주기보다는 학습자 스스로 해답을 찾을 수 있도록 해결방안을 찾고 실행하는 데 초점을 둔 전인적인 관계를 유지한다(Turnbull, 2009). 학습문제해결 학습컨설팅은 전인적인 발달을 도모함과 동시에 자아실현을 하는 데 있어서 학생들이 가진 특성, 경험 등을 살려 학습의 원리를 효과적으로 적용하여 문제해결을 할 수 있도록 돕는 컨설팅을 말한다.

본 장에서는 정서 문제를 가진 저성취 초등학생 사례를 통해 효과적인 컨설팅을 위해 컨설턴트에게 필요한 내용을 재점검하고, 학습이 일어나는 과정과 학습자의 특성을 이해하고 이에 대한 적절한 가이드를 할 수 있도록 돕고자 한다. 의뢰된 주 목적은 학습에 관한 것이었지만, 컨설턴트와의 면담에서 목표를 재설정하였다. 한 아동을 자아실현의 과정으로 이끌기 위하여 여러 환경적인 요소가 어떻게 작용해야 하는지를 설명한다.

1) 학습에 영향을 미치는 요소

학습에 영향을 미치는 요소는 개인내적 특성으로서 신념, 지능, 성별, 태도, 습관, 학습시간, 학습양식, 동기, 효능감, 학습 전략, 성취 목표 지향을 들 수 있으며 또한 미시체계로서 부모와의 관계, 부모지원 등을 포함한 가정환경, 학급, 학교, 지역 사회 환경을 들 수 있다.

개인내적 특성으로 개인차를 설명할 수 있는 변인 중 가장 많이 언급되는 것은 지능이다. 지능 검사는 초등학교 학생의 입학 여부를 결정하기 위한 수단으로 시작되었는데 특히 정신지체아를 식별하는 것에 주안점을 두었으며 아동의 학업수행을 예측하는 변수로 사용되어 왔다(황매향, 2008). 일반적으로 IQ라 불리는 지능지수는 표준화된 지능 검사를 통해 측정 가능하고 기대되는 학업성취에 대한 정보를 제공한다. 학습부진, 학습장애를 판단하는 준거로서 기능하여 학업성취도가 지능에 비하여 낮을 경우, 학습부진, 학습장애로 구분하기도 한다.

임상적으로 지능의 상위 수준은 학습 잠재력과, 하위 수준은 학습 여부의 기초선과 관련이 있다(백미숙, 2013). 낮은 지능의 학생은 학습 능력이 평균 수준에 미치지 못하기 때문에 교과 내용을 이해하고 습득하는 과정에서 어려움을 겪게 되며, 낮은 성취도를 보이게 된다. 지능은 상대적이고 지속적이며, 쉽게 변하지 않는 특성을 갖고 있다. 그러나 지능에 대한 관점에 따라 학습자의 학습동기와 수행에 대한 많은 차이가 있다는 연구가 있다(Dweck, 2000). 지능을 변하지 않는 고정된 것으로 보는 학습자들의 특징은 자신을 남에게 과시하고자 하는 경향이 있으며, 똑똑해 보이지 않는 상황을 피하는 경향이 있다고 한다. 이들은 또한 환경이 그들의 통제에서 벗어났다고 생각하면, 학습된 무기력감에 쉽게 빠질 가능성이 있다. 이들은 도전적인 과제를 회피하거나 자신의 능력과는 아주 동떨어진 어려운 과제를 선택함으로써 실패에 대하여 자신을 합리화하려는 경향을 가진다. 그들은 성공이나 실패를 노력에 기인하지 않고 오히려 고정된 양의 지능으로 생각하는 경향이 있다. 반면에, 지능이 변할 수 있다는 생각을 가진 학습자들(incremental theorists)은 도전감을 갖는 숙달지향적인 경향을 가지고 있어서 그렇지 않은 학생에 비하여 학습에 대한 태도와 노력이 다르게 나타난다. 지능을 고정적(fixed)이라고 생각하는 학습자에 비하여, 이들은 향상된 학습과 전략을 통하여 자신들의 지능을 향상시킨다. 지능은 고정되어 있다는 것이 지배적이었던 입장에서 유전적 요인과 환경적 요인 모두가 지능에 영향을 줄 수 있다는 입장으로 바뀌고 있는데, 이는 지난 100년간 IQ가 급격하게 상승되었다는 플린효과의 증거로 볼 수 있다.

지능을 어떻게 정의하는가에 따라서 그 구성요소가 다르다. Spearman은 지능이 일반능력과 특수능력으로 구성되어 있다고 보았으며, Thruston은 지능이 수리, 지각, 공간, 어휘, 정보처리 속도 등으로 구성되어 있다고 하였다. 그 외에도 지능을 분석적, 창의적, 실용적인 측면으로 보고 있는 Sternberg와 지능이 다면적이라고 보는 Gardener의 다중지능 이론도 있다.

지능은 전반적인 학습 능력을 떨어뜨리기도 하지만 특정영역에서만 영향을 미치기도 한다. 같은 과목이라도 단원마다 요구되는 학습 능력이 다르기에 학습에 어려움을 느낄 수 있다. 예를 들자면, 수학에서도 연산이나 방정식은 잘 하지만, 공간지각 능력이 필요한 도형 부분에서 어려움을 겪을 수 있다. 사실적 또는 추론적 이해 능력, 순차적 정보처리 능력, 사건이나 상황에 대한 조망 능력 등 다양한 영역 가운데 특정 영역에 관여하는 지능이 학습문제를 일으키기도 한다.

한편, 학습에 영향을 미치는 요소로서 학습 양식은 능력과 구분되는 것으로 능력은 어떤 일을 얼마나 잘 할 수 있는가를 의미하는 것인 데 반해, 양식은 그 능력을 어떻게 사용하는가 그리고 어떤 일을 하기를 얼마나 좋아하는가를 의미한다. 학습 양식은 시각적, 청각적, 신체적, 장의존적, 장독립적 등이 있다. 학습 양식은 좋거나 나쁜 것이 아니며 단지 학습자의 선호도가 다를 뿐이다. 교사는 자신이 과거에 성공적으로 경험한 양식을 학생들에게 기대하거나 가르칠 가능성이 크다. 이런 이유로 교사의 학습 양식과 학습자의 학습 양식이 일치할 때, 학생들이 효과적인 학습 경험을 보고할 가능성이 높지만, 교사의 수업 양식이 학습자의 학습 양식과 불일치할 경우, 학습효과가 감소할 수 있다.

학생을 성공적으로 컨설팅하기 위해서는 자신의 교수방법에 대한 고찰과 더불어 학습자의 능력에 기인한 문제인지, 학습 양식에 의한 문제인지, 아니면 다른 동기나 정서에 대한 문제인지를 이해하는 것도 중요하지만, 교사 자신의 특성을 정확하게 인식하는 것도 중요하다. 학업성취에 영향을 주는 요소들은 학업성적을 향상시키는 기능을 할 뿐만 아니라 부족하거나 미흡할 경우에는 학습을 저해할 수도 있기 때문에 (여태철 외, 2015) 컨설턴트 및 교사는 학습과 관련되는 여러 요소들에 대한 이해가 선행되어야 한다.

2 학습자의 특성에 따른 해결 방안

1) 인지적 문제를 해결하기 위한 방안

Bloom(1976)은 학습의 개인차를 가져오는 변인들을 크게 인지적 특성과 정의적 특성으로 구분하였고 인지적 특성의 영향력이 후자보다 더 크다고 주장하였다. 인지적 특성은 주의집중, 시연(반복학습), 정교화, 조직화 전략사용과 관련이 된다. 모든 정보는 집중 없이는 파지가 힘들다. 단기/작업기억에서 장기기억으로 저장을 하기 위하여 시연이 필요하며, 유의미하게 반복할 경우 기억에 더 오래 남는다. 정교화란 학습 내용을 받아들일 때 자기 나름대로 그 뜻이나 의미를 해석하는 과정을 거치는 것이다 (신을진, 2013). 조직화는 새로 알게 된 학습 내용을 단편적으로 이해하지 않고 다른 내용 혹은 기존에 알고 있던 지식과 연결하여 상호 관련성을 파악하는 전략으로 내적 조직화와 외적 조직화가 있다. 내적 조직화는 학습 내용에 내재하는 개념과 원리의 위계적 체계를 파악하는 것이고, 외적 조직화는 기존에 알던 지식이나 혹은 다른 학습 내용과의 체계적인 연관성을 파악하는 것이다(신을진, 2013). 새로운 문제를 인식하고 파지하는 과정에서 학습자가 과제에 주의집중을 하는 것은 필수 사항이다.

2) 동기적 문제를 해결하기 위한 방안

동기란 목표지향적인 것으로, 목표달성을 위해서 어떤 것을 선택하고 지속적으로 행동하는 것을 말한다. 아무리 한글을 잘 읽을 수 있다고 하더라도 책 한 장을 펼치기 싫어하는 경우, 독서를 통하여 새로운 지식을 습득하거나 세상을 이해하고 공감하는 능력을 얻기는 수월하지 않다. 이런 이유로 학습자가 특정행동을 선택하고, 그 행동을 유지하는 것에 영향을 미치는 요소를 살펴보는 것은 중요하다고 할 수 있다.

동기를 설명하는 이론으로는 행동주의, 인본주의, 인지주의, 사회인지이론, 사회구성주의 관점 등이 있는데 특정이론만이 학습자를 동기화하는데 효과적이라고 말하기는 힘들다. 왜냐하면 각 학습자가 직면하고 해결해야 할 문제의 양상이 다르기 때문이다. 따라서 학습자가 자기주도적 학습자가 되도록 돕는 것이 목표라고 했을 때, 학습자 스스로가 내재적 동기를 갖도록, 즉 과제 자체에 흥미를 갖도록 하는 데 여러 이론이 기여할 수 있다.

행동주의 이론은 외재적 동기와 관련된다. 동기화가 전혀 안된 무동기 학습자를 동기화하는 데 도움이 될 수 있다. 일단 과제에 관심을 갖고, 지속적으로 집중할 수 있도록 하는 데는 행동주의를 바탕으로 하는 정적 강화가 효과적이다.

성장의 욕구를 강조하는 인본주의 이론도 도움이 될 수 있다. 로저스는 개인의 자아실현 성향은 개인적인 성장, 자율성의 증대, 외부 압력으로부터의 자유를 지향한다고 보고, 무조건적이고 긍정적인 관심을 보이는 것이 중요하다고 하였다. 따라서 컨설턴트는 학생을 대할 때 바람직하지 않은 행동을 하더라도 그 속에 담긴 내재적 가치에 대해 무조건적인 긍정적 관심을 보일 필요가 있다.

인지 및 사회인지 이론과 관련되는 요소로는 과제에 대한 기대가치, 목표설정, 목표지향성, 효능감, 귀인, 가치관, 흥미 등을 들 수 있다. 목표는 모든 행동에 영향을 미친다. Locke와 Latham(1990)은 달성하기에 가깝고(근접성), 구체적이며, 적절한 수준의 난이도가 있는 목표가 행동에 영향을 준다고 하였다.

기대가치이론의 핵심은 수행하는 과제가 의미있고 수행가능하다고 생각할 때 그

과제에 대한 동기가 유발되는 것이므로 기대나 가치 중에서 전혀 실현 가능성이 없다거나 가치가 없는 경우는 동기화되지 않는 것으로 본다.

① 자기효능감

자기효능감의 하위요소인 학습에 대한 효능감은 학습자가 학습행동을 수행하기 위해 필요한 일련의 행동을 조직하고 완성할 수 있는 자신의 능력에 대한 믿음을 일컫는다. 자기효능감이 높은 학습자는 도전적인 과제를 선택하고 인내심을 가지며 지속적으로 과제를 수행하고 성공에 대한 믿음으로 스트레스와 불안감을 조절할 수 있다. 이런 이유로 학업적 효능감이 높은 학습자는 효능감이 낮은 학습자에 비하여 성취도가 높다. 학업적 효능감은 직접 경험, 간접 경험(모델의 성공을 관찰), 언어적 설득에 의해서 형성, 유지, 변화할 수 있다(Bandura, 1997). 학습자가 학습에서의 성공 경험을 많이 가질수록 학업적 효능감이 증진되고 학습동기가 높아지므로 특정 학습 영역에서 직·간접적인 성공경험(비슷한 수준의 또래의 성공사례를 보는 것)을 하거나, 성공 경험을 바탕으로 언어적 설득을 할 수도 있다.

② 목표 및 목표지향성

목표 및 목표지향성 역시 학습동기를 유발한다. 지금까지 많은 학자들에 의해 숙달지향 및 회피, 수행지향 및 회피에 관한 연구가 행해져 왔다. 최근에는 숙달지향 목표나 수행지향 목표 둘 다 학업성취에 긍정적인 영향을 준다는 연구가 나오기도 하였으나, 일반적으로는 숙달지향(학습지향) 목표를 가진 학습자가 내재적 동기를 갖는다고 볼 수 있다. 즉, 숙달목표(학습목표)를 가진 학생은 통제가 가능하지만, 수행목표를 가진 학습자는 통제가 불가능한 경우가 많으며, 숙달목표(학습목표)를 가진 학생이 실패했을 때는 더 노력하거나 전략을 바꾸는 방향으로 나아가지만, 수행목표를 가진 학생이 실패했을 때는 불안감이 높아지고 수행회피지향으로 나갈 수 있다.

③ 귀인 이론

귀인 이론은 인간의 동기가 결과의 원인을 무엇으로 지각하느냐에 따라서 달라진다는 이론이다. 귀인 이론에 따르면, 개인은 자신의 행동에 대한 결과로써 성공과 실패의 원인을 추론하는 경향이 있으며 결과의 원인을 무엇으로 추론하느냐에 따라서 추후 행동이 달라진다고 하였다. 성공과 실패의 원인이 학습자 안에 있는가 밖에 있는가, 혹은 행동의 원인이 변할 수 있느냐 아니냐에 따라, 성공과 실패에 대해 책임감을 수용하는 정도나 학습상황을 제어하는 정도에 따라서 동기가 달라진다는 것이다.

④ 자기결정성

자기결정성은 동기이론 중 하나로, 외재적·내재적 동기를 고찰하고 외재적 동기에서 내재적 동기로 갈수록 자기결정이 증가한다고 보는 이론이다. 자기결정(self-determination)은 학습자 스스로가 자신의 환경에 어떻게 반응할 것인가를 결정하는 과정이다. 자기결정이론의 기본 가정은 유능성에 대한 욕구, 통제욕구, 관계욕구이다. 자기결정성 이론에 따르면, 학습자가 학습을 스스로 결정하는 경우에 높은 학습동기를 가질 수 있으므로 학습동기를 높이기 위해서는 학습자가 학습을 해야 할 필요성을 느끼거나 학습의 의미를 자각하도록 하여 스스로 학습하기를 선택하도록 해야 한다.

3) 정서적 문제를 해결하기 위한 방안

정서 또한 학습동기와 학업성취에 중요한 역할을 한다(Corcoran & Tormey, 2015). 긍정적인 정서는 학업에 긍정적인 영향을 주지만, 지나치게 강한 정서나 부정적인 정서는 학습을 방해하는 요인으로 작용할 수 있다(Norman, 2002; Tunbull, 2009. p. 54 재인용). 동기가 특정한 요구에 의해 유발되는 경향이 있는 반면, 정서는 다양한 자극에 의해 유도된다는 특성이 있다(Corcoran & Tormey, 2015). 학업성취를 위해서는 자신의 정서를 인식하는 능력과, 자신의 신념이 타인에게도 영향을 준다는 것을 이해하는 능력을 향상시킬 필요가 있다. 정서는 일차적으로 심리적인 특성이며, 정서를 일으키고 해석하고 결합하는 과정에서 사회적 물리적 환경이 포함된다.

이 외에도 인지 및 정의적 변인 외에 박병량, 이영신, 조시화(1980)는 가정환경 변인이 인지 및 정의적 학생 특성에 영향을 주며 이것이 학습과제 수행과 학업성적에 영향을 준다고 하였다.

3 담임교사에 의뢰된 기초학습부진 학습자의 경우

본 사례는 신체적으로 건강한 초등학교 5학년 Y가 정서적인 문제 및 기초학습이 부진하여 담임선생님이 교육청에 의뢰를 하였고, 교육청에서 다시 학습 컨설턴트에게 의뢰를 한 경우이다. 담임선생님이 Y의 어머니의 허락을 얻어 지역사회상담 학습종합 클리닉 센터를 방문하여 컨설팅을 하게 되었다.

학습컨설팅의 절차는 보통의 경우 관계(라포) 형성, 목표설정, 개입을 위한 프로그램 개발, 프로그램 종료 및 평가로 진행된다. 본 사례도 이런 절차로 진행하고자 하였다. 컨설턴트가 대상 아동을 직접 컨설팅하였으며 해당 아동의 문제해결을 위해 컨설팅이 진행됨에 따라 관련 주요 인물과의 협력을 위한 활동이 병행되었다. 컨설팅을 시작하면서 Y의 문제는 컨설턴트가 생각하고 의뢰자가 평가한 것 이상의 복잡한 문제임이 드러나게 되었다.

컨설턴트가 교육청으로부터 Y에 대하여 받은 정보는 정서적인 불안정을 수반한 학습관련 평가자료였다. 자료에 의하면 Y는 집중력과 기초학습이 부족하였고, 컨설턴트는 Y의 학업성취를 위한 개선을 잠정적인 목표로 설정하였다. 이에 따라 다요인지능 검사, 진로 검사, 학습전략 검사, 성격 검사 등을 실시하여 보다 정확한 진단을 하고자 하였으며 컨설팅 프로그램을 기초학력 증진을 위해 읽기와 산수 학습을 중심으로 계획하였다. 그러나 표준화된 도구를 사용하여 검사를 실시하려 할 때마다 Y는 거부반응을 보였고 컨설팅을 위해 1차 면담을 하였을 때 학업성취보다는 정서적인 문제가 더 크다는 것을 발견하게 되었다. 이에 따라 컨설팅의 목표와 방향을 다시 수정하였다.

<표 5-1>은 교육청과의 사전 협약을 통하여 40분간 10회기에 걸쳐서 이루어진 컨설팅 과정이다. 역동적 컨설팅 과정에서는 컨설턴트가 전문가로서 매 회기에 무엇을 어떻게 해야 할지 미리 정하고 그 정한 계획에 따라 활동을 하게 되며, 매 순간 구체적 활동에 대한 의사결정(decision making)을 의미 있게 하는 것을 포함한다(Eggen & Kauchak, 2009). 이 의사결정 과정에는 컨설팅 대상인 학습자뿐만 아니라 1차 직접 의뢰자인 담임교사 및 부모의 협조가 필요할 시 도움과 협조를 받는 과정도 포함된다. 컨설팅 과정에서 의사결정을 위해 2회기 이후 어머니와의 면담을 실시하였고, 3회기 및 6회기 이후에는 담임선생님과의 면대면 면담을 실시하였다. Y의 학교생활, 특히 또래관계를 알아보기 위해 담임선생님과는 2차례 전화 면담도 추가로 실시하였다.

표 5.1 초등학교 5학년의 컨설팅 사례

차수	목표	활동	내담자 관찰
1차	라포 형성 및 상담 목표설정 학습보다는 정서불안 문제해결	라포를 형성하기 위해 서로 간의 알아차림 활동인 '내 마음을 찾아봐'와 '손가락으로 나 표현하기'를 실시	칭찬받기를 원함. 장래 희망이 요리사. 경계를 하는 눈치. 간단한 포옹. 40분 수업 중 4번 자리이탈. 불안/집중 못함. 심리검사로는 우울과 불안영역이 높아서 이 부분만 다루기로 하였으나 아이를 직접 만나 보니 모든 5개 영역이 부족. 미래의 꿈 발견.

2차	정서불안 해소 및 미래 꿈 발견	자신의 감정을 노출하기 훈련 및 안아주기 활동	4번의 이탈행동. 신체적 접촉 활동에 적극적. 사람이 죽으면 어떻게 되는가, 상해를 입으면 어떻게 되는가, 목이 없으면 어떻게 되는가 등 심각한 단어 사용.
3차	마음 열기, 정서표현하기, 꿈에 대한 접근	분노와 주의집중문제 이해 활동, '감정단어 찾기' 활동, 안아주기 활동	어머니에 대한 사랑과 감사가 지나치게 많은 반면, 새아버지에 대한 극도의 미움: 언어적 폭력행사, 새아버지를 두려워하여 미움 표출.
4차	좋은 정서 표현하기	'내 인생의 사과나무' 활동, 새아버지에 대한 분노와 동생에 대한 미움 표출 및 긍정적인 감정으로 표현하기 활동	자리이탈 횟수가 2회로 줄음, 행동에 변화가 있음. 컨설턴트를 먼저 안아줌.
5차	정서 알기	'동물 가족화 그리기' (가족을 토끼로 표현, 죽은 동생에 대한 질문을 하였으나, '응' 이외의 대답 거부)	정확하게 눈을 마주치지 않음. 부모가 이혼과정에 있음을 아는 듯함. 아버지도 토끼로 표현함. 엄마와의 뽀뽀도 잊지 않고 하라는 확인.
6차	교우관계를 알아보기	'친구야 놀자' 활동 Y 기록지를 보면 친구관계가 원만한 것으로 나타남	아주 차분한 분위기. 자리이탈이 한 번도 없음. 상담사와 눈을 보며 대화. 지난주 근처에 사는 조부와 외출하여 즐거운 시간을 가짐. 안정된 모습을 보임.
7차	읽기 학습	읽기학습 전략: 단서 찾기 활동	집중력이 5분이 채 되지 않아서 동일한 학습을 지속하기 어려움. 학습을 지루해하며 활동을 잘 해내지 못함. 학습은 정서적 안정감과 라포 형성 차원으로도 사용됨 정서가 안정되는 듯 하다가 다시 원상태로 복귀. 엄마와 분리가 전혀 되지 않고 엄마의 정서를 받아들임. 엄마의 상담이 필요한 상황.
8차	읽기 학습	읽기 학습전략: 문장 순서대로 구분하기 활동	한 줄 읽고, 못하겠다고 함. 다른 활동하기를 원함. 담임선생님과 상담.

| 9차 | 읽기 학습 및 셈하기 | 문장 이해 및 문제풀이 활동, 문제 읽기, 간단한 셈하기 | 내용 이해에 어려움.
셈하기를 잘 못하여 컨설턴트가 천천히 읽어주니 수식을 만듦.
기본적인 이해능력이 떨어짐. |
| 10차 | 마무리 | 틀린 그림 찾기 활동, 컨설팅에서 가장 기억에 남거나 재미있었던 활동 기록하기, 선생님께 편지쓰기 | 틀린 그림 찾기 및 색칠하기와 같은 기초적인 활동을 좋아함.
집중이 필요한 작업은 회피함.
편지쓰기 활동에서 대부분 짧은 문장을 사용.
기초 학습이 부족함. |

① 담임선생님과의 1차 면담에서 얻은 정보 – Y의 현재

Y는 부모 및 동생과 함께 살고 있으며 가정 형편은 그다지 좋지 않다. 담임선생님의 관찰에 의하면 늘 학교에서 혼자 있는 시간이 많고 친구들에게 관심을 받고 싶어 하나 그 방법을 잘 모르고 친구들 주위를 맴돌며 또래 친구들과 어울리지 못한다고 한다(컨설팅 3회기 직후 담임과의 상담).

② 컨설팅이 진행되면서 새롭게 알게 된 사실 – Y의 과거

Y에게는 친동생이 한 명 더 있었는데 친동생이 8개월 때 영아돌연사로 사망하였다. Y는 동생의 죽음을 목격한 이후 죽음에 대한 트라우마를 갖게 되었고, Y의 부모 역시 같은 경험으로 우울증을 겪게 되었다. 이후 Y의 부모는 이혼을 하였고, 이혼 후 Y는 어머니와 살게 되었다. 어머니가 재혼을 하게 되면서 새아버지와 함께 가정을 이루게 되었는데 처음에는 새아버지와 관계가 나쁘지 않았으나 동생(당시 4세)이 태어나면서 새아버지의 관심이 동생에게로 집중되자 동생을 경쟁자로 여기게 되었고, 이로 인한 가정불화가 발생하였다. 새아버지는 Y에게 폭언을 하며 심각한 언어적 학대를 하였고, 가정불화로 인해 새아버지와의 관계가 극도로 나빠지게 되자 Y의 어머니는 새아버지와 이혼을 하기로 결심하였다. 담임 선생님에 의하면, 설상가상으로 컨설팅이 진행되었던 해의 봄에 Y의 친아버지가 우울증으로 자살을 하였으며, 다른 가족의 도움 없이 Y와 Y의 어머니가 장례를 치렀다고 한다. 친아버지에 대한 그리움이 간절한 시기에 아버지의 자살로 Y는 불안과 우울이 생겼고, Y의 어머니도 우울증으로 인해 Y의 불안감을 해결해 주지 못하고 있는 상황이었다. 또한 컨설팅 과정에서 Y의 어머니가 알코올 문제를 갖고 있다는 것도 노출되었다.

③ 컨설턴트가 본 Y에 대한 평가

불안이 많아 눈을 마주치지 못하고 시선을 고정하지 못하며, 신체적 청결상태가

양호하지 못하였다. 학습상태는 4학년 수준에 머물러 있어 5학년 수업을 따라가기 어려웠다. 스스로 결정할 수 있는 단순한 활동도 망설이는 모습을 보였으며 매사 자신감이 부족하고 다소 불안한 상태를 보였다. 간식 시간에는 주어진 것 이상을 더 요구함으로써 음식에 대한 집착이 있다는 것도 확인하였는데 Y의 새아버지가 음식 먹는 것까지 간섭을 하고, 부정적인 말을 하는 것으로 드러났다. 집에서는 부모에게서 전혀 관심을 받지 못하였으나 학교에서는 담임선생님이 지속적으로 Y에게 관심을 갖고 지켜본 것으로 보였다.

④ 목표

면담 이후 수정된 컨설팅은 학습과 정서에 초점을 맞춰서 진행하고자 하였다. 구체적으로 먼저 불안과 우울을 다스린 후 주의집중력을 높이고 학습상태를 점검하며, 점차적으로 학습에 대한 관심을 갖도록 하고자 하여 10회기의 컨설팅을 계획하였다. 이는 학습문제 이전에 정서적인 안정감을 우선적으로 갖게 하기 위해서이며, 이를 위해 매 시간 상담자와 안아주기 등의 감정표현을 할 수 있도록 하였다. 매 회기 때마다 Y에게 어머니와 안아주기 활동을 하도록 권유하였고, Y의 어머니에게도 부모 면담을 통해 같은 활동을 권유하였다.

⑤ 개입

주 1회 40분씩 총 10회기 동안 컨설팅을 진행하였으며, 정서불안 해소와 읽기와 셈에 대한 기초학습능력 증진이라는 목표를 바탕으로 적절히 개입하였다.

⑥ 컨설팅의 한계

컨설팅의 성공은 컨설턴트와 학습자와의 관계형성뿐만 아니라 의뢰자인 담임교사 및 의뢰를 승낙한 해당 학부모의 협력에 의해 좌우된다. 2회기의 컨설팅 이후 컨설팅 수정의 필요성을 느끼고 부모와의 면담을 실시하였으나 어머니의 비협조로 인하여 부모 면담이 1회에 그치는 한계가 있었다.

⑦ Y의 어머니와 가족사항

부모 면담 당시 어머니는 특정한 직업이 없고, 집에서 부업을 하고 있는 상황으로 경제적으로 여유롭지 못하였으며, 노출을 극도로 싫어하는 듯 모자를 꾹 눌러쓴 채 면담을 진행하였다. 어머니는 화목하지 않은 가정에서 자랐으며, 가정을 벗어나기 위해 고등학교 졸업을 하자마자 결혼을 하였다. 그러나 둘째 아이의 죽음으로 인하여 가정에 금이 가기 시작하였고 빈번한 다툼 후 이혼을 하게 되었다. 어머니는 개인의 노출을 무척 꺼려하여 평소에도 주로 집에만 있다고 하였다. 성격 검사에서 나타난 Y

의 우울증 결과를 알려주고 가정에서의 지원을 부탁하기 위하여 몇 차례 Y 어머니와의 면담을 더 시도하였으나, Y의 어머니가 면담을 회피하여 더 이상 어머니의 참여가 불가능하였다. 따라서 간접 의뢰자인 어머니의 협조는 더 이상 얻을 수 없었다.

⑧ 컨설팅 후기

6회기에 이르렀을 때 Y의 새아버지가 Y의 동생을 데리고 그 가정을 떠남으로써 Y는 안정감을 되찾게 되었고 수업태도가 나아졌으며 불안이 감소하는 경향을 보였다. 그러나 7회기에는 다시 원상태로 돌아가는 경향을 보였는데 이는 Y의 어머니의 정서가 딸에게 그대로 전이되는 현상으로 보였다. 전반적으로 컨설팅 기간 동안 바람직한 방향과 그렇지 않은 후퇴가 반복 지속되다가, 점차적으로 바람직한 방향으로 나아갔는데, 부모지원이 아동의 자기조절 학습효능감에 미친다는 연구(박영신, 김의철, 정갑순, 2004)가 있듯이, Y의 환경이 바뀌었음에도 불구하고 불규칙한 정서를 나타내면서 학습상황을 회피하거나 동일한 행동을 지속하는데 어려움을 겪는 모습을 보인 것은 가정에서의 정서지원이 덜 되었기 때문으로 유추할 수 있었다.

⑨ 컨설팅 평가

Y의 학습컨설팅은 면담을 거쳐 최초의 목표에서 수정하여 전반부에 정서적인 안정감을 갖도록 하는 것에 초점을 두고 진행되었으나 기대했던 만큼의 결과가 나오지 않았다. 컨설팅 이후 어느 정도 성과는 보였으나 Y가 표준화 검사를 실시하는 것을 모두 거부하여 객관적인 진단을 내리기 어려운 상태에서 컨설팅을 시작한데다 부모의 소극적인 협조로 컨설팅이 양방향에서 진행되지 못한 점이 아쉬움으로 남는다.

Y는 부모, 특히 어머니와의 감정 분리가 잘 안되어 감정의 기복이 심하였으며, 한 가지 활동에 집중하지 못하였고, 이에 따른 기초학습이 부족하여 지속적인 컨설팅이 필요한 사례였다. 비록 담임선생님의 사랑과 관심, 지원이 있었으나 불안한 가정환경으로 인해 자주 원점으로 돌아가는 경향을 보였다. Y의 어머니 역시 우울증과 정서불안 및 알코올 문제로 치료가 필요한 상황으로 보였으나, 본인이 이를 인지하지 못하고 고칠 의지가 약한 상태였다. Y의 어머니는 우울증으로 인해 대인 기피증을 보였으며 자신의 삶도 돌보기 힘든 상황이었기에 딸인 Y를 정서적으로 보살필 여력이 없는 상태였다. 비록 Y는 어머니와 밀접한 관계를 유지하고 있었지만 어머니의 부적절한 교육과 불안한 정서상태가 Y에게 지속적으로 부정적인 영향을 끼치고 있었다.

정서 활동에 초점을 둔 6회기까지의 활동이 끝나자, 긍정적인 감정표현이 조금이나마 가능하였으며 주의집중 시간이 다소 길어졌다. 이후 학습전략 활동을 한 9회기까지는 견디기 어려워하며 산만한 태도를 보였으나 컨설턴트와의 관계는 더욱 친밀해

표 5.2 조력자 면담 결과

		조력자 면담
2회기 후	어머니 면담	조울증. 어릴 때 부모의 사랑을 받지 못함. 첫 남편이 우울증으로 사망. 둘째 남편과도 별거예정(Y에 대한 차별로 인함) 컨설턴트와 눈을 마주치지 않음. 딸에게 사랑을 표현하도록 함.
3회기 후	담임 선생님 면담 (가정환경)	Y의 어머니가 처음에는 Y를 위해 노력하는 척하다 결정적인 순간에는 몸을 숨기는 이상한 행동을 하며, 자신의 신분이 노출이 될까 두려운 마음에 다시 숨어버린다고 함. 어머니에 대한 이해. 컨설팅을 통해 알게 된 가정상황을 알림(담임 선생님도 몰랐던 사실—어머니의 이혼 계획). 복잡한 가정환경 이해 및 담임선생님의 지속적인 관심과 지원 요청.
6회기 후	담임 선생님 면담 (교우관계)	반 여자아이들이 착한 아이들이 많아서 Y를 따돌리지 않고 함께 놀아줌. 청결상태가 양호하지 않아 엄마의 소홀한 관리가 드러남. 잔뜩 움츠린 모습이 종종 보여서 엄마의 양육 태도를 의심하게 함. 담임선생님 상담, 어머니와의 상담, 그리고 Y의 행동 및 태도 등을 종합해보면, Y 엄마 역시 치료가 필요하다고 봄.

져서 컨설팅이 끝나는 마무리 회기에서는 헤어지기를 아쉬워하며 애정에 굶주린 듯 지속적인 만남을 원하였다. 2학기 방학과 더불어 컨설팅은 예정대로 종결되었다.

본 컨설팅은 목표달성을 하지 못한 미완결된 사례로, 정서적인 문제에 초점을 먼저 두었기에 학습적인 측면에서는 효과를 나타내지 못하였다.

학습보다는 정서가 더 큰 문제인 학습자에게는 이처럼 한정되어 있는 기간 동안의 컨설팅에서 정해진 짧은 기간 동안에 정서문제를 다루는 데에만도 시간이 많이 들기 때문에 관련 참여자들의 협력이 이루어지지 않으면 짧은 시간 안에 목표달성을 하기가 힘들다.

⑩ 초등학생 사례로 본 성공적인 문제해결을 위한 학습컨설팅

학습이 인지적 활동임은 분명하지만 인지적 활동을 효과적으로 하기 위한 전략을 적용하기 이전에 정서불안에 대한 문제가 해결이 되지 않을 경우, 어떤 학습전략을 가르치는 것도 수월하지 않다. Hargreaves가 이야기 한 것처럼, 정서란 가르침에 있어서 핵심적인 부분이며, 다양한 학습전략을 이해하고 동기화할 수 있는 역량을 갖춘 컨설턴트라도 학습자의 정서에 따라 성공 여부가 크게 달라질 수 있다.

학습자를 둘러싼 가정의 위기요인과 특히 학습자 부모의 사회적, 경제적 불안 요소는 학습문제를 더욱 악화시키는 요인이 된다. 문제를 겪고 있는 학습자가 문제를 해결하고 원하는 성취를 이루기 위해서는 긍정적인 담임교사의 지원뿐만 아니라 가족의 지원이 절실하다. 즉, 대를 이어온 부정적으로 학습된 정서 문제의 해결 없이는 효과적인 학습컨설팅이 이루어지기 힘들다.

이 사례는 학교 컨설팅이지만 학교에서 직접 실시하지 않고 교육청과 담임교사의 의뢰, 그리고 부모의 동의를 통해 외부 기관에서 이루어진 협력적 컨설팅으로, 학부모에 대한 치료와 가정에서의 아동의 정서치료를 위한 개입이 있어야만 성공적인 목표를 달성할 수 있는 상황이었다. 특히 문제를 함께 정의하고, 문제를 해결하기 위해서 다양한 전문가들 간의 협력적 컨설팅 과정이 필요하였고(Kampwirth, 2010), 의뢰자인 부모의 문제가 심각하여 더 넓은 지역적 차원의 개입이 필요한 사례라고 볼 수 있겠다.

그러나 비록 Y의 어머니가 정서적인 문제로 Y를 방치하는 느낌은 들지만, 신체적인 학대 등의 뚜렷한 증거가 없을 경우, 지역사회가 직접 개입하는 것도 한계가 있다고 본다. Y의 문제 해결을 위해서는 무엇보다도 전문기관을 통한 어머니의 심리 및 정서치료가 필요해 보이지만, 대상자가 적극적으로 치료를 위한 노력을 하지 않을 경우(혹은 Y의 어머니의 경우처럼 직접 노력을 할 수 없는 상태일 경우), Y의 정서불안과 학업문제는 지속되리라 본다.

효과적인 컨설팅을 위해서는 관련 기관, 의뢰인, 컨설턴트 간 학습자의 문제에 대한 종합적인 평가가 역동적으로 이루어져야 한다. 이를 통해 문제 해결을 위한 융통성 있는 상담 회기 및 기간 설정, 목표 재설정, 개입 등을 효과적으로 실행할 수 있으며 컨설팅의 효과가 극대화 될 수 있다. 그러나 본 사례에서는 정해진 10회기 동안만 컨설팅이 진행되었으며, 겨울방학과 더불어 별다른 중재활동이 없었다는 점에서 컨설팅의 효과가 지속되리라고 보장하기가 힘들었다.

가정의 위기가 높을수록 기초학습 문제가 높아지며, 인지능력인 어휘, 수리 능력은 낮아진다고 한다(여태철 외, 2015). 불안 정서를 가진 본 사례의 학습자는 학습에 대한 동기가 높지 않았는데, 학습동기가 높을수록 기초학습 문제가 낮아지고 인지능력인 어휘, 수리 능력은 높아진다(여태철 외, 2015)는 양적 연구 결과와도 맥을 같이 한다고 볼 수 있었다.

P/A/R/T **6**

초등학생을 위한
학습문제해결 학습컨설팅

초등학생을 위한 학습문제해결 학습컨설팅

조 한 익

1 초등학생의 학습문제와 학습문제해결 학습컨설팅

1) 초등학생의 학습문제

초등학교는 기초교육과 기본교육이 강조되기 때문에 초등학생의 학습문제는 중·고등학교의 학습문제처럼 어려워서 따라가기 힘들거나 무력감이 심하지 않다. 하지만 초등학교 학생들의 발달단계에서도 현재 자신이 배우고 있는 공부를 따라가지 못하고 스트레스를 받는 경우가 많다. 이러한 경우는 집에서 공부를 봐줄 수 있는 부모나 성인이 없는 경우에 특히 심하다. 게다가 요즘은 많은 초등학생들이 학원에 다니면서 배우기 때문에 학교수업에서 학생들 간의 격차는 계속 커질 수밖에 없다.

가정에서 공부한다는 것 또는 학원에서 배운다는 것이 학업문제를 전부 해결해 주지는 못한다. 이 중에서 자신이 다른 또래보다 못한다는 생각 또는 다른 학생들이 나보다 잘한다는 생각을 갖게 되면 가방만 들고 학원에 가는 것으로 끝나는 경우가 많다. 가정에서도 학원을 보내니까 스스로 잘 하겠지 하고 믿고만 있지, 실제로 학생 자신이 어떤 부분을 잘 알고 있으며 어떤 부분을 잘 모르고 있는가는 잘 드러나지 않는다. 최근에는 교육청 단위의 학업성취도 검사를 실시하지 않기 때문에 초등학생의 학습문제가 어느 정도 심각한지 파악하기 어려운 실정이다. 하지만 초등학교 때부터 학습에 관심을 갖도록 하는 일은 매우 중요하다. 여기에서는 초등학생의 학습문제가 발생하는 원인을 다양하게 분류하고 이에 따른 학습문제해결 학습컨설팅을 통한 문제 해결 방법을 제시하고자 한다.

첫째, 초등학교에서 지능도 정상이고 학교생활도 정상으로 보이는데 기초학습이 제대로 이루어지지 않아 기초학습부진이 생기는 학생들이 있다. 이들은 수업시간에 조용히 수업을 듣지만 인내심을 갖고 듣는 것일 뿐 수업내용을 잘 이해하지 못한다. 소심하면서도 조용하기 때문에 자신이 모르고 있는 것을 겉으로 드러내지 못하고 수업을 잘 따라오는 것 같은 모습을 보인다. 하지만 학업성취도 결과를 보면 이들은 기초학습부진에 머물고 있어 학습에 대한 도움이 필요하다.

둘째, 주의력결핍 과잉장애행동(ADHD) 학생들의 학습 및 사회적 문제가 발생하는 경우가 많다. 이 학생들은 지능에는 큰 문제가 없지만 공부에 집중하는데 문제가 발생한다. 또한 이들은 학교 수업시간에 수시로 돌아다니며 학생들에게 말을 건다. 뿐만 아니라 자신의 생각을 양보하지 못하고 학우들과 다툼을 일삼는 등 사회적 관계에서도 문제를 일으킨다. 이러한 학생이 있는 교실에서는 수업 분위기가 안정되지 못하고 소란스럽다.

셋째, 다문화 학생은 학교에서 학업성취도가 다른 학생들보다 낮은 경우가 많다. 도시에서 사는 다문화 학생들은 학교 이외에도 학원과 과외 등의 사교육을 받을 수 있지만 시골에서 생활하거나 가정형편이 좋지 않은 다문화 학생의 경우 학업과 관련하여 부모나 학원의 도움을 받기 어렵다. 이러한 학생들은 준비물을 잘 챙겨오지 못하고 학교수업을 따라가지 못하는 경우가 많다.

넷째, 수업시간에 주의집중을 잘 못하는 학생들이 있다. 이들은 교사의 이야기를 집중해서 듣지 못하며 옆 짝꿍을 괴롭히거나 뒤에 앉은 학생들에게 말을 걸거나 말다툼하며 소란스럽다. 또는 옆의 학생을 괴롭히지는 않지만 수업시간에 계속 혼자 그림을 그리거나 종이를 찢는 학생들이 있다. 이들은 주의집중 능력이 부족하기 때문에 이들에게 수업시간은 마치 먼 나라 이야기처럼 들리는 상황이 발생할 수밖에 없다.

다섯째, 지적발달 문제로 인해서 학습속도를 따라가기 어려운 학생들이 있다. 이들은 초등학교에 들어와서 특수학급에 배정되기도 하지만 그 경계선이 애매한 경우 특수아로 판정받지 못하고 일반 학생들과 같이 생활해야 하는 경우가 생긴다. 특수학급 학생 또는 그 경계선에 있는 학생들은 학습능력이 낮기 때문에 학습에서 돌봄이 필요하다.

여섯째, 초등학교에서는 학습습관이 형성되지 못해서 학습문제가 발생하는 학생들이 있다. 이들은 어떻게 공부를 해 나가야 할지 모르며 어떻게 공부하는가에 대한 생각도 갖고 있지 않다. 이들은 학습습관이 처음부터 잘못 형성되어 지속적인 학습문제가 발생할 가능성이 높다.

2) 초등학교에서 학습문제해결 학습컨설팅 과정

학습문제해결 학습컨설팅은 문제의 원인을 규명하기보다는 학생들이 가진 강점, 성공경험 등을 바탕으로 하여 학습문제해결에 중점을 두는 컨설팅을 말한다. 학생이 컨설팅을 통해 기대하거나 추구하는 결과를 먼저 고민하고 학생이 가진 성공 경험, 강점과 자원 그리고 내재된 능력에 초점을 둔다. 그리고 이 자원을 어떻게 발전시켜 왔는지에 대한 정보를 파악한 후 학생이 만족할 만한 수준에 도달 할 때까지 지원 방법들을 찾는다. 따라서 이 컨설팅은 짧은 시간에 효과적으로 학생의 변화를 이끌어 내는 데 도움을 주고, 학생의 강점과 자원을 활용하여 긍정적인 삶의 변화를 돕는다는 장점이 있다.

학습문제해결 학습컨설팅에서는 인간을 현재 생활하고 있는 상황 속에서 의미를 구성하고 해결방안을 추구하는 긍정적인 존재로 본다. 누구든지 일상생활에서 성공했던 경험을 가지고 있으며 이 성공경험을 근거로 문제를 해결할 수 있는 잠재능력을 지니고 있다고 본다. 따라서 컨설팅 과정에서 컨설턴트는 학생과의 협력적인 관계로 학생의 강점을 발견하고 활용하여 해결방안을 구축한다. 학습문제해결 학습컨설팅에서는 강점관점을 취한다. 강점관점이란 학생의 강점과 긍정적인 자원 그리고 문제를 해결할 힘이 있다는 것을 학생 스스로 아는 것이다. 또한 개인, 집단, 가족, 지역사회가 내·외부에 있는 자원들을 발견하고 확장하도록 돕는다. 강점관점은 어려움을 견디고 회복할 수 있는 상황에 대해 적응력이 있다는 것을 강조한다. 개인의 다양한 경험, 관점, 의미 등을 존중하며 협동적으로 대화하는 과정에서 관점, 의미들이 변화하며 의미와 체험의 변화는 상호작용 속에서 일어난다고 본다(조한익, 2014).

초등학교에서의 학습문제해결 학습컨설팅은 학생의 발달적 특성에 초점을 두고 전인적인 발달을 고려하여 실시하게 된다. 초등학교는 학교 특성상 교사와 학생의 관계가 긴밀하기 때문에 학습문제해결 학습컨설팅에서도 학생발달의 전반적인 모습을 함께 고려하는 것이 필요하다. 초등학교에서 실시 가능한 학습문제해결 학습컨설팅 프로그램의 과정은 <표 6-1>과 같다.

표 6.1	학습문제해결 학습컨설팅 과정	
협력관계 형성	라포 형성	• 학습문제해결 학습컨설팅 관계형성 • 학습문제해결 학습컨설팅 협의
학습문제 진단	정보수집과 문제분석	• 학습문제해결 학습컨설팅을 위한 정보수집 • 담임교사, 학부모, 해당 학생과의 면담 • 학생에 대한 진단 및 문제 파악
학습문제해결 학습컨설팅 목표설정	목표설정	• 컨설턴트와 학생이 협력하여 목표설정하기
개입전략설정과 실행	계획수립	• 해결전략 설계와 활동내용 선정 • 학부모 또는 담임교사와의 활동내용 검토 및 수정
	프로그램 구안	• 컨설팅 프로그램 구안과 검토 • 프로그램에 대한 전문가 협의회 실시 • 협의된 내용을 바탕으로 한 수정 및 보완
	프로그램 운영	• 학습문제해결 학습컨설팅 운영
종결 및 추수관리	평가 및 교육적 개입 종결	• 학습문제해결 학습컨설팅 종결 • 학생에 대한 컨설팅 보고서 작성
	추수관리	• 프로그램 종결 이후 추수지도

학습문제해결 학습컨설팅의 과정으로는 컨설턴트와 학생 간의 만남에서 협력관계를 형성하는 라포 형성 단계, 학습문제 진단 단계, 컨설턴트와 학생이 협력하여 목표를 설정하는 단계, 컨설팅 프로그램을 구안하고 운영하는 개입단계, 종결과 추수지도 단계 등으로 나눌 수 있다.

2 학습문제해결 학습컨설팅의 적용 실제

1) 기초학습부진 학생에 대한 학습문제해결 학습컨설팅 적용

기초학습부진 학생은 초등학교 3학년 수준의 기초학력 진단평가에서 성취수준에 미달되는 학생이다. 이들은 범교과적으로 기초 언어 및 기초 수학 능력이 떨어지는 학생으로서 해당 교과 및 다른 교과의 학습에 기초가 되고 사회생활에도 기초가 되는 최소한의 학력을 성취하지 못한 학생들이다(한국교육과정평가원, 2004). 그들은 지적 능력은 정상이지만 지적 능력에 비해서 학업성취도가 현저하게 떨어진다. 이경준(1983),

박성익(1986)의 연구에 의하면 기초학습부진 학생들이 발생하는 원인을 세 가지 요인으로 보고 있다. 1차 요인으로는 기초학력의 결여, 학습활동의 실패, 올바른 학습방법과 학습습관 및 학습태도의 결여 등이다. 2차 요인으로는 성격상의 문제, 지능 문제, 학습흥미와 학습의욕 상실 등이다. 3차 요인으로는 학교와 학습에 대한 부적응, 교사에 대한 부정적 태도, 부모와 자녀 관계의 실패 등이다.

초등학교에서 기초학습부진 학생의 관리는 매우 중요한데 이는 이들이 기초학습부진에서 벗어나지 않을 경우 4~6학년 때에 교과학습부진으로 이어질 가능성이 높기 때문이다. 따라서 초등학교 학생들의 기초학습부진 해소가 필요한 실정이다.

가) 기초학습부진 학생 사례

영희는 3학년이지만 한글을 잘 모르고 기초계산을 못하는 아이이다. 영희는 하루 종일 가만히 앉아있으며 수업시간 동안 고개를 돌리거나 숙이고 있는 경우가 많다. 수업시간에 한 문장을 쓰는 데에도 10분이 넘게 걸리거나 멈춰서 가만히 있곤 한다. 쉬운 낱말의 뜻도 잘 모르는 경우가 많으며 조용하지만 감정표현을 전혀 하지 않는다. 교실에서는 맨 앞자리에 앉아있지만 잘 보이지 않는다고 칠판으로 나오는 경우도 간혹 발생한다. 영희의 담임교사는 영희 부모에게 영희가 수업 진도를 잘 따라오지 못하고 있으며 영희에게 수업의 초점을 맞출 수 없어 영희가 학습컨설팅을 받는 것이 필요하다는 의견을 제시하였다.

나) 학습컨설팅 형성 및 구조화

영희의 부모도 영희가 수업시간에 수업내용을 잘 따라가지 못한다는 것을 알고 있었다. 하지만 가정에서 영희를 가르칠 수 있는 형편이 되지 않기 때문에 영희를 데리고 컨설턴트를 찾았다. 컨설턴트는 부모와의 상담을 통해서 영희가 학교생활에 대한 관심도가 낮으며 집에서 대화도 잘 안한다는 사실을 알았다. 또한 영희의 부모는 영희에게 친구가 없는 것 같아 걱정스러워 하였으며 학업능력과 자신감이 향상되었으면 하는 바람을 보였다. 컨설턴트는 학습문제해결 학습컨설팅을 통해서 영희의 어떤 부분들이 향상될 수 있는지를 이야기하면서 학습컨설팅을 어떻게 진행하는지, 한 회기당 소요시간은 어느 정도인지, 몇 회기 정도 학습컨설팅이 필요한지에 관해서도 영희와 부모에게 안내하였다.

다) 학습문제 진단

영희는 3학년 담임교사에 의한 학습검사에서 기초학습부진아로 판정되었기 때문에 구체적으로 어떠한 문제인지는 컨설턴트의 진단이 필요하였다. 따라서 컨설턴트는 담임교사로부터 받은 기초학습부진 판별검사 결과와 함께 기타 학습전략검사, HTP 검사, 웩슬러 지능검사, 자존감 심리검사 등을 통해서 영희의 학습과 심리적인 부분에서 어떠한 상태인가를 종합적으로 진단하였다.

라) 컨설팅 목표 설정

영희의 실태분석 결과, 컨설턴트는 우선 영희의 시력이 매우 나빠서 시력검사와 더불어 안경이 필요하다고 판단하여 부모에게 안과병원을 가도록 부탁하였다. 학습문제 진단 결과 영희는 한글 해독이 잘 안 되고, 기초 계산 영역에서도 오류가 많이 발생하였다. 또한 수업에 참여하고자 하는 동기와 자존감이 매우 낮게 나타났다. 학습전략 검사에서는 아무도 나를 사랑하지 않는 것 같다, 속상하고 울적한 때가 있다 등 매우 부정적으로 평가하고 있었으며 HTP 검사에서는 대인관계에 소극적이고 방어적인 것으로 결과가 나타났다. 따라서 영희와 부모와 같이 학습컨설팅의 목표를 기초학습부진 해소와 더불어 자아존중감 향상으로 정하였다. 구체적으로 구안한 프로그램은 <표 6-2>와 같다.

영희의 경우 자존감 향상 프로그램을 먼저 실시하여 낮은 자존감을 회복하는 데 초점을 맞추었으며 이와 더불어 읽기, 쓰기, 셈하기 등의 기초적인 학습을 재미있는 놀이 형태의 프로그램으로 구안하여 적용하였다. 영희는 컨설턴트와 1:1로 학습을 하면서 느리지만 천천히 학습을 따라오는 것을 확인할 수 있었다.

표 6.2 기초학습부진 학생을 위한 학습문제해결 학습컨설팅 프로그램

단계	주제	활동내용
협력관계 형성	컨설팅 관계맺기	컨설턴트와 기초학습부진 학생과의 라포 형성
학습문제 진단	정보수집과 문제분석	기초학습부진 검사 결과(담임교사로부터 받음) 학습전략 검사, HTP 검사, 웩슬러 검사, 자존감 검사 등
학습문제해결 학습컨설팅 목표설정	목표설정	학생 자신의 자존감 회복과 기초학습부진 해소
개입전략 설정과 실행	자존감향상 프로그램 구안과 운영	**자존감 향상 프로그램** □ 자기발견 ·나는 누구인가? 자신의 탁월성을 발견하기 ·내가 좋아하는 활동(적성, 흥미 등) □ 자신감 향상 ·성공/실패요인 다루기 ·사고패턴의 전환(긍정적 사고) ·자성예언, 바벨탑 쌓기, 감정 조절하기 □ 꿈 찾기 ·꿈이란 무엇인가? 꿈의 필요성과 중요성 ·꿈 리스트 작성 ·꿈을 이루기 위한 수레바퀴 □ 목표설정 ·목표의 중요성, 목표로 향하는 길 □ 시간관리 ·나의 시간관리 스타일 알아보기 ·시간관리 우선순위 결정하기 ·나의 시간관리 계획 세우기 □ 학습전략 ·집중력, 효과적인 기억원리 ·기초학습관련 학습전략 익히기
	기초학습 프로그램 구안과 운영	**국어와 수학 영역의 기초학습부진 해소 프로그램** □ 읽기, 쓰기 영역에서 기초학습부진 해소 프로그램 · 놀이를 통한 글자 익히기 · 그림 낱말 카드 활용한 학습하기 · 일기쓰기를 통한 실생활 연계 프로그램 · 재미있는 책 발표하기 · 만화를 보며 글 읽어보기 □ 기초 셈하기 영역에서 기초학습부진 해소 프로그램 · 조작활동을 통해 수에 대한 감각 익히기 · 재미있는 기초 수학공부 · 놀이로 하는 기초 셈하기
종결 및 추수관리	평가 및 교육적 개입 종결	프로그램 종결과 보고서 작성
	추수관리	추수지도 제시

마) 프로그램 종료

기초학습부진은 단시간에 해결할 수 있는 상태가 아니었지만 컨설턴트와 20여 회기를 만나면서 학습한 결과 국어에서 읽기와 쓰기는 조금씩 자리 잡는 것을 확인할 수 있었다. 셈하기에 있어서도 덧셈과 뺄셈의 기초적인 학습이 정착되어 있는 것을 확인할 수 있었다. 이에 컨설턴트는 사후검사로 기초학습 부진검사를 실시하여 부진상태에서 벗어나는 점수를 확인하고 프로그램을 종료하였다.

바) 추수관리

영희가 아직 성격도 소심하고 학습이 느리게 이루어지기 때문에 프로그램 종료 이후에도 계속적인 지도가 필요하다는 판단이 들었다. 이에 컨설턴트는 프로그램 종료 이후에도 영희와 일주일에 한 차례씩 만나서 학교생활 이야기를 듣고 기초학력 수준이 계속 유지되는가를 사후검사하기로 하였다.

2) 주의력결핍 과잉장애행동(ADHD) 학생에 대한 사회적 학습기술 향상 컨설팅 적용

주의력결핍 과잉장애행동(ADHD)은 주의력결핍, 과잉행동, 충동성을 증상으로 하는 장애이다. 주의력결핍은 학생이 숙제나 놀이 활동에서 정신적인 노력을 하는 것을 어렵게 하며, 선택적 주의집중의 어려움, 단기기억의 제한 등으로 겪는 어려움, 시간이 경과하면서 집중하는 것에 대한 어려움 등을 겪게 한다. 과잉행동은 끊임없이 움직이고, 다른 학생들보다 더 많이 돌아다니고, 시끄럽게 놀며 다른 사람의 행동을 방해하거나 규칙을 지키기 어려워하는 등의 행동을 말한다. 충동성은 즉각적인 반응들을 억제할 수 없거나 행동하기 전에 생각하지 않고 충동적으로 행동하는 것을 말한다. 이러한 학생들은 학습 무능력, 또래나 교사와의 대인관계 어려움, 일반적인 환경 하에서 보이는 부적절한 행동이나 감정, 전반적인 불행감과 우울, 학교나 개인문제에 관련된 신체적인 통증이나 공포를 나타내는 경향이 장기간에 걸쳐서 현저하게 나타나 교육적 성취에 불리한 상태에 놓여 있게 된다.

가) ADHD 학생 사례

민수는 초등학교 2학년 학생이다. 부모는 민수가 어릴 때부터 충동적이고 산만한 행동을 보여 걱정을 많이 했지만, 민수가 커가면서 나아지지 않을까 하는 기대를 항상 갖고 있었다. 학교 병설유치원을 졸업하고 초등학교에 들어가면서 학교생활과 관련한 담임교사와의 상담전화가 많아졌다. 민수는 수시로 준비물을 잊었으며 수업시간에 마음대로 돌아다니고 자신의 고집대로만 행동했기 때문에 반 아이들과 싸움이 일어나는 경우가 종종 발생하였다. 민수의 담임교사는 매일 민수의 행동 때문에 수업이 힘들다는 얘기와 더불어 사회적 학습기술 향상을 위한 컨설팅을 받는 것을 권유하였다. 민수의 부모는 주의력 결핍과 관련하여 민수의 행동을 해결하기 위한 컨설팅이 필요하다는 판단 하에 컨설턴트의 도움을 받기로 하였다.

나) 학습컨설팅 형성 및 구조화

민수의 부모는 민수에 대한 다양한 걱정을 하면서 컨설턴트를 찾았다. 컨설턴트는 부모의 염려를 충분히 공감하고 민수를 양육하면서 겪었던 이야기들과 더불어 현재 학급에서 일어나는 일들에 대한 상황을 듣고 민수를 직접 대면하였다. 그리고 사회적 학습기술 향상을 위한 컨설팅을 통해서 어떤 것을 얻을 수 있는지 구체적으로 소개하면서 컨설팅에 대한 긍정적인 기대를 갖도록 하였다. 아울러 사회적 학습기술을 향상시키기 위한 컨설팅을 통해 이후에 어떤 진단 절차를 밟을 것인지, 그 결과에 따라서 컨설팅을 어떻게 진행하는지, 한 회기당 소요시간은 어느 정도인지, 몇 회기 정도 컨설팅이 필요한지를 안내하였다.

다) 학습문제 진단

ADHD 여부를 진단하기 위해서 지능검사, K-CBCL, 코너스 평정척도, ADS 검사 등을 실시하였다. 이와 같은 심리검사뿐만 아니라 민수가 양육과정에서 보여준 행동 특성에 대한 부모 면접을 충분히 하여 자료를 확보하였다. 이외에도 성격 및 정서 상태를 알아보기 위해서 HTP 검사, CAT 검사, 문장완성검사 등을 추가로 실시하였다. 이와 같은 종합적이고 체계적인 평가와 전반적인 검토를 통해서 민수가 ADHD인지 그렇지 않은지를 판단할 수 있었다.

라) 컨설팅 목표 설정

민수와 민수의 부모와 같이 이야기를 나눈 결과 민수는 ADHD로 진단되었고, 어떻게 하면 민수가 또래들과 함께 생활하면서 잘 지낼 수 있을 것인가에 관한 내용으로 컨설팅 목표를 정하였다. 민수는 아직은 혼자 지내는 것을 좋아하지만 다른 또래들이 있으면 많이 의식하고 과잉반응을 한다. 이러한 민수에게 필요한 것은 놀이에 잘 어울리기, 또래와의 놀이 활동, 놀이과정에서의 협동과 협력이라고 세부 내용을 정하였다.

마) 컨설팅 개입전략 및 개입

민수와의 사회적 학습기술 향상을 위한 컨설팅에서는 병원에 의뢰하여 약물치료를 병행하는 것을 권하면서 또래와의 관계 개선을 위한 개입전략을 고민하였다. ADHD는 지능 등의 문제는 없지만 자신을 통제하는 능력이 다른 사람보다 약하기 때문에 그러한 연습이 필요하다는 것, 의지로 해결하기 힘든 문제라는 것 등을 충분히 설명하였다. 이후 민수의 문제를 해결하기 위한 사회적 학습기술 향상 프로그램을 구안하고 민수, 민수의 부모와 함께 이 부분이 어떻게 진행되는가를 협의하였다. 그리고 담임교사와 상담을 통해 민수가 교실에서 방과 후 시간에 또래 학생들과 같이 생활하면서 사회성을 높이기 위한 방법을 구안하였다. 사회적 학습기술 향상을 위한 컨설팅에서는 <표 6-3>과 같은 절차로 프로그램을 진행하였다.

사회적 학습기술 향상 프로그램에는 놀이에 잘 어울리도록 하기, 좋은 행동 보여주기, 떼쓰지 않고 바르게 자신을 주장하기, 사회적 문제 해결하기, 또래와 협력하는 방법 배우기 등을 설정하였다. 그리고 기본적으로 방과 후 교실에서 이에 관한 프로그램을 진행하였다.

표 6.3 ADHD 학생을 위한 사회적 학습기술 향상 컨설팅 프로그램

단계	주제	활동내용
협력관계 형성	라포 형성	컨설턴트와 학생의 초기만남에서 라포 형성
학습문제 진단	정보수집과 문제분석	지능 검사, K-CBCL, 코너스 평정척도, ADS 검사 등
학습문제해결 학습컨설팅 목표설정	목표설정	ADHD 학생의 사회적 기술 향상
개입전략 설정과 실행	프로그램 구안	사회적 학습기술 향상 프로그램
	사회성 학습기술 향상 프로그램 운영	**사회적 학습기술 향상 프로그램 시작하기** □ 놀이에 잘 어울리기 ·어울리기 위한 기술을 배우고 익히기 ·친구들과 어울리는 방법 익히기 **인형을 이용한 역할극 놀이** □ 좋은 놀이행동 배우기 ·같이 놀고 싶은 친구, 그렇지 않은 친구에 관한 그림 ·좋은 놀이행동의 중요성과 방법 익히기 □ 바르게 나를 주장하기 ·잘못 주장하는 예화를 통해 바르게 주장하는 방법 배우기 ·나의 생각을 바르게 이야기하는 방법 익히기 □ 사회적 문제 해결하기 ·효과적인 문제해결을 하는 예화를 듣고 생각하기 ·효과적인 문제해결 방법 익히기 □ 또래와의 협동과 협력 배우기 ·나무와 열매, 나뭇잎과 나무의 역할 배우기 ·또래와의 긍정적인 상호작용 배우기 ·협동과 협력의 중요성 익히기
종결 및 추수관리	평가 및 교육적 개입 종결	프로그램 종결과 보고서 작성
	추수관리	추수지도 제시

바) 프로그램 종료

민수는 처음엔 자신의 행동과 생각만을 집착하고 고집했지만 점차 또래와의 행동 방식에도 관심을 보이게 되었다. 또래가 건네주는 물건을 받기도 하고 또래와의 놀이 프로그램에서 함께 인형극을 하고, 그림도 그리는 행동을 보였다. 나중에는 사회적 문

제해결의 예화를 듣고 올바른 대답을 하기도 하고, 협력과 협동을 배우는 시간을 갖기도 하였다. 프로그램의 진행과정 속에서 타인과 함께 지내는 것을 배우고 학습하게 되었다. 이러한 변화를 통해 사회적 학습기술 향상 프로그램에서 원래 계획했던 목표가 도달된 것으로 판단하고 학습컨설팅을 종료하였다.

사) 추수관리

민수의 ADHD 행동이 완전히 해소된 것이 아니고 학습컨설팅을 통해서 사회적 기술을 배운 것이기 때문에 앞으로 계속 컨설팅이 필요하다고 판단하였다. 따라서 담임교사, 민수 부모, 민수와 지속적인 연락을 통해서 민수의 행동을 점검하고, 사회적 학습기술을 향상시키기 위해서 이후 계획을 설정하고, 일주일에 한 번씩 교실 활동을 관찰하고, 방과 후 시간을 이용한 사회적 학습기술 향상 프로그램에서 추수적인 지도를 하였다.

3) 다문화 학생에 대한 학습문제해결 학습컨설팅 적용

학교교육과 관련하여 중요한 부분은 다문화 가정의 학생들이다. 다문화 교육과 관련하여 학생들의 학업성취도를 살펴보면 다문화 가정 자녀들은 국어, 수학, 사회, 과학의 교과에서 학습하는 데 어려움을 겪고 있으며 특히 국어 과목의 경우 언어문제가 매우 심각한 것으로 나타나고 있다(조한익, 2014). 다문화 가정 학생들이 낮은 학업 성적과 높은 탈락률을 보이는 이유로 다문화 가정의 외국 출신 부모들은 대부분 한국어와 한국문화를 충분히 익히지 못한 채 결혼, 출산, 양육, 가정교육의 상당한 부분을 책임지고 있기 때문이라고 보았다. 한국어가 서툰 외국인 어머니의 한국어 능력 및 한국문화에 대한 이해부족은 언어발달의 결정적 시기에 언어자극의 결핍을 주며 이는 언어발달의 지체와 더불어 의사소통의 제한을 야기한다. 이것은 다시 학습부진, 자신감 부족, 사회성 부족, 학교생활적응 문제 등으로 이어진다.

가) 다문화 학생 사례

철민이의 부모는 엄마가 필리핀인으로 아빠와는 국제결혼을 통해서 맺어진 가정이다. 철민이는 현재 2학년으로 국어, 수학 과목의 성적이 매우 낮아 담임교사는 수업시간에 철민이를 보살피면서 수업진도를 나가기 어려워한다. 철민이의 부모는 농사일을 하기 때문에, 철민이를 학교에 보내는 동안 농사일로 바빠서 그동안 준비물, 숙제,

공부 등을 제대로 살펴주지 못하였다. 철민이도 처음엔 잘 적응하는 듯 보이더니 요즘 들어 학교공부가 어려운지 수업시간에 집중하지 못하고 멍하게 앉아있는 시간이 많아졌다. 철민이는 담임교사를 좋아하고 잘 따르며, 평소에도 활발하고 발표를 잘 하기는 하지만 학업 성취에 있어서는 문제가 많아 보였다. 숙제를 잘 해오지 않고 나가서 노는 것을 더 즐겼다. 지난번 시험에서는 다른 학생들과 현저한 점수 차이가 났는데, 특히 수학은 20문제 중 단 두 문제만 맞혔고, 국어 시험에서도 주관식 문제는 모두 틀렸다. 문제를 쉽게 출제했기 때문에 반평균 정답률이 90%를 넘는 상황인지라 철민이의 시험 점수는 심각한 수준이었다. 이에 철민의 담임교사는 학습 컨설턴트에게 철민이에 대한 의뢰를 하였다.

나) 학습컨설팅 형성 및 구조화

철민이의 담임교사는 철민이의 학교생활과 학업문제로 컨설턴트를 찾았다. 컨설턴트는 철민이 담임교사의 염려를 충분히 공감하고 철민이의 학교생활에 대한 이야기, 학업 관련 상황, 부모와 관련된 정보를 토대로 철민이를 직접 대면하였다. 또한 철민이와 같이 가정방문을 하면서 부모에게 철민이의 학습컨설팅에 대한 필요성, 방향 및 효과 등을 설명하고 부모의 요구사항 등을 듣고 학습문제해결 학습컨설팅의 방향을 설정하고자 하였다. 또한 철민이와의 대화를 통해서 학교생활에서 무엇을 어려워하는지, 학업에 대한 이해 수준과 더불어 학교생활에서 불편함은 없는지 등 다양한 이야기를 들을 수 있었다. 철민이는 학교에서 노는 것은 즐겁지만 수업내용을 이해하는 것이 어렵다며, 특히 국어와 수학에 대한 어려움을 많이 이야기하였다. 이에 철민이와의 대화를 바탕으로 학습문제해결 학습컨설팅에서 국어와 수학 교과에서의 철민이의 이해도를 높이는 것을 기본 방향으로 설정하였다. 이에 따라서 학습문제해결 학습컨설팅을 어떻게 진행하는지, 한 회기당 소요시간은 어느 정도인지, 몇 회기 정도 학습컨설팅이 진행되는지 안내하였다.

다) 학습문제 진단

철민이의 기초학력을 진단하기 위해 한국교육과정평가원의 기초학력과 관련된 사이트를 통해서 국어, 수학, 셈하기 등의 기초학력을 점검하고자 하였다. 철민이의 학교생활적응 정도를 알아보고 철민이가 학교생활에서 어려움을 겪는 부분은 없는지 살펴보고자 하였다. 또한 철민이 부모님이 철민이의 학습을 지원할 수 있는 정도를 알아보기 위해서 학부모의 학습지원 가능 정도도 알아보고자 하였다.

라) 컨설팅 목표 설정

철민이와 학교수업에 관해서 이야기를 나누면서 설정한 학습문제해결 학습컨설팅의 목표는 어떻게 하면 기초학력을 높이면서 학교생활을 즐겁게 할 수 있는가에 관한 것이다. 비록 철민이가 외적으로는 학교생활에 큰 어려움이 없는 것으로 나타나고 있지만 학교생활에서 실제 느끼는 부분과는 차이가 있을 가능성 때문에 다문화 가정에 대한 또래 아이들의 편견이나 놀림 등이 있는지도 파악하는 것이 필요하였다.

마) 컨설팅 개입전략 및 개입

철민이와의 학습문제해결 학습컨설팅에서는 기초학력과 학교생활적응 부분을 고려하여 컨설팅 개입전략을 고민하였다. 이번 컨설팅은 철민이와 이야기를 나누면서 철민이가 어려워하는 교과영역을 중심으로 함께 프로그램을 구안하였다. 이러한 학습문제해결 학습컨설팅은 철민이의 학습동기와 하고자 하는 의욕을 높이는 효과를 가져왔다. 철민이도 자신이 공부해야 할 프로그램을 컨설턴트와 같이 고민하는 것을 좋아했으며 이미 자신의 기초학습부진 문제가 극복된 것처럼 좋아하였다. 철민이와 함께 고려하여 만든 학습문제해결 학습컨설팅 프로그램은 <표 6-4>와 같다.

철민이의 기초학력과 학교생활적응을 높이기 위한 프로그램으로 국어교과 관련 기초능력 향상, 수학교과 관련 기초 셈하기, 그리고 학교생활적응을 높이기 위한 프로그램 등을 진행하였다.

표 6.4 다문화 가정 학생을 위한 학습문제해결 학습컨설팅 프로그램

단계	주제	활동내용
협력관계 형성	라포 형성	컨설턴트와 학생의 초기만남에서 라포 형성
학습문제 진단	정보수집과 문제분석	읽기, 쓰기, 셈하기 등의 3RS 학교생활적응검사
학습문제해결 학습컨설팅 목표설정	목표설정	기초학력의 향상과 학교생활적응능력 신장
개입전략 설정과 실행	프로그램 구안	기초학력 향상 프로그램 학교생활적응능력 프로그램
	국어학력 프로그램 운영	**라포 형성과 기초학력 향상 프로그램** □ 기초적인 낱말 익히기 ·맛을 표현하는 낱말 익히기 ·색깔을 표현하는 낱말 익히기 ·느낌을 표현하는 낱말 익히기 ·낱말을 활용하여 재미있는 말놀이하기 (끝말 잇기, 첫 글자로 말 잇기, 말 이어가기 놀이) □ 표현력 키우기 ·낱말 익히기(동물, 물건, 장소 등) ·두 가지 대상을 비교하여 말하기 ·여러 대상 비교하여 말하기 ·표기와 소리가 다른 낱말 바르게 읽고 쓰기 □ 표현력 다지기 ·동화책 감상하고 느낌 표현하기(귀여운 꼬마의 곰사냥) ·역할놀이하기
	수학학력 프로그램 운영	□ 수학영역에서의 기초 셈하기 ·덧셈과 뺄셈에서 구체적 조작하기 (바둑알을 가지고 덧셈과 뺄셈 배우기) □ 문장제 문장을 바둑알 조작으로 풀기 ·덧셈과 뺄셈을 스스로 풀어보기 ·덧셈과 뺄셈 문제를 스스로 만들어 풀어보기
	학교적응 프로그램 운영	□ 학교규칙 ·학교에서 규칙을 지켜야 하는 이유 알기 ·학교규칙을 지키는 정도 체크하기 □ 학교수업 ·수업집중 정도 파악하기 ·철민이의 수업상황 녹화비디오를 보면서 컨설팅하기

		□ 또래관계
		·또래와의 관계 프로그램 운영
		·사회적 친밀감 측정하기
		□ 교사관계
		·교사와의 믿음, 신뢰 정도 파악하기
		·교사와의 관계에서 긍정적, 부정적 상황 이야기하기
종결 및 추수관리	평가 및 교육적 개입 종결	프로그램 종결과 보고서 작성
	추수관리	추수지도 제시

바) 프로그램 종료

철민이는 학습문제해결 학습컨설팅에 관심을 많이 갖고 있고, 컨설턴트의 지도 덕분에 성격도 밝아지고 기초학습능력도 향상되는 것을 느낄 수 있었다. 그리고 학교에서의 적응도 점차 좋아지고 있는 것으로 판단하여 철민이를 위한 학습문제해결 학습컨설팅을 종료하였다.

사) 추수관리

철민이의 기초학습능력과 학교생활 적응이 완전히 정착된 것이 아니기 때문에 컨설턴트는 철민이에게 학습과 학교생활 적응 영역에서 어려움이 생기면 언제든지 방문할 수 있도록 하였다. 그리고 매주마다 국어, 수학과 관련된 과제를 나누어 주고 점검을 받을 수 있도록 추수지도를 실시하였다.

4) 주의집중 문제 학생에 대한 학습문제해결 학습컨설팅 적용

초등학생에게 주의집중은 학교생활적응에서 필요한 학습능력을 발달시키는데 중요하다. 하지만 초등학생들은 주의집중이 약하고 중요한 정보와 중요하지 않은 정보를 선별하지 못하며(김소영, 최지만, 김정섭, 2013), 이에 따라 교육적 중재인 학습문제해결 학습컨설팅에 대한 요구가 늘어가고 있다. 주의집중에 문제가 있는 학생들에 대한 학습문제해결 학습컨설팅은 주의집중 능력을 향상시킴으로써 학생들이 수업시간에 올바른 학습태도를 형성하는 데 도움을 주고자 한다.

가) 주의집중 문제 학생 사례

영수는 4학년 학생인데 학급에서 매우 산만한 아이로 소문나 있다. 영수는 수업시간에 전혀 집중하지 못하는데 그렇다고 ADHD 판정을 받은 아이도 아니었다. 집에서도 안절부절 못하고 항상 움직이고 왔다 갔다 해야 직성이 풀리는 아이였다. TV를 보더라도 계속 채널만 돌리고 책을 보더라도 그림만 넘기는 등 어느 하나에 집중하는 습관이 전혀 형성되어 있지 않다. 수업시간에는 항상 소란스럽고 칠판을 보는 일이 거의 없다. 담임교사는 영수의 부모에게 영수가 주의집중 장애가 있어 학습에 집중하지 못하기 때문에 학습 컨설턴트의 도움을 받도록 요청하였다.

나) 학습컨설팅 형성 및 구조화

영수의 부모는 영수를 데리고 학습 컨설턴트를 방문하였다. 학습 컨설턴트는 영수를 보자마자 주의집중에 문제가 있는 것을 바로 알 수 있었다. 영수의 부모는 영수가 차분해졌으면 하는 바람이 있다고 부탁했는데, 영수는 컨설턴트와의 대화에서도 질문에 깊이 있는 생각을 하지 않고 스마트폰으로 오락을 하는 등 대화를 재미없어 하였다. 컨설턴트는 영수와의 라포 형성이 우선되어야겠다고 생각하며 영수의 부모에게 학습문제해결 학습컨설팅을 어떻게 진행하는지, 한 회기당 소요시간은 어느 정도인지, 몇 회기 정도 학습컨설팅이 진행되는지 안내하였다.

다) 주의집중 문제 진단

영수의 주의집중 문제를 진단하기 위해서 인지, 행동, 정서적인 부분에 관한 진단계획을 세웠다. 영수를 위해 실시한 주의집중 관련 측정도구는 자아개념 검사, ALSA 학습전략 검사, 학습능력 진단검사, 주의집중능력 검사 등이다. 검사 결과 영수는 주의집중이 매우 낮은 것으로 나타났으며 자아개념, 학습능력 등은 보통 이하로 나타났다. 이를 바탕으로 영수의 문제 중에서 주의집중과 관련한 프로그램을 구안하였다.

라) 컨설팅 목표 설정

영수의 주의집중 문제에 관해서 영수 및 영수의 부모와 이야기를 나누고, 주의집중력 향상을 학습문제해결 학습컨설팅의 목표로 설정하였다. 영수의 주의집중이 높아지면 자아개념과 학습능력도 함께 높아질 것으로 판단하고, 우선은 영수의 주의집중력을 높이는 것에 집중하기로 하였다.

마) 컨설팅 개입전략 및 개입

영수의 학습문제해결 학습컨설팅에서는 주의집중력 높이기에 초점을 두고 컨설팅 개입전략을 고민하였다. 영수의 주의집중력 향상을 위해 시각, 청각 등의 주의력 훈련과 더불어 학습 집중력을 높이는 프로그램을 설계하였다. 집중력 훈련 프로그램으로 일반 수업의 형태와 달리 게임 형태로 구성된 프로그램을 구안하였다. 처음에 영수는 별다른 관심을 보이지 않았으나 점점 프로그램에 즐거움과 흥미를 보이며 빠져들었다. 영수의 주의집중 문제를 해결하기 위해서 구안한 프로그램은 <표 6-5>와 같다.

표 6.5 주의집중 문제 학생을 위한 학습문제해결 학습컨설팅 프로그램

단계	주제	활동내용
협력관계 형성	라포 형성	영수와 컨설턴트의 초기 만남에서 라포 형성
학습문제 진단	정보수집과 문제분석	자아개념 검사, ALSA 학습전략 검사, 학습능력 진단 검사, 주의집중능력 검사 등
학습문제해결 학습컨설팅 목표설정	목표설정	주의집중력 향상
개입전략 설정과 실행	주의집중 프로그램 구안과 운영	주의집중 문제행동 처치 프로그램 · 시각주의력 훈련 프로그램 · 청각주의력 훈련 프로그램 · 학습집중력 훈련 프로그램 □ 시각주의력 높이기 · 시각 정보에 주의를 기울이고 기억하기 · 시각 정보 기억력 게임하기 □ 청각주의력 높이기 · 청각 정보에 주의를 기울이고 기억하기 · 청각 정보 기억력 게임하기 □ 학습집중력 높이기 · 학습활동에 주의를 기울이고 기억하기 · 학습활동에서 배운 내용 기억활동 게임
종결 및 추수관리	평가 및 교육적 개입 종결	프로그램 종결과 보고서 작성
	추수관리	추수지도 제시

바) 프로그램 종료

영수는 시각주의력 프로그램, 청각주의력 프로그램, 학습집중력 프로그램에 서서히 관심을 갖고 집중하는 모습을 보였다. 이에 컨설턴트는 사후검사로 주의집중력 검사를 실시하였고, 사전검사에 비해 향상된 결과를 확인하였다. 이에 그간의 컨설팅 과정과 결과보고서를 부모에게 안내하면서 영수의 주의집중 문제를 위한 학습문제해결 학습컨설팅을 종료하였다.

사) 추수관리

영수가 주의집중에서 많은 개선을 보였지만 그렇다고 완전히 주의집중 문제가 해결된 것은 아니었다. 따라서 컨설턴트는 영수와 일주일에 한 번씩 만남을 갖고 지속적인 사후검사를 통해 주의집중력이 유지되는지, 또는 이전 상태로 돌아가지는 않는지 등을 점검하기로 하였다.

5) 지적발달 문제 학생에 대한 학습문제해결 학습컨설팅 적용

초등학교에서는 평균 이하의 지적수준으로 인해 일반 학생들과의 공동 학습에 어려움을 겪는 학생들을 만나볼 수 있다. 학습장애를 가진 학생들 또는 경계선 지능 학생들이 이에 해당한다. 경계선 지능 학생의 경우 표준화된 지능검사 결과 표준편차 -1과 -2 사이인 지능지수 70~85 사이에 속하며(강옥려, 2016), 지적장애의 연속선상에 존재하여 임상적 고려는 필요하나 명확한 지적장애는 아닌 학생들을 의미한다. 최근에는 이러한 경계선 지능 학생들에 대한 관심이 증가하고 있으며 국내에서도 경계선 지능 아동들을 학습장애의 한 범주로 정의하기도 하였으나, 아직까지는 이들을 위한 구체적이고 현실적인 교육 지원은 부족하다. 경계선 지능 학생들은 학업성취에서 평균 수준의 지능을 가진 학생에 비해 느린 성취를 보이고, 제한적인 인지능력을 갖고 있으며, 산만함과 주의력 결핍, 언어발달 지체 등의 증상을 보인다. 이처럼 학습장애아와 경계선 지능 학생들은 학업 성취의 어려움을 겪을 뿐 아니라 비장애 학생들로부터 따돌림, 배척, 소외 등을 겪음으로써 학교 부적응, 우울, 사회적 위축 등의 문제를 경험할 수 있다.

가) 지적발달 문제 학생 사례

수지는 초등학교 5학년 학생이다. 수지의 부모는 수지가 어릴 때부터 또래 친구들에 비해 말을 익히는 속도가 느리고, 한 곳에 오래 집중하지 못하며 산만한 행동을 보이긴 했지만, 의사소통이나 생활에 문제가 될 정도로 심각한 수준은 아니었기에 처음에는 대수롭게 여기지 않았다. 그러던 수지가 초등학교에 입학하면서부터 부모의 근심이 깊어졌다. 학교에서 쪽지시험을 보거나 시험을 치르는 날만 되면, 울며 학교를 가지 않겠다고 등교를 거부하기 때문이었다. 부모는 아이를 학원에 보내보았지만, 학원에서도 수업시간에 집중하지 않고 산만하게 행동하거나 수업을 자주 빠지는 등 부적응적인 행동을 보였다. 교사는 아이가 국어 영역에서 크게 문제가 있어 다른 과목들을 따라가지 못한다고 판단하여 국어과목과 관련된 학습컨설팅을 의뢰하는 것이 필요하다고 보았다.

나) 학습컨설팅 형성 및 구조화

수지의 부모는 처음에는 수지가 내성적이고 행동이나 말이 느리긴 해도 열심히 하는 아이이고, 아직 학습 요령을 모를 뿐이라는 방어적 태도를 취했다. 이에 컨설턴트는 경계선 지능을 가진 학생들의 인지적 특성(추상적 개념 이해의 어려움, 체계적인 지식 조직의 어려움, 일반화의 어려움, 주의력 부족 및 구두 표현의 어려움)에 대해 설명하고, 학습문제해결 학습컨설팅에 대해 소개하면서 수지의 국어 학습능력과 관련된 문제를 개선하기 위해 학습컨설팅을 어떻게, 몇 회기 동안, 어떤 프로그램을 통해서 진행할 것인지를 안내하였다.

다) 학습문제 진단

경계선 지능 여부를 진단하기 위해 컨설턴트는 표준화된 지능검사인 한국 웩슬러 아동검사(K-WISC-Ⅲ)와 KPI-C검사, 기초학습기능검사(KEDI-IBLST) 아동·청소년 행동평가검사(K-CBCL), 정서지능 검사 등을 시행하였다. 다양한 진단 검사 뿐 아니라 수지와의 상담 및 부모면담을 통한 자료 또한 확보하였다. 이러한 지능·심리 측면의 종합적인 검사와 평가, 면담을 통해 컨설턴트는 수지가 경계선 지능에 해당하는지 여부를 판단했다.

라) 컨설팅 목표 설정

수지는 경계선 지능을 갖고 있으며, 학업에 대한 의지는 있지만 학습동기와 자신감이 많이 낮은 상태이다. 평가받는 상황에 대한 두려움과 회피, 오랫동안 누적된 실패경험으로 인해 학습에 대한 무기력감을 느끼고, 교우관계의 문제 또한 겪고 있다. 또한 계속되는 좌절감으로 인해 부정적인 자기개념을 갖고 있을 가능성이 크다. 이러한 종합적인 판단과 더불어 컨설팅 의뢰의 이유가 국어 교과에서 해당 학년의 내용을 따라갈 수 있도록 개별화 지도하는 것이기 때문에 국어 교과 학습능력의 향상을 우선적인 목표로 하였다.

마) 컨설팅 개입전략 및 개입

컨설턴트는 수지의 학습문제해결 학습컨설팅에서 말하기, 듣기, 읽기, 쓰기 지도를 통해서 해당 5학년 교과수업의 기본 형태를 학습하는 것을 고려하였다. 담임교사와의 논의를 통해 수지가 현재 5학년 수준의 수업을 따라잡기에는 힘들다고 판단하여, 수지의 현재 학년에서 더 낮은 단계의 방과 후 교실 프로그램을 통해 5학년 국어 교과와 관련된 학습컨설팅을 진행하고자 하였다. 구체적인 개별화 학습컨설팅 프로그램은 <표 6-6>과 같다.

컨설턴트는 수지와 함께 국어 교과의 기초를 튼튼히 할 수 있는 개별화 프로그램을 구안하여 운영하였다. 구체적인 단원은 시, 설명문, 논설문 관련 내용이다. 5학년 1학기 내용의 수준을 낮추어 1:1로 프로그램을 진행하였고 수지는 흥미를 갖고 학습을 하였다.

표 6.6 학습장애 및 경계선 지능 학생을 위한 학습문제해결 학습컨설팅 프로그램

단계	주제	활동내용
협력관계 형성	라포 형성	컨설턴트와 학생의 초기 만남에서 라포 형성
학습문제 진단	정보수집과 문제분석	웩슬러 아동검사(K−WISC−Ⅲ), KPI−C검사, 기초학습 기능검사(KEDI−IBLST), 아동·청소년행동평가검사(K−CBCL), 정서지능 검사
학습문제해결 학습컨설팅 목표설정	목표설정	개별화 교육을 통한 국어과 학습능력의 신장
개입전략 설정과 실행	국어능력향상 프로그램 구안과 운영	5학년 과정의 교과내용 이해를 위한 국어과 개별화 교육과정 개발 □ 듣고 고르기 개별화 프로그램(1) · 시에서 비유한 것 찾기 · 비유하여 표현하기 · 사건을 순서대로 정리하기 □ 듣고 고르기 개별화 프로그램(2) · 시를 듣고 제목 바꾸기 · 짧은 시 바꾸어 쓰기 · 낱말카드를 문장 순서에 맞게 배열하기 □ 공통점과 차이점 개별화 프로그램 · 사물의 공통점 찾기 · 연상되는 낱말 찾기 · 문장의 일부분 바꾸기 □ 이유와 주장 개별화 프로그램 · 이유에 해당하는 문장 찾기 · 주장에 대한 적절한 이유 찾기
종결 및 추수관리	평가 및 교육적 개입 종결	프로그램 종결 보고서 작성
	추수관리	추수지도 제시

바) 프로그램 종료

이번 컨설팅 프로그램은 국어 능력을 향상시키는 것이었기 때문에 5학년 1학기 국어교과를 재분석하여 수지에게 맞도록 개별화 프로그램을 진행하였다. 그 결과 수지가 개별화 프로그램을 잘 마치면서 뿌듯함을 느끼는 것으로 판단하여 학습문제해결 학습컨설팅을 종료하였다.

사) 추수관리

수지의 일차적 문제인 학습에 대한 동기 부족과 부정적 자기개념은 어느 정도 해소되었다고 판단되나, 평균에 비해 낮은 지능 수준으로 인한 학업성취의 부분에 있어서는 별도의 관리방안이 필요했다. 따라서 담임교사 및 부모와의 논의 끝에 수지의 인지기능 증진을 위한 방안을 모색하고 학습 및 심리상담을 주기적으로 수행하기로 하였다. 방과 후 교실을 통한 개별화 수업의 효과를 지속적으로 검토하기 위해 일주일에 한 번씩 방과 후 교실 활동을 관찰하는 등의 후속 조치를 취하였다.

6) 학습습관 미형성 학생에 대한 학습문제해결 학습컨설팅 적용

학습습관은 학습에 대한 동기, 태도, 기술 등을 포함하는 개념으로 다양한 학습활동에서 학습자가 장기간 반복을 통해서 내면화되어 의식하지 않아도 자연스럽게 나타나는 일관된 행동양식을 의미한다(권용환, 2004; 변창진, 1991). 학습습관을 제대로 형성하지 못하면 학습하는 방법이나 기법에 대한 정보가 부족하여 학습에 어려움을 겪게 되는 원인으로 작용하게 되고 학업성취를 낮추게 되며 학습의욕을 저하시키고 더 나아가 학습회피로 이어질 수 있다. 또한 학업 스트레스, 시험불안, 부정적 자기인식, 자신감 결여, 학교생활 부적응, 비행이나 일탈로 이어질 수도 있다. 학습습관은 계획적인 훈련을 통해 형성할 수 있기 때문에 학습하는 방법, 기억하는 방법, 문제해결 방법, 시간관리 방법 등 다양한 학습전략들을 체계적으로 제공하고 학습 내용에 쉽게 접근할 수 있도록 도와주어야 한다. 초등학교 시기는 올바른 학습습관을 형성하기 위한 기초가 되는 시기로 성적보다는 학습에 재미를 느끼고 스스로 학습계획을 세우는 습관이 필요하다.

가) 학습습관 미형성 학생 사례

지혜는 초등학교 4학년 학생이다. 저학년 때는 학교 수업을 곧잘 따라가곤 했지만 학년이 올라갈수록 수업 내용을 따라가기 힘들었고 학원도 다니고 있지만 부모의 기대만큼 성적이 오르지 않고 있다. 책상에 앉아있는 시간은 많지만 성적이 향상되지 않고 점점 공부가 하기 싫어 책상에 앉아 다른 생각을 하거나 휴대폰을 만지작거리는 일이 많다. 부모가 공부하라고 할 때마다 가끔 부모에게 짜증내며 자기 방으로 들어가 버리는 등 공부 때문에 부모와 부딪히는 일이 잦다. 학교에서도 수업시간에 휴대폰을 만지거나 옆 친구와 이야기를 하는 등 수업시간에 딴 짓을 해서 담임교사로부터 혼나는 일도 학기 초보다 많아졌다. 지혜의 부모는 지혜의 일기장에서 공부를 잘 해야겠다는 생각도 들고 잘하고 싶지만 공부를 하는 만큼 성적이 오르지 않고, 모르는 내용이 많아서 공부가 자꾸만 하기 싫어지고, 그럴 때마다 마음대로 되지 않아 속상하다는 내용을 보고 담임교사와 상담을 하였다. 지혜의 부모는 담임교사의 권유로 학습컨설턴트의 도움을 받기로 하였다.

나) 학습컨설팅 형성 및 구조화

지혜의 부모는 지혜의 학업문제로 컨설턴트를 찾았다. 컨설턴트는 그들의 염려를 충분히 공감하고 지혜의 가정환경과 생활, 수업태도, 습관 등에 대한 정보를 토대로 지혜를 직접 대면하였다. 또한 학습문제해결 학습컨설팅의 필요성에 대해 충분히 설명하고 어떤 방향으로 컨설팅이 진행될 것인지, 어떤 방법을 통해 어떤 변화와 효과가 나타날 수 있는지를 소개하면서 학습컨설팅에 대한 긍정적 기대를 갖도록 하였다. 부모의 바람과 지혜가 공부를 하는데 겪는 어려움을 바탕으로 지혜가 공부에 흥미를 가지고 적절한 학습전략을 사용하는 등 올바른 학습습관을 형성하는 것을 기본 방향으로 설정하였다. 이에 따라 학습문제해결 학습컨설팅을 어떻게 진행하는지, 한 회기 당 소요시간은 어느 정도인지, 몇 회기 정도 학습컨설팅이 진행되는지 안내하였다.

다) 학습문제 진단

지혜의 기초학력을 진단하기 위해 한국교육과정평가원의 기초학력과 관련된 사이트를 통해 국어, 수학, 과학 등의 기초학력을 점검하였다. 또한 지혜의 학업스트레스를 확인하여 학습에 어려움을 겪게 만드는 스트레스 요인을 확인하고자 하였다. 학습습관을 알아보기 위해서는 학습습관 검사를 실시하였고 스스로 학습해 나갈 수 있는 능력이 어느 정도인지 파악하기 위해 자기조절학습능력을 검사하였다.

라) 컨설팅 목표 설정

지혜와 지혜 부모님과 같이 이야기를 나누면서 설정한 학습문제해결 컨설팅 목표는 학습에 대한 동기를 높이고 학습습관을 기르는 것이다. 지혜는 공부를 잘 해야 한다는 걸 알지만 공부한 만큼 성적이 나오지 않아 공부에 흥미를 잃어 가고 있었다. 따라서 어떤 공부 방법들이 있는지를 알려주고 그 중 자신에게 맞는 공부 방법을 찾아

나갈 수 있도록 하기 위해 성취가치를 높이고, 행동통제, 노트정리방법, 시간관리, 계획 설정 능력을 길러주는 것을 세부 내용으로 설정하였다.

마) 컨설팅 개입전략 및 개입

지혜와의 학습문제해결 학습컨설팅에서는 학습동기와 학습습관 부분을 고려하여 개입전략을 고민하였다. 지혜와 이야기를 나누면서 그간 공부를 하며 겪은 어려움을 중심으로 함께 프로그램을 만들어 나갔고 학업 스트레스를 줄이기 위해 지혜 부모님이 가정에서 할 수 있는 부분들에 대해 이야기 나누었다. 이러한 학습문제해결 학습컨설팅은 지혜의 학습의욕을 높이고 부모와의 관계를 가깝게 만드는 효과를 가져왔다. 지혜는 컨설턴트와 부모가 자신의 문제를 같이 느끼고 고민하고 다 함께 해결 방법을 찾는 것을 좋아하였으며 프로그램을 통해 그동안의 고민들이 해결될 수 있을 거란 기대를 가졌다. 지혜와 함께 고려하여 구안한 프로그램은 <표 6-7>과 같다.

지혜는 학습동기를 높이기 위해 자신에 대해 알기, 학습의 필요성 알기, 자신감 갖기 프로그램을 진행하였으며, 학습습관을 형성하기 위해서는 학습태도, 시간관리, 학습방법, 지속성과 끈기를 향상시키기 위한 프로그램을 실시하였다.

표 6.7 학습습관 미형성 학생을 위한 학습문제해결 학습컨설팅 프로그램

순서	주제	활동내용
협력관계 형성	라포 형성	컨설턴트와 학생의 초기 만남에서 라포 형성
학습문제 진단	정보수집과 문제분석	국어, 수학, 과학 등의 기초학력 검사 학업스트레스 검사, 학습습관 검사, 자기조절학습능력 검사
학습문제해결 학습컨설팅 목표설정	목표설정	학습동기 향상과 학습습관 형성
개입전략 설정과 실행	프로그램 구안	학습동기 향상 프로그램 올바른 학습습관 형성 프로그램
	학습동기 향상 프로그램 운영	□ 나에 대해 알기 · 나의 흥미 알기 · 나의 장점과 단점 알기 · 나의 꿈 알기 □ 학습의 필요성 인식하기 · 공부를 해야 하는 이유에 대해 생각해 보기 · 나에게 공부가 가지는 의미 생각해 보기 · 나의 목표 설정하기 □ 자신감 갖기 · 나를 인정하고 격려하기 · 자신을 스스로 피드백 하기
	올바른 학습습관 형성 프로그램 운영	□ 학습태도 · 수업시간 바른 자세와 습관에 대해 알기 · 나의 학습태도와 비교해보기(수업 촬영 영상 확인) □ 시간관리 · 시간에 대한 가치와 의미 알기 · 효율적인 시간 관리방법 알기 · 종합 시간표 만들기 □ 학습방법 · 효과적인 학습방법에 대해 알기 · 핵심 파악, 노트 작성, 기억 방법 알기 · 자기주도적 학습방법 알기 · 시험 준비 방법 알기 □ 지속성과 끈기 · 집중력 향상 방법 및 환경 조성 · 실패에 대한 두려움 극복하기
종결 및 추수관리	평가 및 교육적 개입 종결	프로그램 종결과 보고서 작성
	추수관리	추수지도 제시

바) 프로그램 종료

지혜는 자신을 되돌아보고 미래에 대한 목표를 세우면서 학습에 대한 자신감과 흥미를 조금씩 되찾을 수 있었다. 그동안 형성된 나쁜 학습습관들을 하나씩 고쳐나갔으며 일의 우선순위를 정하고 효율적으로 학습전략들을 세워 실천해 나갈 수 있었다. 컨설턴트는 지혜가 학습에 대한 의욕을 갖고 학습습관을 잘 형성해 나가고 있는 것으로 판단하여 학습문제해결 학습컨설팅을 종료하였다.

사) 추수관리

지혜의 학습동기와 올바른 학습습관이 완전히 자리 잡은 것이 아니기 때문에 컨설턴트는 학습하는 과정에서 어려움이 있으면 언제든지 방문하여 조언과 상담을 받을 수 있다는 것을 알려주었다. 학습습관은 단기간에 이루어지는 것이 아니기 때문에 지속적이고 반복적으로 연습하는 과정이 필요하여 중간에 점검을 받을 수 있도록 추수지도를 실시하였다.

P/A/R/T 7

중·고등학생을 위한
맥락적 학습컨설팅

중·고등학생을 위한 맥락적 학습컨설팅

임 신 일

1 중·고등학생의 학습문제와 맥락적 학습컨설팅

1) 중·고등학생의 학습문제

우리나라에서 정규교육을 받은 사람들에게 "공부가 정말 재미있었던 적이 있었는가?"라는 질문을 가끔 해본다. 대부분의 사람들은 "그냥 해야 하니까 하는 것이지요. 공부가 재미있는 사람이 있을까요?"라며 재질문을 한다. 필자 또한 공부 자체가 재미있었던 시기는 하고 싶은 주제로 연구를 했던 대학원 박사과정이었다. 그렇다면 왜 많은 학생들이 공부는 해야만 하는 것이지, 재미와는 관련이 없다고 생각하는 것일까? 여러 이유가 있겠지만 우리나라는 학업성적과 입시, 취업이 밀접하게 연관되어 있기 때문에 공부가 재미없게 느껴지는 것 같다. 타인보다 좋은 성적을 얻어야 원하는 대학과 직장을 얻기 때문에 입학과 동시에 경쟁은 필수상황이 되었고 학업성취는 친구보다 좋은 대학, 좋은 직장을 들어가기 위한 도구가 되었기에 공부에 흥미를 갖기에는 어려운 것 같다. 경쟁의 수단이 되는 공부는 재미가 없을 뿐 아니라 스트레스의 요인이 된다. 유치원 때는 글씨를 쓰거나 읽을 줄만 알아도 칭찬을 받던 아이가 초등학교를 입학하면서 받아쓰기 시험을 보고 타인과의 경쟁에 노출되면서 스트레스를 경험하기 시작한다. 이후 학년과 학교급이 올라가면서 학습내용이 많아지고 심화되면서 학업문제 관련 스트레스 또한 증가한다. 심지어 학업성취는 친구들을 우등생과 열등생으로 구분시킨다. 오랫동안 열등생으로 지내게 되면 자존감 뿐 아니라 삶의 질에도 부정적인 영향을 미치게 된다. 하지만 입시를 목전에 둔 중·고등학생들은 이렇게 중요한 학업관련 문제를 상의할 수 있는 대상이 한정적이다. 하루 대부분을 학교에서 보내는 중·고등학생들에게 부모가 학업관련 문제에 도움을 주는 범위는 제한적이고, 교사 역시 담당 교과지도에 집중할 수밖에 없는 현실이며 전문상담교사가 배치된 학교 수는 적고, 이들의 역할 또한 심리적 위기상담을 주로 담당하고 있어 학생들의 학습문제 전반을 다루기는 역부족이다. 이에 전문적으로 컨설팅 해주는 학습 컨설턴트의 역할이 매우 중요하게 대두되고 있다. 학습 컨설턴트는 여러 연구자들의 학습관련 문제유형을 바탕으로 학생의 학습문제 원인을 찾아 전문적인 컨설팅으로 학생을 변화시켜야 한다.

중·고등학생의 학업관련 문제를 보고한 여러 연구들 중 김동일 외(2011)에서는 학업관련 문제의 유형을 '성적 저하로 인한 걱정과 스트레스', '시험불안', '학업능률의 저하', '공부에 대한 회의와 동기저하', '학업과 관련하여 나타나는 다양한 파생문제'로 구분하였다. 중학생이 경험하는 학습관련 문제를 연구한 전명남(2017)은 기초학력미달 중학생들이 학교에서 '무동기와 학습된 무기력의 되풀이', '불편한 또래·가족·사회와의 관계', '학교에서의 부정적 정서 경험', '어려운 학교공부, 멀고도 험한 길', '도움이 되지 않는 학습전략의 사용', '막연한 진로신념과 계획', '청소년 일탈과 비행으로 징계', '생활에서의 자원과 강점의 재발견'으로 보고했다.

황매향(2009)은 학업 호소 문제와 학습 부적응의 원인을 환경과 개인 차원 대 변화가능과 변화불가능의 차원으로 구분하였는데, 개인 차원에서 변화가능한 학습요인을 기초학습기능, 선수학습, 학습동기, 학습전략, 성격, 공부에 대한 태도, 부모에 대한 지각, 불안, 우울, 비합리적 신념, 자아개념, 공부시간으로 구분하였고 환경 차원에서 변화가능한 학습요인을 부모와의 관계, 부모의 양육태도, 성취압력, 또래관계, 교사와의 관계, 형제와의 경쟁으로 구분하였다. 김동일 외(2011)는 학습문제를 위계적으로 분류하여 배경요인과 변화가능요인으로 구분하였다. 이 중 변화가능요인의 하위요인으로 인지적 요인(학습동기, 공부에 대한 태도, 부모의 기대에 대한 지각, 비합리적 신념), 정서적 요인(불안, 우울, 스트레스, 성격적 특성), 행동적 요인(학습전략의 실천, 학습방법의 효율성, 시간관리, 시간배분, 다른 활동과의 갈등), 환경적 요인(신체적 환경, 물리적 환경, 심리적 환경)으로 분류하였다.

이 책에서는 학습문제와 관련한 연구들을 종합하여 학습문제의 변화가능한 영역에 대한 컨설팅 영역을 인지(학습전략에 대한 컨설팅이 필요한 학생), 동기(학업동기에 대한 컨설팅이 필요한 학생), 정서(시험불안 조절에 대한 컨설팅이 필요한 학생)로 분류하고 아래와 같은 이유로 학생들에게 도움을 주는 방법을 제시하고자 한다.

첫째, 중·고등학교 학생 중에는 인지 및 초인지 전략 등과 같은 학습전략결함으로 학습문제를 경험하는 경우가 종종 발생한다. 많은 시간과 노력을 투자하지만 효과적으로 학습하는 방법을 모르거나 효과적 학습방법이 익숙치 않아 낮은 학업성취를 얻게 되면 학습무기력으로 이어진다. 학생들이 다양한 학습전략을 이해하고 터득함으로써 학습문제를 해결하도록 돕는 것은 매우 의미 있는 일이다. 특히 교사가 중심적으로 이끌어가는 초등학생과 달리 자기주도적으로 학습해야 하는 중·고등학생의 경우에는 학습전략의 필요성이 더욱 요구된다.

둘째, 입시와 취업을 앞둔 많은 중·고등학교 학생들은 공부가 삶에 중요하다는 것은 알고 있다. 하지만 "공부를 왜 해야 하는가?"는 늘 궁금해 한다. 학업관련 동기가 어떻게 생성되고 유지되며 소멸되는지에 대한 관심은 교육심리학의 중요한 주제이다. 학습동기와 관련하여 어려움을 겪고 있는 학생들에게 적절한 컨설팅을 제공하는 것은 매우 의미가 있다.

셋째, 공부가 과연 재미있을 수 있을까? 특히 우리나라의 경우 시험이 대학입학과 취업에 절대적인 영향력을 미치기 때문에 고입, 대입을 목전에 둔 중·고등학생에게서 나타나는 시험 불안은 매우 자연스러운 현상이라 할 수 있다. 불안은 적정한 수준이면 높은 성과를 낼 수 있지만 과도하면 낮은 성취를 낼 수밖에 없다. 이에 과도한 시험불안으로 인한 학습문제를 경험하는 학생들에게 시험불안을 관리할 수 있도록 돕는 것은 의미 있는 컨설팅이 된다.

2) 중·고등학생을 위한 맥락적 학습컨설팅 과정

중·고등학생들이 가진 학습문제를 살펴보면, 한 가지 원인이 아닌 여러 가지 이유가 복합적인 경우가 대부분이며 해결방법 또한 학생의 능력, 배경, 상황에 따라 다르므로 다양하게 접근해야 한다.

맥락적 학습컨설팅은 '학생들이 호소하는 학습문제를 다양한 관점에서 고려하고, 원인들 간의 관계를 분석하여 효과적인 해결방법을 컨설팅하는 것'이다. 따라서 맥락적 학습컨설팅의 과정은 고정적이며 단선적이지 않고 변화가능하며 다양하다. 컨설팅에 있어 시간과 상황을 고려해야 하는 이유는, 학생들은 컨설팅 계획 및 운영과정 중에서도 다양한 학습관련 능력이 생기며 변화하기 때문이다. 따라서 학생 상황에 따라서 컨설팅 목표, 해결방법 등이 실시간으로 수정 보완될 수 있으며 전체적인 과정에 대한 환류도 시행되어야 한다.

예를 들어, 시험계획관련 시간관리가 어려워 의뢰된 중학교 3학년 학생의 경우, 몇 회기 지나지 않아 시간 관리와 관련된 학습문제는 해결될 수 있지만 컨설팅 과정에서 상대적으로 오랜 시간이 필요한 학습무기력 또는 부모와의 갈등 같은 새로운 문제가 부각될 수도 있다. 따라서 학습 컨설턴트는 학생들의 상태를 항상 심도 있게 살펴야 하고, 학습문제의 배경과 환경적 배경에 대해서도 폭넓은 전문지식과 경험을 갖추어야 한다.

많은 학습 컨설턴트의 경우 정서적 상담, 학습컨설팅, 교과지도영역에서 역할에 대한 의문을 갖고 있다. 필자는 '개입정도'에 따라 이를 구분하는 것이 타당하다고 본다. [그림 7-1]과 같이 개입 정도는 정서적 상담 → 학습컨설팅 → 교과지도 순으로 볼 수 있다. 정서적 상담이 학생 스스로가 정서적 문제를 해결할 수 있도록 조력하는 수준의 개입이라면, 교과지도는 교과의 지식을 가르치고 이해하도록 직접적으로 개입해야 한다. 반면, 학습컨설팅은 [그림 7-1]과 같이 교과지도와 정서적 상담의 분야를 모두 망라하고 있어 개입의 수준을 결정하는 것이 민감하고 어렵다. 이에 단선적인 학습컨설팅의 방법보다 항상 학생의 상태를 민감하게 살펴 융통성 있는 맥락적 컨설팅 자세를 견지해야 한다.

그림 7.1 정서상담, 학습컨설팅, 교과지도의 개입정도

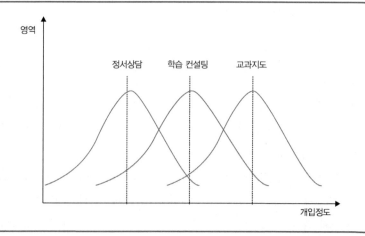

그림 7.2 맥락적 학습컨설팅

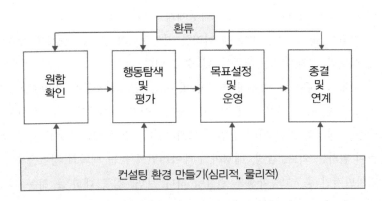

효과적인 맥락적 학습컨설팅 과정은 '컨설팅 환경 만들기'를 바탕으로 '원함 확인', '행동탐색 및 평가', '목표설정 및 운영', '종결 및 연계'의 과정이 유기적으로 환류하며 운영되어야 한다. 맥락적 학습컨설팅의 과정은 [그림 7-2]와 같다.

맥락적 학습컨설팅의 전체적인 근간이 되는 것은 컨설턴트와 학생과의 '컨설팅 환경 만들기'이다. 이 과정이 잘 진행되면 학생의 학습문제에 관련하여 컨설턴트가 도움을 줄 수 있을 것이라는 신뢰가 생겨 효과적인 컨설팅이 진행될 수 있다. 안정적인 컨설팅 환경을 만들기 위한 첫 번째는 '심리적 관계형성', 즉 라포 형성이 중요하다. 형성이라는 표현 때문에 이것이 모든 과정에 선행되는 것이라고 자칫 오인될 수 있지만 이는 '되어가는 과정'으로 보는 것이 타당하다. 효과적인 학습컨설팅의 경우 과정이 진행됨에 따라서 관계는 더욱 깊어지게 된다. 관계 형성이 깊어질수록 맥락적 학습컨설팅은 다양한 방법이 제안될 수 있고, 효과도 배가 될 것이다.

'컨설팅 환경 만들기'의 두 번째는 '안정적인 물리적 환경제공'이다. 안정적인 물리적 환경이 제공되지 않으면 불필요한 심리적 갈등이 발생되어 효과적인 컨설팅이 진행될 수 없기 때문이다. 안정적인 컨설팅을 위한 물리적 환경의 예로는 회기당 적정 소요시간, 상호 합의된 전체 회기 수, 안정적인 컨설팅 장소, 상호 합의된 계약 관계, 비용 적용에 관련한 사항(회기당 비용, 지급 방식, 회기에 빠지게 되는 다양한 경우의 비용처리) 등이다.

효과적인 '컨설팅 환경 만들기'를 위한 구체적인 방법은 다음과 같다.

① 학생들과 관계를 증진하기 위해 표정, 언어 및 비언어적 행동에 주의해야 한다. 비자발적인 학생들이 컨설팅에 참가하는 경우에 "선생님 눈 똑바로 보고 이야기 해줄래?"라는 이야기는 학생에게 주의를 집중하는 것이 아니고 심리적인 부담을 줄 수 있기 때문에 이러한 컨설턴트의 반응은 관계를 증진하는 것이 아니라 저하시키는 행동이 될 수도 있다.

② 강진령(2016)은 내담자에게 초점을 맞추고, 양방적 소통을 기반으로 하며, 적극적·선택적·반영적·수용적으로 하되 '여기—지금'의 상호작용에 초점을 맞추는 경청의 일곱 가지 방법을 제시하였다. 컨설턴트는 경청을 할 때, 학생들이 말하는 의도, 감정, 배경까지 헤아리면서 듣는 맥락적 경청을 해야 한다. 비자발적인 중·고등학생을 컨설팅 하다 보면 '침묵 대화'를 하는 경우가 있다. 필자가 '침묵 대화'라는 표현을 하는 이유는 학생들의 침묵이 컨설턴트에게 말하는 비언어적인 내용이 있다는 것이다. 이때, 맥락적 경청이 시도되어야 한다. 비자발적으로 컨설팅 현장에 오게 된 배경과 그동안 그 학생의 학습문제를 해결하기 위해 거쳐 온 부모, 교사들, 학원 선생, 상담자에게 받는 심리적 역동을 고려하여 그 아이의 입장이 되어 침묵을 허용하고, 맥락적 경청을 하는 것은 매우 중요하다.

③ 긍정적 공감으로 학생을 대해야 한다. 컨설턴트들은 공감보다는 동감을 해야 한다는 압박감을 가지고 있다. 하지만 공감은 동감과는 다르다. 그 사람과 같은 감정이 된다는 동감은 현실적으로 불가능하다. 학생들의 입장에서 학생의 의도, 감정, 배경의 옷을 입고 신발을 신어보는 정도의 공감도 매우 훌륭한 컨설턴트이다.

④ 컨설팅 과정을 진행하다 보면, 어떤 질문을 해야 하는지 모르겠다는 컨설턴트를 만나게 된다. 잘 들으면 궁금한 것이 발생하고 나누고 싶은 이야기 주제가 생긴다. 학생과 이야기 할 때, 다음은 어떤 질문을 할까 고민하고 있다면 현재 학생의 이야기를 귀담아 듣지 않는다는 반증이다. 더불어 효과적인 컨설팅을 위한 질문이 아니고 단순히 컨설턴트의 호기심에 의한 질문이라면 잠시 멈추어야 한다.

⑤ 학생에 대한 진단 또는 판단을 보류해야 한다. 한 예로 학교현장에서 의뢰된 컨설팅에서 학생이 컨설팅을 잘 진행하다 종반부에서 학습문제 행동이 초반부 수준으로 증가하였다면, 학습문제 해결능력이 없어진 것으로 판단해서는 안된다. 이는 컨설팅 종결이 두려워 나타난 행동으로 이전 학습컨설팅의 목표가

완료되고 다른 과제가 나타난 것일 수 있기 때문이다.

⑥ 안정된 물리적 컨설팅 환경 만들기를 위해 계약서를 작성하게 될 때, 비용문제를 사전에 이야기한다. 이때 비용을 회기당 계산할 것인지 전체적으로 할 것인지, 미리 받을 것인지, 일부는 미리 받고 추후 정산할 것인지에 대해서도 협의가 되어야 한다. 또한 회기 불참을 미리 고지할 경우와 고지하지 않을 경우에 비용처리에 관해서도 사전에 협의가 되어야 한다.

⑦ 컨설팅 과정에서 알게 된 학생의 비밀에 대해서 어디까지 공개할 것인지에 대해서 미리 협의하는 것이 좋다. 예를 들어 윤리적으로 문제가 되는 것이 아니면 부모님이나 교사에게 비밀을 유지하겠다는 내용을 구체적으로 학생과 합의하는 것이 안정된 컨설팅 환경을 위해서 필요하다.

⑧ 컨설팅 환경 만들기는 컨설팅의 첫 회기에 실시되는 것이 아니고 컨설팅의 종결까지 지속적으로 시도되어야 하며, 매 회기마다 질적 변화를 거쳐 컨설팅 회기 내내 반영되어야 한다.

안정된 '컨설팅 환경 만들기'를 바탕으로 한 중·고등학생 대상 맥락적 학습컨설팅의 구체적 과정은 <표 7-1>과 같다.

표 7.1 맥락적 학습컨설팅 과정

원함 확인	• 교사, 학부모, 해당 학생과의 면담을 통한 학습컨설팅의 기대 파악
행동탐색 및 평가하기	• 학습컨설팅을 위한 정보수집 • 학생 행동의 장·단점 분석하기 • 학생의 기대와 현실의 차이 파악하기 • 학생의 학습문제 파악하기
목표설정 및 운영	• 컨설턴트와 학생이 협의하여 목표 설정하기 • 컨설팅 설계와 활동내용 협의(학생, 학부모, 교사 합의) • 학생 중심 프로그램 개발과 검토 • 프로그램에 대한 전문가 협의회 실시 • 협의된 내용을 바탕으로 목표 수정 및 보완 • 학생 중심 학습컨설팅 운영
종결 및 연계	• 학습컨설팅 종결 및 평가(학생, 학부모, 교사 참가) • 학생에 대한 컨설팅 보고서 작성 • 프로그램 종결 또는 연계 • 추수 컨설팅

첫째, '원함 확인' 단계는 학습컨설팅을 통해 교사, 학부모, 학생의 기대를 파악하는 단계이다. 기대를 파악하는 구체적인 질문은 다양한 상담기법에서 사용하는 대화법을 사용할 수 있으며, 그 중 몇 가지를 소개하면 아래와 같다.

- "컨설팅을 받고 난 후에 당신의 어떤 것이 변했으면 좋겠습니까?"(원함)
- "오늘 저와의 만남이 끝나고 난 후, '만나길 잘 했다'라는 생각이 들려면 어떤 이야기를 하면 좋을까요?"(원함)
- 사람들이 당신에게 원하는 것이 무엇이라고 생각합니까?(맥락적 원함)
- 만약 모든 장애물(성적, 환경문제 등)이 없어진다면 어떤 모습이길 원합니까?(맥락적 원함)

둘째, '행동탐색 및 평가하기' 단계는 학습컨설팅을 통해 교사, 학부모, 학생의 행동을 탐색하고 기존 행동의 장·단점을 파악하는 단계이다. 컨설턴트가 명심해야 할 사항은 부모, 교사, 학생을 통해 학습문제에 대한 정보를 수집할 때 학생 중심으로 객관적인 정보를 수집해야 한다는 것이다. 예를 들어 매일 수업시간에 엎드려 자는 학생을 의뢰한 교사가 학생에 대해 보고하는 내용과, 가정의 경제적인 문제를 해결하기 위해 새벽까지 편의점 아르바이트를 해야만 하는 학생이 보고하는 의견에 대해서 객관적인 정보를 들어야 한다는 것이다. 학습문제과 관련된 행동을 탐색해야 할 때 고려할 사항은, 문제 행동의 경우에도 학생 스스로 생각하는 장점이 있을 수 있다는 것이다. 자신의 행동을 탐색할 때 '원함 확인' 단계와 연계하여 학생의 기대와 현실의 차이를 파악하는 것이 매우 중요하다. 이때 되도록 개방형 질문으로 학생 스스로 자신의 학습문제를 파악하고 기대와의 차이를 인지할 수 있도록 '사유의 시간'이 필요하다. 행동탐색 및 평가하기 단계에서 사용할 수 있는 구체적인 대화법 몇 가지를 소개하면 아래와 같다.

- 지금 원하는 것의 실현가능성이 얼마나 될까요?(행동 평가)
- 수업시간에 자는 행동으로 얻는 게 있을까요?(행동 평가)
- 성적에 도움이 되지 않은 나의 행동은 무엇이 있을까요?(행동탐색)
- 그 행동은 언제부터 시작되었나요?(맥락적 행동탐색)
- 학습문제로 인해 발생되는 생활상의 또 다른 문제는 없나요?(맥락적 행동 평가)

- 시험 계획을 세우지 않는 것이 도움이 되었습니까?(행동 평가)
- 공부하겠다고 세운 목표들이 왜 사라진다고 생각합니까?(행동 평가)
- 기대와 현실의 차이를 거리로 볼 때, 10미터가 가장 멀다면 현재 얼마 정도 떨어져 있을까요?(행동 평가)
- 공부를 잘하는 학생과 나의 학습방법 차이는 무엇이 있을까요?(맥락적 행동 평가)

셋째, '목표설정 및 운영' 단계는 전 단계를 바탕으로 학생과 함께 목표를 설정하고, 컨설팅 설계와 활동내용을 학생, 학부모, 교사와 협의하여 프로그램을 설계, 전문가와의 협의를 통해서 프로그램을 수정 보완 후 프로그램을 운영하는 단계이다. 이 단계에서 매우 중요한 것은 학생의 학습문제 해결을 위해 교사, 학부모가 도움을 주는 자원으로 활용되어야 한다는 점이다. 또한 단계 내에서 목표설정과 프로그램 내용, 운영과정에서 나타나는 문제점과 강점을 반영한 맥락적 환류가 지속적으로 이루어져야 한다는 것이다. 이 단계에서 사용할 수 있는 대화법 몇 가지를 소개하면 아래와 같다.

- 오늘 말씀하신 여러 고민 중 가장 먼저 해결하고 싶은 것이 있다면 어떤 것을 먼저 해결하고 싶으신가요?(목표설정)
- 만약 기적이 일어나서 당신이 원하는 상태가 되었다면 당신의 어떤 행동을 보면 원하는 상태가 된 것을 알 수 있을까요?(목표설정)
- 지금 세운 목표가 얼마나 도움이 될 것 같습니까?(맥락적 목표설정)
- 부모님은 학생의 학습문제가 어느 정도 진전되면 그나마 만족할 수 있을까요? (협의내용)
- 선생님은 학생의 학습문제 해결을 위한 행동을 어떻게 도와줄 수 있을까요?(맥락적 운영)
- 이번 주 학습컨설팅을 더욱 효과적으로 운영하기 위해 무엇을 수정하고 싶은가요? (맥락적 운영)
- 다음에 이와 비슷한 사례를 또 하게 된다면 어떻게 운영하고 싶은지 생각해 볼 수 있을까요?(전문가 협의)

넷째, '종결 및 연계' 단계는 학생, 학부모, 교사 등이 참가하여 컨설팅의 전반적인 상황에 대해서 평가한다. 평가과정에서 중요한 것은 학생이 눈에 보이지 않은 능력이 증가되었음을 컨설팅 관련자들이 인정하는 것이다. 예를 들어 목표는 이루지 못했을지라도 포기하지 않고 시도하는 과정에서 해결하는 능력이 키워졌음을 인정해주고 격려해 주어야 한다. 컨설팅 과정에서 학생이 과제를 잘 수행하지 못하거나 목표치에 도달하지 못하였을 때, 비판하거나 학생의 잘못으로 귀인하지 말고 컨설팅의 전반적인 과정을 점검하여 학생의 발달 수준에 맞춘 과정을 재설계한다. 또한 컨설팅 보고서를 작성하고 프로그램 종결, 추수 컨설팅 과정에서 새로운 문제가 발생할 경우, 협의 하에 다른 전문가 또는 다른 기관에 의뢰한다. 이 단계에서 사용할 수 있는 대화법 몇 가지를 소개하면 아래와 같다.

- 처음 만났을 때의 학습문제 상태가 10점 만점 중 5점 정도였다면 지금 종결하는 시점에 점수는 몇 점 정도 될까요?(평가)
- 학생의 어떤 능력이 좋아져서 그렇게 좋아졌을까요?(평가)
- 선생님은 학생을 의뢰하실 때와 지금을 비교하면 무엇이 변했다고 느껴지시나요? (평가)
- 다음에 이런 프로그램을 다시 하게 된다면 어떤 것을 추가하거나 변경하고 싶은가요?(맥락적 평가)
- 혹시 조금 더 컨설팅 하고 싶은 부분이 있으신지요?(맥락적 평가)
- 지난번 컨설팅을 종료했을 때, 불안의 정도가 5 정도였다면 한 달이 지난 지금은 몇 정도인가요?(맥락적 추수컨설팅)
- 다른 전문가를 소개 해드리고 싶은데, 어떻게 생각하시는지요?(연계)

2 맥락적 학습컨설팅의 적용 실제

1) 학습전략이 필요한 학생에 대한 맥락적 학습컨설팅

학습문제나 학업부진에 관심을 가진 연구자들은 이를 극복할 수 있는 대안적 방법을 강구하였고 하나의 해답으로서 학습전략, 즉 학습하는 방법의 학습(learn to learn)

을 제시하였다. 그리고 학습전략이 학습문제에 적절한 대처 방법이 될 수 있는지에 대한 다양한 연구가 진행되어 왔다(김동일 외, 2011). 학습전략이라는 포괄적인 개념의 하위 요소로 주로 인지·초인지 전략이 논의되고 있으며, 여기에서 말하는 학습전략은 공부기법, 공부전략, 공부방법 등으로 불리기도 한다(이재규 외, 2013). 학습전략은 인지심리학이 발달하면서 함께 발전된 개념으로 정보처리적 관점에서 지식의 저장, 인출, 활용 절차 등과 어떻게 이 과정이 조정되는지에 대한 전반적인 전략을 의미한다. McKeachie 등(1986)은 학습전략을 인지전략, 상위인지(초인지)전략, 자원관리전략으로 나누었다. 인지전략이란 학습자가 정보를 이해하고 부호화하여 장기기억에 저장하거나 이를 다시 인출하는데 사용하는 전략으로 시연, 정교화, 조직화 전략 등이 해당된다. 상위인지(초인지)전략이란 인지과정의 절차를 인식하고 통제 조절하는데 관련된 전략으로 계획, 점검, 조정이 해당된다. 마지막으로 자원관리전략은 지속적으로 학습할 수 있도록 시간, 공부환경, 노력 등의 자원관리가 이에 해당된다. 중·고등학교 학생들은 많은 학습량을 가지고 있어서 스스로 이를 조절하지 않으면 학습문제를 일으킬 수 있다. 따라서 인지전략이나 상위인지전략을 컨설팅 하는 것은 매우 의미 있는 작업이라 할 수 있다.

가) 학습전략 컨설팅이 필요한 학생 사례

창배는 고등학교 1학년이다. 어린 시절부터 조기교육으로 소위 실력 있는 학원수강과 개인과외를 많이 받았던 학생이다. 중학교에서 나름 모범생으로 불렸고 최상위권은 아니었지만 상위권의 성적으로 인문계 고등학교에 진학하였다. 학교에서 실시하는 야간자율학습도 선택했고 많은 시간을 학습에 투자하고 있지만 고등학교 성적은 중학교에 비해 형편없이 하락하기 시작하였다. 중학교까지는 학원에서 전 과목 시험 준비를 다 해 주었지만 고등학교에서는 학습 분량도 많고, 야간자율학습으로 인해 학원을 다닐 수 없었다. 부모님의 우려가 커지기 시작하면서 창배도 어떻게 성적을 올릴 수 있는지, 아니 그것보다 어떻게 공부를 해야 하는지 몰라 불안에 압도되기 시작했다. 교과서를 읽어도 단편적인 지식만 머리에 맴돌 뿐 어떤 것이 중요한지 도통 알수가 없다. 암기과목 교과서를 여러 차례 읽고 또 읽어보지만 핵심이 무엇인지 연결이 되지 않았다. 이번 기말고사에 더 낮은 성적을 얻을까봐 두려운 창배의 이런 상황을 알게 된 부모님이 학습컨설팅을 요청한 사례이다.

나) 컨설팅 환경 만들기 및 원함 확인

중학교까지는 부모의 기대에 잘 부응하며, 부모의 자랑이 되기도 했던 창배이지만 고등학교에 들어와서 도통 학습에 어려움을 겪고 있는 것 같다. 어린 시절부터 좋다는 교육을 다 제공하였는데, 고등학교에 들어오니 제공할 시간조차 없고, 창배가 심리적으로 더 힘들어 할까봐 시키지도 못했다고 부모님이 보고하였다. 컨설턴트는 부모가 창배에게 무엇을 기대하는지 확인하였다. 그리고 창배의 답답한 마음과 함께 머무르며 정서적 공감을 충분히 하였다. 창배는 여러 가지 힘든 점들이 있지만 우선적으로 초·중학교 때는 학원과 과외선생님이 중요한 부분을 짚어주고 암기 시켜서 시험을 치르는 수동적 방식의 공부 방법에 익숙해져 있어 자율적으로 공부해야 하는 고등학교에서는 학습내용 중 무엇이 중요한지, 자신의 학습전략이 제대로 된 것인지 모르겠다는 점을 피력하였다. 컨설턴트는 맥락적 학습컨설팅을 통해서 창배의 어떤 부분들이 향상될 수 있는지를 나누고 학습컨설팅이 어떻게 진행되고, 시간, 장소, 소요비용과 지급방법, 컨설팅 프로그램의 과정과 변화가능성 등에 대해서 창배와 부모에게 설명하고 계약서를 작성하였다.

다) 행동탐색 및 평가하기

창배는 중학교 때는 나름 인정받는 학생이었고, 좋은 성적을 받고 싶은 동기가 있는 학생이다. 컨설턴트와의 대화 과정에서 중학교에서 전 과목의 중요한 부분을 짚어주는 학원을 다녀서 학교 성적이 좋고 인정을 받았던 것은 자존감에 긍정적 영향을 미치었으나 자기주도적으로 공부하는 능력을 키우지 못하게 된 것은 부정적인 영향을 준 것 같다고 평가하였다. 지금 현재 불안해서 공부량을 늘리고 밤에 잠을 충분히 안 자는 것은 오히려 좋지 않은 것 같다고 본인 스스로 이야기하였다. 창배와 부모님의 이야기를 들은 컨설턴트는 창배의 상태를 조금 더 파악하기 위해 학습전략검사, 불안검사(BAI) 등을 실시하여 학습과 심리적인 부분에서 창배가 어떤 상태인가를 종합적으로 살펴보았다. 학습전략관련 검사와 불안검사 결과를 목표설정에 활용하였다. 창배는 불안이 다소 높게 나타났으나 추후 상황을 지켜보기로 하였다.

라) 목표설정 및 운영

컨설턴트는 창배와 합의하에 호소하는 학습문제 중, 가장 시급하게 생각하는 교과서 내용 중 중요한 점을 파악하는 것을 컨설팅의 목표로 설정하였다. 따라서 구체적으로는 목표와 관련하여 전반적인 읽기전략을 학습한 후, 비문학교과의 한 단원을 대상으로 시도해 보는 것으로 하였다.

표 7.2 학습전략 중심의 맥락적 학습컨설팅 프로그램

단계	주제		활동내용
원함 확인	창배, 부모 기대 확인		• 창배, 부모가 학습컨설팅을 통한 기대를 파악
행동 탐색 · 평가	행동탐색		• 현재의 학습행동 탐색 • 학습문제의 장·단점 탐색 • 학습전략 검사와 불안관련 검사, 불안 검사(BAI)의 실시
	기대와 현실의 차이탐색		• 기대와 현실의 차이 확인 후 행동 평가하기 • 부모와 창배의 기대 차이 확인하기
목표 설정 · 운영	목표설정		• 창배, 부모와 협의하여 목표 설정하기(구체적)
	운영		• 프로그램에 대한 협의와 수정 보완하기 • 필요 시 전문가에게 슈퍼비전 의뢰하기 • 부모에게 프로그램 운영 관련 협조 구하기
	프로그램 개발		• 읽기능력(요점 파악능력) 향상 프로그램 : 비문학교과에서의 요점 파악 능력 향상
	읽기 능력 향상 프로그램	1회기	• 창배의 읽기 전, 읽는 도중, 읽는 후의 행동 분석해보기
		2회기	• 비문학 성적이 좋은 친구와 나의 차이점 분석해 보기
		3회기	• Robinson의 SQ3R읽기 방법 소개
		4회기	• SQ3R 방법으로 비문학 교과서 단원 정리해 보기
		5회기	• SQ3R 방법을 다른 교과로 확대해 보기
종결	프로그램 종료 및 연계		• 프로그램효과에 대한 창배, 부모님의 평가 • 상담전문가 연계 제시 • 추수 컨설팅 • 보고서 작성

마) 종결 및 연계

창배의 경우 기본적으로 학습에 대한 열의와 지능이 높은 편이고 부모도 협조적이어서 적은 회기에도 효과가 나타났다. 프로그램 운영 결과 읽기와 관련한 전략에서 다른 학생과의 차이를 구분할 수 있었고 어떻게 읽기전략을 사용하는지에 대한 자신

감을 갖게 되었다. 구체적으로 비문학의 읽기를 다른 교과목으로 연계시키는 능력도 키울 수 있게 되었다. 하지만 컨설팅 도중, 실패의 두려움이 너무 크고 전반적으로 불안함이 과도하게 작용하여 편안한 상태가 아니면 책의 글씨가 보이지 않는 점이 발견되어 창배와 충분히 이야기하고, 부모에게 상담 후 불안을 담당할 수 있는 전문 정서적 심리상담가를 소개하였다.

바) 추수 컨설팅

창배의 경우 호소하는 학습문제 중 이번 컨설팅에서는 읽기와 관련해 요점을 파악하는 능력을 증가하는 데 초점을 맞추었다. 컨설팅이 종료되고 기말고사 전에 다시 만나 읽기전략을 잘 사용하고 있는지 확인하였다. 더불어 연계한 정서적 심리상담가와의 상담을 진행하는 여부에 대해서 이야기하였다.

2) 학습동기가 낮은 학생을 위한 맥락적 학습컨설팅

학습동기란 학습목표를 개인의 목표와 결부시켜 분명한 목표의식을 가지게 하고, 적성이나 흥미에 맞는 과제의 제시와 보상, 경쟁심의 적용, 피드백 등을 활용하는 학습에 작용하는 동기이다(교육학 용어사전, 2007). 수포자(수학포기자), 과포자(과학포기자), 영포자(영어포기자)라는 신조어는 낮은 학업성취로 인해 스트레스를 계속 받게 되면 공부에 대한 어떠한 내·외적 동기도 없는 무동기에 이를 수 있다는 기존 연구결과를 입증한다. 학습에 대해 무동기 상태에 빠지게 되는 학생들은 수업에 집중을 못하게 되면서 학업성취가 낮게 되고 학교생활에 만족도가 낮아져 중도탈락에 이를 수 있다(조은문, 이종연, 2016).

학습동기를 어떻게 고양시키고, 오랜 시간 유지하도록 하는 것은 교육심리학자들에게 중요한 연구 주제이다. 학습동기의 원인을 학습자의 심리적 속성에서 찾으려는 개인 지향적 원인론과 외부환경에 찾으려는 환경 지향적 원인론, 체제이론 또는 생태학적 접근으로 나누어 살펴 본 연구(이재규 외, 2013)도 있고, 기질적 관점, 행동주의 관점, 인지주의적 관점, 인본주의적 관점으로 살펴본 연구(김동일 외, 2011)도 있다.

Ausubel은 학습동기가 학습의 원인으로서 뿐만 아니라 효과로서도 중요하다고 말하고 주어진 학습과제에 대해 가능하고 구체적인 목표를 세움으로써 학습동기를 유발시킬 수 있다고 설명하였다. 그는 학습의 출발 단계에서 학습자 스스로 현실적인 목표를 세우도록 도와주고 이러한 목적을 향한 진보를 평가하게 하며, 능력의 한계를 극복할 수 있는 다양한 정보를 제공하고 목적 달성에 관한 정보를 제공함으로써 학습자의 학습동기를 유지할 수 있도록 하는 것이 학습목표의 성취에 중요한 요건이라고 지적했다(Ausubel, 1968).

학습동기가 학업성취와의 연관이 높고, 학업성취가 청소년의 주요한 스트레스로 작용하여 생활만족도, 주관적 안녕감, 삶의 질과 관련이 높다는 기존의 연구결과(봉미미 등, 2008; 한기혜, 2011)를 살펴볼 때, 중·고등학생의 학습동기를 위한 컨설팅은 학습문제 해결뿐 아니라 청소년기의 삶 전반의 안녕을 위해서 매우 중요하다.

가) 학습동기 관련 컨설팅이 필요한 학생 사례

선희는 중학교 1학년생이다. 유치원 시절부터 노래와 춤추기를 좋아하는 귀여운 학생이었다. 예능 분야에 관심이 있고 늘 사람들에게 주목 받기를 좋아해 연예인이 되길 꿈꾸지만 끈기가 부족하고, 공부에는 관심이 없다. 중학교에 올라오면서부터 수학시간은 아예 엎드려 잠을 잔다. 사실 초등학교 분수 개념조차 제대로 숙지하지 못한 채 중학교에 들어왔고 보충을 제대로 못한 상태여서 시간이 지나 기초가 부족하다보니 자연스럽게 수포자의 삶으로 들어서게 된 것이다. 수학시간과 달리 음악시간에는 가장 먼저 음악실에 가서 칠판을 지우고 가창시간에는 피아노 반주도 도맡아 할만큼 활동적인 학생이다. 현재 학교 밴드 동아리에서 보컬을 맡아 이번 축제를 준비하고 있지만 이 또한 지속성이 부족하여 누군가 선희의 노래가 별로라고 말하면 쉽게 낙심하여 무기력에 빠진다. 부모님은 공부에 관심이 없는 선희를 중학 수학학원에 보내지만 선희는 수학학원을 친구들과 시간을 보내는 교제의 장으로 활용하고 있어 학습에는 전혀 도움이 되지 않았다. 최근에 부모님이 담임선생님을 통해 선희의 학교생활을 전해 듣고 선희를 혼내면서 스마트폰을 압수하고, 심지어 이번 시험에서 성적이 오르지 않으면 동아리 활동을 금지하겠다고 선포하였다. 선희는 우울감으로 수학시간 뿐만 아니라 음악시간에도 잠을 자기 시작했고 이 모습을 본 학교 음악선생님이 학습 컨설턴트에게 의뢰하여 컨설팅이 시작되었다.

나) 컨설팅 환경 만들기 및 원함 확인

사람들에게 인정받고 싶은 마음이 있는 선희는 사실 공부를 잘하고 싶은 마음이 있지만 초등학교 수학을 모른다는 사실을 말하는 것이 너무 창피해서 어디에 도움을 요청할 수 없었다고 하였다. 더불어 자신에 대한 부모님의 실망감이 커져서 자신을 미워할 것 같고 귀찮아하시는 것 같아 어떻게 할 수 없었다고 말하였다. 컨설턴트는 선희의 마음을 충분히 공감하면서 들어주었다. 선희가 초등학교 수학이 어려워졌던 계기를 말하던 중에 초등학교 5학년 때 약분과 관련된 내용을 조별로 토의한 후 발표할 때 자신이 잘 이해하지 못해 조가 벌점을 받게 되어, 친구들에게 놀림을 당하면서 수학의 관심도가 떨어지게 되었다고 이야기하였다. 지금도 그때를 생각하면 분하고 억울한 느낌이 올라온다고 보고하였다. 괜히 모르는데 아는 척 하다가 선생님이 시키면 다시 놀림을 당하는 수치를 경험할까봐 자신이 아예 수학을 포기한 것 같다고 설명하였다. 컨설턴트는 맥락적 학습컨설팅을 통해서 선희의 학습동기와 관련하여 어떤 부분이 향상 또는 감소될 수 있는지를 나누고 학습컨설팅의 진행과정, 장소, 시간, 프로그램 내용, 변경가능성에 대해 선희와 상의하고 계약서를 작성하였다.

다) 행동탐색 및 평가하기

선희는 자신이 수학시간에 포기한 행동이 어린 시절 경험했던 수치감을 다시 경험하지 않아 도움이 되었으나, 인정 받고 싶은 자신의 마음과 달리 사람들이 열등생으로 낙인을 한 것 같은 느낌 때문에 부정적으로 작용한 점이 더 큰 것 같다고 이야기 하였다. 또한 부모님께 실망을 드리지 않기 위해서 초등학교 수학을 잘 모른다는 이야기를 하지 않고 자기 스스로 해보려고 노력하였으나 차일피일 미루다 보니 중학교 수학도 이해하지 못하는 상황까지 이르렀다고 이야기하였다. 또한 중학교에 들어와서 수학을 해보려고 학원 앞자리에서 수업도 받아 보았으나 금방 싫증이 나는 성격이어서 지속할 수 없다고 하였다. 선희 이야기를 충분히 들은 컨설턴트는 선희의 상태를 더 파악해보기 위해 문장완성검사(SCT)와 청소년용 다면적 인성검사(MMPI-A)를 실시하였다. 문장완성검사에서는 부모와의 관계가 좋지 않았으며 다른 사람들의 시선에 매우 민감하게 반응하고 있었다. MMPI-A수준은 정상 범주에 있었으나, 경조증과 우울증 수치가 다소 높게 나와서 주의 깊게 살펴야 하였다.

라) 목표설정 및 운영

컨설턴트는 선희와 합의하에 이번 컨설팅의 목표를 설정하였다. 호소하는 학습문제는 첫째, 기초가 부족하여 학습동기가 없다는 점, 둘째, 인정을 받지 못하고 무시당하는 두려움으로 인해 학습동기가 없다는 점, 셋째, 학습동기를 지속할 수 있는 능력이 부족한 점 중에서 이번 컨설팅에서 먼저 다루고 싶은 점을 합의하였다. 이 중 첫째, 셋째를 먼저 다루기로 결정하였다.

표 7.3 학습동기 중심의 맥락적 학습컨설팅 프로그램

단계	주제		활동내용
원함 확인	선희 기대 확인		• 선희 학습컨설팅을 통한 기대를 파악
행동 탐색 · 평가	행동탐색		• 현재 학습행동 탐색 • 학습문제의 장·단점 탐색 • 문장완성검사(SCT), 청소년용다면적인성검사(MMPI-A)
	기대와 현실의 차이탐색		• 기대와 현실의 차이 확인 후 행동 평가하기 • 부모와 선희의 기대 차이 확인하기
목표 설정 · 운영	목표설정		• 선희와 협의하여 목표 설정하기(구체적)
	운영		• 프로그램에 대한 협의와 수정 보완하기 • 필요 시 전문가에게 슈퍼비전 의뢰하기 • 교사에게 프로그램 운영 관련 협조 구하기
	프로그램 개발		• 학습동기 증진 프로그램: 성취 경험 쌓기 및 동기지속능력 키우기
	학습 동기 증진 프램	1-3 회기	• 단기목표(매일 실천 가능한 사소한) 세워서 성공경험 쌓기 • 중기목표 세우기(학습과 관련한 성공경험: 주 단위 목표) • 초등학교 수학관련 공부계획 세우고 시도하기 • 부모에게 수학관련 도움요청하고 용기를 격려하기
		4-6 회기	• 단기목표(매일 실천 가능한 사소한) 세워서 성공경험 쌓기 • 중기목표 유지, 성공경험 나누고 격려하기 • 음악시간과 수학시간의 차이점 분석해 보기 • 초등학교 수학공부 유지하기 • 귀인양식 설명하고 자신의 삶에 대한 귀인 분석해 보기
		7-13 회기	• 단기목표(매일 실천 가능한 사소한) 세워서 성공경험 쌓기 • 중기목표 유지, 성공경험 나누고 격려하기 • 초등학교 수학공부 유지하기 • 노력귀인에 연습 및 유도
		14-15 회기	• 타과목 학습동기 분석, 동기 고양 및 지속성 확대
종결	프로그램 종료 및 연계		• 프로그램 효과에 대한 선희, 교사의 평가 • 추수 컨설팅 • 보고서 작성

마) 종결 및 연계

선희의 경우 타인의 시선에 대해서 민감하게 반응하고 있었으며 인정의 욕구가 채워지지 않으면 학습에 대한 무동기가 발현하게 되었다. 하지만 좋아하는 음악선생님이 의뢰하였기 때문에 음악선생님에게 인정받기 위해 컨설팅에 적극적으로 참여하였다. 기초가 없는 수학과목의 경우 부모에게 도움을 요청하는 것을 용기 있는 행동으로 보고 서서히 말할 수 있도록 도와주고 성공하였을 때 용기를 격려해 주었으며, 학습동기의 지속능력을 갖도록 한 학기 동안 15회기의 프로그램을 운영하였다. 프로그램 운영 결과 수학과목의 경우 부모의 도움을 통하여 비교적 빠른 시간에 초등학교 수학에 대한 개념을 획득하게 되었으며, 중학교 1학년 수학까지 연계하게 되었고 수업시간에 자는 횟수도 현저하게 줄었다. 삶 속에서 작은 성공경험이 15주 동안 쌓이게 되면서 동기 지속능력이 증가하였고, 결과에 대해 자신의 능력으로 귀인한 횟수가 증가하였다.

바) 추수 컨설팅

선희의 경우 수학 기초학습과 동기지속에 관하여 컨설팅을 실시하여 효과를 보았는데, 컨설팅이 종료되고 한 달에 한 번씩 시간을 정해 학습동기가 얼마나 지속되고 있는지에 대하여 이야기하였고 우울감과 부모와의 관계에 대해서 확인하였다.

3) 시험불안 조절전략이 필요한 학생을 위한 맥락적 학습컨설팅

초등학교에 입학하게 되면서 반 친구와의 경쟁은 시작된다. 자연스럽게 자신의 성취수준을 인지하게 되고 타인과의 비교를 경험하게 된다. 그런데 이것이 만약 위협적으로 느껴진다면 불안이 된다.

시험불안 요소가 무엇인지 살펴보는 것은 시험불안 감소 프로그램 구성에서 매우 중요한 요소이다. Madler와 Sarason(1952)은 시험불안을 과거에 실패했던 경험, 실패했을 때 갖게 되는 죄의식, 부모의 꾸지람으로 인해 갖게 되는 적대감 등이 쌓여 평가상황에서 본능같이 나타나는 일종의 불안이라고 정의하였다. 1960년대에 들어 Liebert와 Morris(1967)는 시험불안이 걱정(Worry)과 정서(Emotionality)로 이루어졌으며, 시험 압박감 아래 발생되는 '자율신경계의 반응'으로 개념화하였다. 비슷한 시기에 Spielberger(1966)는 '만성불안(chronic anxiety)'과 '일시적 정서 상태인 급성불안(acute anxiety)'을 시험불안에 적용하여 성격적인 특질로서의 '특질불안(trait anxiety)'과 특수한 상황에서 자신이 위협을 느낄 때 반응하는 일시적인 상태로서의 '상태불안(state anxiety)'으로 구분하였다. 선행연구를 바탕으로 박병기, 임신일, 김어진(2008)은 시험불안을 '상황(situation)-특수적(specific)인 성격특질(trait)'로 정의하고 '특정한 시험 맥락에서 발생하는 불안 반응(anxious responses elicited in a specific testing context)'이라고 하였는데, '불안반응'이란 시험맥락에 발생되는 인지적, 정의적, 신체적인 반응내용들로 이루어진다고 설명하였다. 이러한 시험불안의 요소를 바탕으로 인지, 행동, 인지+행동중심, 학습기술, 시험 관련기술 훈련, 다양한 접근의 시험불안 감소 프로그램(요가, 마음수련 관련, 음악치료, 미술, 놀이 및 레크리에이션 등)이 시행되고 있다(임신일, 2011).

가) 시험불안 조절 컨설팅이 필요한 학생 사례

수현이는 고등학교 2학년 남학생이다. 초등학교 때부터 선생님이 시키는 일을 잘하고 맡겨진 일을 누구보다 철저하게 준비하여 이루어내는 모범적 성격을 가진 학생이었다. 학교에서는 총무 역할을 도맡아 하고 깔끔한 성격으로 주변이 항상 깨끗하다. 수현이의 형 재현이도 수현이가 재학하고 있는 고등학교를 작년에 졸업했는데, 전교 수석으로 졸업하여 원하는 대학에 진학하였다. 형의 졸업 이후 집안 어른들, 학교 선생님의 관심이 수현이에게 향하고 있는데 수현이는 형에 비해 다소 성적이 낮아 매우 부담스럽다. 작년 고등학교에 들어와 첫 번째 시험을 치르던 날 아침을 수현이는 아직도 기억하고 있다. 두통과 복통으로 화장실을 들락거리면서 마음이 안정되지 않았다. 부모님은 아침 식사가 잘못된 것으로 생각하고 약을 주었지만 진정되지 않았다. 간신히 학교에 도착하여 시험을 보았지만 도저히 집중할 수 없어서 첫날 시험 본 전 과목에서 실수를 하였다. 그 이후부터 수현이는 자기가 자신 있었던 과목, 충분히 풀어내었던 문제도 시험에 출제되면 당황하게 되고, 시험 때마다 두통과 복통을 경험하였다. 부모님과 선생님께서는 수현이의 마음이 약하다며 굳건한 마음을 갖으라고 조언해 주시지만 그 어떤 것도 도움이 되지 않았다. 시험을 충분히 준비하기도 하고 아침 식사를 먹지 않기도 해보았지만 고등학교 2학년 첫 시험에서는 시험지를 받았을 때 글씨가 보이지 않는 경험까지 하게 되었다. 결국 시험을 망친 수현이는 학교를 뛰쳐나와 방황하다가 '시험불안 감소 전략'을 코칭한다는 홍보전단지를 발견하고 직접 컨설턴트를 찾아왔다.

나) 컨설팅 환경 만들기 및 원함 확인

심리적 '컨설팅 환경 만들기'를 위해 혼란스럽고 속상한 수현이의 마음에 최대한 공감하였다. 수현이는 부모님께 죄송한 마음과 내신을 망쳐서 대학입시에 실패하게 될 것 같은 불안함을 호소하였다. 수현이는 어린 시절부터 형과 비교를 당했고 집안 어른들과 학교 선생님들이 형 수준의 성취를 요구해서 힘들다고 이야기했다. 아버지가 늘 수현이에게 정신력이 약하고 자신감이 없다고 시험불안 정도는 스스로 이겨야 한다고 요구하서서 더욱 힘들다고 표현했다. 물리적인 컨설팅 환경 만들기는 수현이가 편하게 자신의 마음을 털어 놓을 수 있도록 안정된 컨설팅 환경을 제공하였다. 이 과정이 유료로 진행되는 과정이므로 학습컨설팅이 어떻게 진행되고, 장소, 시간, 프로그램 과정, 변화 가능성 등에 대해 설명했다. 컨설팅 비용은 수현이의 부모님이 지불해야 하므로 수현이에게 동의를 구하고 어머니 전화번호를 알아내어 수현이가 컨설턴트의 사무실을 찾아온 상황을 설명하여 수현이가 편하게 컨설팅에 참여할 수 있도록 조력하였다. 시험불안의 성격상 특질적인 면이 있어서 장시간의 컨설팅이 필요하지만 부모님께서 경제적인 어려움을 호소하셔서 10회기를 먼저 해보기로 하였고 수현이의 시험불안이 맥락적 학습컨설팅을 통해 감소되도록 서로 노력하자고 약속하고 학습프로그램을 진행하였다.

다) 행동탐색 및 평가하기

수현이와 이야기하다 보니, 사실 초등학교와 중학교 때에도 시험불안이 있었다고 했다. 시험불안이 있다는 것을 알고 있으니, 더 열심히 노력할 수 있고 준비를 많이 한 것 같고 그래도 이 정도 성적을 유지한 것 같다는 학습문제의 장점을 이야기 하였다. 고 1때 시험불안 때문에 소화기관에 문제가 생겨서 시험을 망치게 되면서, 시험 전날부터 굶어 보기도 했으나 오히려 악영향을 미치게 된다고 이야기하였다. 컨설팅 도중 수현이는 전국모의고사를 볼 때는 내신관련 시험을 볼 때보다 시험불안이 덜하다고 표현하였다. 수현이의 이야기를 들은 컨설턴트는 상태를 더 이해하기 위해 문장완성검사(SCT)와 청소년용 다면적 인성검사(MMPI-A), 시험불안 검사, BAI(벡 불안척도)를 실시하였다. 문장완성검사에서 나는........이라는 검사문항에 '나는 망할 것 같다'라고 표현했고, 아빠는.......이란 검사문항에 '아빠는 무섭다'라고 표현했다. 상대적으로 엄마에 대해서는 나를 안아주는 사람이라고 표현했다. 다면적 인성검사 결과는 타당도 척도의 지표가 다소 상승되어 있었으나, 검사를 신뢰하지 못한 수준은 아니었으며, 임상척도에서는 건강염려, 우울, 강박이 60이상 70미만으로 나타났다. 시험불안 검사에는 시험 전의 불안도가 시험 도중 보다 높게 나타났다.

라) 목표설정 및 운영

컨설턴트는 수현이와 합의하에 이번 컨설팅의 목표를 설정하였다. 기적질문을 사용하여 컨설팅의 목표설정을 하였다. 수현이는 스스로 시험불안을 조절할 수 있으며, 형보다 좋은 성적을 받지 못해도 부모님께 존재 자체로 인정받는 것을 원하고 있었다. 이번 컨설팅에서 이 두 가지 학습관련 문제를 모두 다루어 보기로 합의하였다. 부모의 적극적인 지지와 협조가 필요해서 컨설팅의 대상을 수현이와 부모님으로 정하였다.

표 7.4 시험불안 조절 맥락적 학습컨설팅 프로그램

단계	주제		활동내용
원함 확인	수현 기대 확인		• 학습컨설팅을 통한 기대를 파악
행동 탐색 · 평가	행동탐색		• 현재 학습행동 탐색 • 학습문제의 장·단점 탐색 • 문장완성검사(SCT), 벡 불안 검사(BAI), 청소년용 다면적 인성 검사(MMPI-A) 등의 실시
	기대와 현실의 차이탐색		• 기대와 현실의 차이 확인 후 행동 평가하기 • 수현이와 부모님의 기대 차이 확인하기
목표 설정 · 운영	목표설정		• 수현이와 부모님과 협의하여 목표 설정하기(구체적)
	운영		• 프로그램에 대한 협의와 수정 보완하기 • 필요 시 전문가에게 슈퍼비전 의뢰하기 • 부모님에게 프로그램 운영 관련 협조 구하기
	프로그램 개발		• 부모님과 함께한 시험불안 조절 프로그램: 인지-행동 프로그램
	시험불안 조절 프로그램	1-3 회기	• 프로그램 동기 향상 • 시험 전, 시험 도중, 시험 후의 불안에 대한 자동적 사고, 감정, 신체의 연결 탐색 • 그동안 해온 대처방식들 탐색 및 효과성 분석
		4-7 회기	• 학업과 시험에 대한 역기능적 신념 찾기 • 신념과 자동적 사고에 대한 부정적 결과 이야기하기 • 역기능적 신념 반박하기

		7-9 회기	• 부모와 함께 하는 자존감 향상 프로그램
			  : 생후 1년 사이 사진 정리하기
			  : 목욕탕 함께 가기
			• 형하고 다른 나의 장점을 부모와 함께 찾기
			• 시험 전, 시험 도중, 시험 후 불안감소 전략 학습
			• 시험불안에 관련하여 올바른 대처 방식 찾기, 부모가 도와줄 점 찾기

		10회기	• 3년 뒤 나의 모습에 대해 부모님과 함께 나눠보기
종결	프로그램 종료 및 연계		• 프로그램 효과에 대한 수현, 부모의 평가 • 추수 컨설팅 • 보고서 작성

마) 종결 및 연계

수현이의 경우 어린 시절부터 형과의 비교 때문에 공부 자체의 즐거움이 별로 없고, 공부가 늘 부모나 타인에게 인정받는 도구로 사용되고 있었다. 하지만 스스로 컨설턴트를 찾아 올 만큼 내적인 자원이 풍부한 학생으로 보인다. 더불어 부모님도 수현이를 돕는 마음이 충분하여 시험불안과 부모 자녀와의 관계를 동시에 다루는 컨설팅을 시도하였다. 수현이가 그동안 시험불안을 해결하기 위해 나름대로 여러 가지 방법을 시도하였지만 제대로 되지 않았기 때문에 프로그램을 인지-행동을 조절하는 컨설팅으로 설계하였다. 역기능적 신념, 대처 방식을 살펴 보고 올바른 시험불안 조절 전략을 학습한 후에 대처 방식과 신념을 스스로 설계하도록 조력하였고 이 과정에서 부모가 도와줄 수 있는 점을 같이 설계하여 부모 자녀와의 관계도 증진할 수 있도록 설정하였다.

수현이와 부모님은 이 프로그램에 대하여 매우 만족하였고 효과성이 있다고 표현하였으나, 다면적 인성 검사 또는 수현이의 완벽한 성격적인 측면을 살펴 보았을 때, 지속적인 관리가 필요할 수 있다고 부모님께 설명하였으며 주의깊게 보살필 것을 요청하였다.

바) 추수 컨설팅

학교에서 의뢰된 사례가 아니고 유료로 진행되는 사례여서 미리 계획하여 다음 기말고사 전에 시험불안을 어떻게 조절하고 있는지에 대한 컨설팅을 실시하였는데, 수현이가 시험 3주 전에 컨설팅을 갑자기 요청하였다. 기존에 컨설팅을 처음 시작했을 때의 시험불안이 10정도였고, 마칠 때가 4정도였다면 현재는 8정도로 상승한 상태였다. 또한 소화불량이 다시 시작된 상태라고 불안해하고 있었다. 따라서 컨설팅이 필요하다고 요청하였다. 따라서 추후 재컨설팅을 진행하려고 준비 중이다.

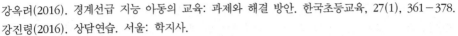
강옥려(2016). 경계선급 지능 아동의 교육: 과제와 해결 방안. 한국초등교육, 27(1), 361－378.

강진령(2016). 상담연습. 서울: 학지사.

교육부 조간보도자료(2016. 9. 29.). 2015학년도 학업중단 학생현황 발표.

권대훈(2006). 교육심리학의 이론과 실제. 서울: 학지사.

권응환(2004). 학습기술 훈련이 초등학생의 학습습관, 자기주도적 학습능력 및 학업성취에 미치는 효과. 경남대학교 박사학위논문.

김계현, 김동일, 김봉환, 김창대, 김혜숙, 남상인, 천성문(2009). 학교상담과 생활지도 2판. 서울: 학지사.

김동일, 신을진, 이명경, 김형수(2011). 학습상담. 서울: 학지사.

김미지(2014). 다문화가정 자녀의 개인 심리 및 환경 변인과 학교적응 간 상관관계에 대한 메타분석. 경북대학교 석사학위논문.

김소영, 최지만, 김정섭(2013). 학습컨설팅 프로그램이 초등학교 학습부진아의 주의집중력에 미치는 효과. 사고개발, 9(3), 43－61.

김승금(2007). 해결중심단기상담의 이론과 실제. 상담과 지도, 42, 193－204.

김언주(1989). 신 피아제론. 서울: 배영사.

김영진(2003). 아동·청소년지도자를위한학습상담연구. 서울: 양서원.

김은영, 김솔 역(2013). 해결중심 코칭. 서울: 학지사.

김인규, 임은미, 이성진, 윤경희(2008). 우리나라 성인의 진로발달과업에 대한 암묵지 탐색. 진로교육연구, 21(1), 1－17.

김정섭(2009). 학습컨설팅의 중요성과 학습컨설턴트의 역할. 교육심리연구: 학습컨설팅, 1(1), 19－33.

김정섭, 전보라(2010). 학습부진 해소를 위한 학습컨설팅. 학교심리와 학습컨설팅, 2(1), 35－53.

김정현, 윤여진, 정인경(2016). 청소년의 학업소진과 학교생활적응의 관계에서 스트레스 대처의 매개효과. 한국가정과교육학회지, 28(1), 71－85.

김종서, 황종건, 김신일, 한숭희(2000). 평생교육개론. 서울: 교육과학사.

김종운, 이지혜(2016). 학교적응향상을 위한 해결중심 집단상담 프로그램이 학교부적응 중학생의 정서조절능력과 사회적응력 및 학교적응에 미치는 효과. 학습자중심교과교육연구, 16(3), 879－902.

김창대, 이정윤, 이영선, 남상인(1994). 청소년 문제유형분류체계: 기초연구. 서울: 청소년대화의 광장.

김태성, 김형수, 이영선, 박정민, 임은미(2001). WEB을 활용한 청소년 심리검사 프로그램 개발. 서울: 한국청소년상담원.

박병기(2012). 학습컨설팅 운영에서 한국교육심리학회의 역할과 과제. 교육심리연구, 26(4), 1097－1111.

박병기, 임신일, 김어진(2008). 시험불안의 재개념화에 의한 척도 개발 및 요인구조 탐색. 교육심리연구, 22(1), 87-109.

박선향(2016). 대학생의 양성평등의식과 결혼관의 관계. 교육문화연구, 22(6), 207-232.

박성익(1986). 학습부진아 교육. 서울: 한국교육개발원.

박영신, 김의철, 정갑순(2004). 한국 청소년의 부모자녀관계와 성취에 대한 종단연구: 자기효능감과 성취동기를 중심으로. 한국심리학회지: 사회문제, 10, 37-59.

변수용, 김경근(2008). 부모의 교육적 관여가 학업성취에 미치는 영향: 가정배경의 영향을 중심으로. 교육사회학연구, 18(1), 39-66.

변창진(1991). 학습기술, 습관검사 및 훈련 프로그램 개발과 활용. 서울: 한국 학술진흥재단 연구보고서.

봉미미, 김혜연, 신지연, 이수현, 이화숙(2008). 한국 청소년의 학습동기에 영향을 미치는 사회문화적 요인 탐색. 한국심리학회지: 사회문제, 14(1), 319-348.

서병환(1983). 학습부진아의 유형분석과 상담모형 개발. 한양대학교 박사학위논문.

서봉연, 유안진(1983). 인간발달. 서울대학교출판부.

서울대학교 교육연구소(2007). 교육학 용어사전. 서울대학교 교육연구소.

성윤숙(2005). 학교중도탈락 청소년의 중퇴과정과 적응에 관한 탐색. 한국청소년연구, 16(2), 295-343.

송인섭(2008). 학습자 중심의 21세기 패러다임-방법과 전망. 교육심리연구, 21(4), 881-896.

신을진(2005). 학습목표 실천과정의 방해요소 분석: 고등학생의 공부계획 실천과정을 중심으로. 서울대학교 박사학위논문.

신을진, 김형수(2007). 학교학습 상담매뉴얼. 교육인적자원부.

신을진, 이일화(2010). 학습코칭 프로그램이 학습부진아의 학습전략에 미치는 효과. 아시아교육연구, 11(4), 145-165.

신종호, 최효식(2013). 학습컨설팅의 관점에서 본 교원양성 및 교사교육의 방향. 교육심리학연구, 27(3), 699-714.

안도희, 김지아, 황숙영(2005). 초, 중, 고등학생의 학업성취에 영향을 주는 변인탐색: 유능감, 가정의 심리적 환경 및 학교환경 특성을 중심으로. 교육심리연구, 19(4), 1199-1217.

여광응, 정종진, 이승국, 문태형, 조인수, 전명남, 문병상(2004). 학교학습 극대화를 위한 교육심리학. 서울: 양서원.

여태철, 황매향, 이대식, 임효진(2015). 초등학교 저학년 아동의 학습저해요인과 문제행동, 기초학습기능과의 구조적 관계. 초등상담연구, 14(2), 175-190.

연세대학교 교육개발센터(2004). 공부도 기술이다: 신학기 새출발을 위한 성공적인 학습방법. 연세대학교 교육개발센터.

오성삼, 구병두(1999). 메타분석을 통한 한국형 학업성취 관련변의 탐색. 교육학연구, 37, 99-122.

유성경, 이소래(1998). 잠재적 중도탈락학생에 대한 개입체제 개발연구. 서울: 청소년대화의 광장.

윤석민(2017). 사춘기 및 청소년기 자녀를 둔 아버지 대상 심리교육프로그램 개발을 위한 현황 및 요구도 분석연구. 청소년학연구, 24(1), 79-105.

윤소정, 박귀화(2012). 의학전문대학원생을 위한 학습컨설팅 프로그램 개발. Korean Journal of Medical Education, 24(4), 301-307.

윤채영(2013). 학교기반 학습컨설팅 모형 개발 및 적용. 부산대학교 박사학위논문.

윤채영, 윤소정, 김정섭(2011). 전문가 모형의 학교기반 학습컨설팅 적용이 학습전략에 미치는 효과. 교육심리연구, 25(3), 545-567.

윤초희(2009). 학습컨설팅의 모형과 현장 적용 가능한 고찰. 학교심리와 학습컨설팅, 1(1), 1-18.

이경준(1983). 학습부진아의 인지특성분석과 효율적인 교수전략 탐색 연구. 중앙대학교 박사학위논문.

이명숙, 안도희, 도승이(2015). 학습컨설팅 역량 척도의 개발 및 타당화. 학습자중심교과교육연구, 15(9), 853-872.

이보라(2010). 학부모의 DISC 행동유형에 따른 학습코칭에 관한 사례연구. 아주대학교 석사학위논문.

이성진, 임진영, 여태철, 김동일, 신종호, 김동민, 김민성, 이윤주(2009). 교육심리학서설. 서울: 교육과학사.

이성진, 윤경희(2009). 한국인의 발달과업. 학술원논문집, 48(1), 39-92.

이재규, 김종운, 김현진, 박혜숙, 백미숙, 송재홍, 신을진, 유형근, 이명경, 이자영, 전명남(2013). 학습상담-한국상담학회 상담학총서 7. 서울: 학지사.

이해명(1998). 중·고등학교 영재의 학업성적 결정구조. 한국영재학회, 8(2), 91-118.

임신일(2011). 시험불안 메타분석. 전북대학교 박사학위논문.

임진영(2005). 맥락적 패러다임에 기반한 교호적 상호작용의 교육적 함의. 초등교육연구, 18(2), 1-22.

임진영, 이성진, 윤경희, 임은미(2007). 초, 중, 고등학생의 지적 발달과업 탐색. 아동교육, 16(4), 21-32.

임진영, 최지은(2014). 청소년기 고등학생의 성·결혼 발달과업에 관한 성인의 암묵지 탐색. 교육종합연구, 12(1), 1-27.

임현정, 시기자, 김성은(2016). 학생 학업성취 변화의 영향요인 탐색: 국가수준 학업성취도 평가 세 시점 연계자료 분석. 교육평가연구, 29(1), 125-145.

전명남(2017). 중학교 기초학력미달 학생으로 살아가기에 대한 현상학적 연구. 복지상담교육연구, 6(1), 1-33.

정민승, 임진영, 이지혜(2012). 생애발달과 교육. 서울: 한국방송통신대학교출판부.

정세영(2016). 대학생을 위한 창의적 문제해결 기반 학습컨설팅 모형 개발 및 적용효과. 부산대학교 박사학위논문.

정순현(2006). 다원주의 사회에서 공적 말하기: 말하기의 고전적 전형과 윤리적 문제. 스피치와 커뮤니케이션, 5, 103-127.

정채기(2003). 교육심리학. 서울: 학문사.

조성희, 신수경, 이인필, 김은경(2015). 1001가지 해결중심 질문들. 서울: 학지사.

조은문, 이종연(2016). 중학생의 학습무동기 극복과정에 대한 질적연구. 학습자중심교과교육연구. 16(6), 611-637.

조한익(2014). 교육심리학. 서울: 학지사.

진동섭, 홍창남, 김도기(2009). 학교경영컨설팅과 수업컨설팅. 서울: 교육과학사.

최운, 천성문(2010). 아동, 청소년 상담: 명상프로그램이 초등학생의 학습태도와 수업집중력에 미치는 효과. 상담학연구, 11(3), 1203-1220.

최지은(2010). 초등학생의 성·결혼 발달과업 탐색. 아동교육, 19(2), 287-306.

통계청(2014. 7. 10). 2014 청소년 통계 보도자료.

한국교육과정평가원(2004). 초등학교 3학년 국가수준 기초학력 진단평가 연구. 서울: 한국교육과 정평가원 연구보고서.

한국교육심리학회(2012). 학습컨설턴트 1급 양성과정교재.

한국교육심리학회(2012). 학습컨설턴트 2급 양성과정교재.

한국교육심리학회(2014). 학습컨설턴트 2급 양성과정교재.

한국청소년정책연구원(2010). 한국청소년 지표조사 V: 청소년 건강실태 국제비교 조사(한·미· 일·중 4개국 비교). (연구보고 10-R10-3).

한기혜(2011). 한국청소년의 학업성취 관련변인에 대한 종단연구. 인하대학교 박사학위논문.

해결중심치료학회(2016). 개인 내담자와의 상담을 위한 해결중심단기치료 매뉴얼(제2버전). 해 결중심치료학회지, 3(1), 1-34.

홍경자, 김창대, 박경애, 장미경(2002). 청소년집단상담의 운영. 서울: 한국청소년상담원.

황매향(2007). 학업상담-상담학 Best Practice 시리즈. 서울: 학지사.

황매향(2008). 한국인의 정서적 발달과업 탐색: 정서발달에 미치는 경험을 중심으로. 인간발달연 구 15(3), 163-189.

황매향(2009). 학교상담: 학업문제 유형분류의 탐색. 상담학연구, 10(1), 561-581.

Arbona, C.(2000). The development of academic achievement in school aged children: Precursor to career development. In S. D. Brown & R. W. Lent (Eds.), *Handbook of counseling psychology* (3rd ed., pp. 270-309). NY: John Wiley and Sons.

Ausubel, D. P.(1968). *Educational psychology: a cognitive view*. New York: Holt, Rinehart & Winston.

Backer, T., Blanton, J., Barclay, A., Golembiewski, R., Kurpius, D., Levinson, H., Perloff, R., & Skipton, L. (Eds.).(1992). What is consultation? That's an interesting ques-tion! *Consulting Psychology Journal*, 44(2), 1061-1087. https://www.ap-a.org/pubs/journals/features/cpb-h0094714.pdf

Baker, L.(1989). Metacognition, comprehension monitoring, and the adult reader. *Educational Psychology Review*, 1, 3-38.

Baumrind, D.(1971). Current patterns of parental authority. *Developmental Psychology Monographs*, 4, 1-103.

Belsky J, Rha J, Park S.(2000). Exploring reciprocal parent and child effects in the case of child inhibition in US and Korean samples. *International Journal of Behavioral Development*. 24, 338-347.

Berg, I. K.(1994). *Family based services: A solution-focused approach*. New York: W. W. Norton.

Berg, I. K., & Steiner, T.(2009). 아동과 청소년을 위한 해결중심 상담. 서울: 학지사. (원전은

2009년 출판).

Birdsall, B. A., & Miller, L. D.(2002). Brief counseling in the schools: A sol－ution－focused approach for school counselors. *Counseling and Human Development*, 35(2), 1－10.

Bloom, B. S.(1976). *Human characteristic and school learning.* NY: McGraw－Hill.

Bloom, B. S.(1976). *Human characteristics and school learning.* New York: McGraw－Hill.

Bradley, D.(1994). A framework for the acquisition of collaborative consultation skill. *Journal of Educational and Psychological Consultation*, 5(1), 51－68.

Brody, N.(1977). Intelligence, schooling, and society. *American Psychologist*, 52, 1046－1050.

Bronfenbrenner, U.(1979). *The Ecology of Human Development.* Cambridge, MA: Harvard University Press.

Caplan, N., Choy, M., & Withmore, J.(1992). Indochinese refugee families and academic achievement. *Scientific American*, 266(2), 36－42.

Case, R.(1985). Intellectual development. *Birth to adulthood.* New York: Academic Press.

Chafouleas, S., Riley－Tillman, T. C., & Sugas, G.(2007). *School Based Behavioral Assessment: Informing intervention and instruction.* NewYork, NY: Guilford Press.

Conoley, J. C. & Conoley, C. W.(1990). Staff consultative work in schools. In N. Jones & N. Frederickson (Eds.), *Refocusing Educational Psychology.* (pp. 84－103). London: Falmer Press.

Corcoran, R. P., & Tormey, R.(2015). 정서적으로 유능한 교사되기. 서울: 학지사. (원전은 2012년 출판).

Corey, G.(2014). 심리상담과 치료의 이론과 실제. 9판. 서울: 센게이지 러닝. (원전은 2013년 출판).

De Shazer, S(1985). *Keys to solutions in brief therapy.* New York/London: W. W. Norton & Company.

Dinkmeyer, D., & Carlson, J.(2006). *Consultation: Creating school－based interventions (3rd ed.).* New York, NY: Routledge.

Dougherty, A. M.(2000). *Consultation practice perspective (3ed.).* CA: Brooks/Cole.

Dougherty, A. M.(2009). *Psychological Consultation and collaboration in school and community settings.* CA: Brooks/Cole.

Dougherty, A. M.(2014). *Psychological consultation and collaboration in school and community settings. 6th ed.* Belmont, CA:Brooks/Cole.

Dweck, C. S.(2000). *Self－theories: Their role in motivation, personality, and development.* Psychology Press.

Eggen, P. & Kauchak, D(2014). 교육심리학. 서울: 학지사. (원전은 2009년 출판).

Erchul, W. P., & Martens, B. K.(2010). *School consultation: Conceptual and empirical* bases of practice. New York, NY: Springer.

Erickson, M.(1967). Special techniques of brief hypnotherapy. In J. Haley(Ed.), *Advanced techniques of hypnosis and therapy: Selected papers of Milton H. Erickson, M. D.* New York: Grune & Stratton.

Feldman, E. S., & Kratochwill, T. R.(2003). Problem solving consultation in schools: past, present, and future directions. *The Behavior Analyst Today.* 4(3). 318−330.

Fischer, K. W.(1980). A theory of cognitive development: The control and construction of hierarchies of skills. *Psychological Review,* 87, 477−531.

Gleason, M., Archer, A., & Colvin, G.(2002). Intervention for improving study skill. In M. Shinn, H. Walker, & G. Stoner (Eds.), *Intervention for academic and behavior problems* Ⅱ (pp. 651−680). MD. NASP.

Gottesman, 1.1., & Goldsmith, H. H.(1994). Developmental psychopathology of antisocial behavior: Inserting genes into its ontogenesis and epigenesis. In C. A. Nelson (Ed.), *The Minnesota Symposia on Child Psychology: Vol. 27. Threats to optimal development: Integrating biological, psychological, and social risk factors* (pp. 69−104). Hillsdale, NJ: Erlbaum.

Green, J.(2001). *High school graduation rates in the United States.* NY: Center Civic Innovation at the Manhattan Institute.

Gustafsson, J., & Undheim, J.(1996). Individual difference in cognitive functioning. In D. C. Berliner & R. C. Calfee (Eds.), *Handbook of educational psychology.* NY: Macmillan.

Gutkin, T. & Curtis, M.(1990). School−based consultation: Theory, techniques and research. In T. B. Gutkin & C. Reynolds (Eds.), *Handbook of School Psychology,* 2nd ed. (pp. 577−611). New York, NY: Wiley.

Hargreaves, A.(1998). The emotional practice of teaching. *Teaching and Teacher Education,* 14(8), 835−854.

Henderson, D. A., & Thompson, C. L.(2011). Consultation and collaboration. In D. A. Henderson & C. L. Thompson, *Counseling children* (pp. 528−556). Belmont, CA: Brooks/Cole.

Hidi, S., & Harackiewcz, J.(2000). Motivating the academically unmotivated: A critical issue for the 21st century. *Review of Educational Research,* 70(2), 151−179.

Hoghughi, M. S.(1992). *Assessing child and adolescent disorders: A practical manual (2nd ed.).* CA: Sage.

Holden, G. W.(1997). *Parents and the Dynamics of Child Rearing.* Colorado Boulder: Westview Press.

Iveson, C.(2002). Solution−focused brief therapy. *Journal of Continuing Professional Development,* 8, 149−156.

Kahn, B. B.(2000). A model of solution−focused consultation for school counselors. *Professional School Counseling,* 3(4), 248−254.

Kampwirth, T. J.(2006). *Collaborative consultation in school: Effective practice for student with learning and behavior problem (3rd ed.).* NJ: Pearson.

Kampwirth, T. J.(2010). 학습과 행동 문제 해결을 위한 학교 컨설팅. 서울: 학지사. (원전은 2006년 출판).

Kampwirth, T. J., & Powers, K. M.(2012). *Collaborative consultation in the schools: Effectice practices for students with learning and behavior problems. 4th Ed.* New York: Pearson.

Kampwirth, T. J., & Powers, K. M.(2016). *Collaborative consultation in schools: Effective practices for students with learning and behavior problems.* Enhanced Person eText — access card, 5th ed. New York: Pearson.

Kiewra, K.(1991). Aids to lecture learning. *Educational Psychology, 26,* 37—53.

Knoff, H. M.(1988). Clinical supervision, consultation, and counseling: A comparative analysis for supervisors and other educational leaders. *Journal of Curriculum and Supervision, 3*(3), 240—252.

Kurpius, D. J., & Fuqua, D. R.(1993). Fundamental issues in defining consultation. *Journal of Counseling and Development* : JCD, 71(6), 598—600. Retrieved from http://search.proquest.com.access.yonsei.ac.kr:8080/docview/219091062?accountid =15179

Lerner, R. M.(2006). Developmental Science, Developmental Systems, and Contemporary Theories of Human Development. In R. M. Lerner & W. Damon (Eds.), *Handbook of child psychology,* Vol.1. Wiley.

Liebert, R. M., & Morris, L. W.(1967). Cognitive and emotional components of test anxi—ety: A distinction and some initial data. *Psychological Reports, 20,* 975—978.

Luckie, W. R., & Smethurst, W.(1998). *Study power: study skill to improve tour are learning and your grades.* Brookline Book.

Lynch, S. L., & Klassen, R. M.(2007). Self—efficacy from the perspective of adolescents with LD and their specialist teachers. *Journal of Learning Disabilities, 40*(6), 494—507.

Madel, H. P., & Marcus, S. I.(1988). *The psychology of under achievement: differential diagnosis and differential treatment.* LY: John Wiley and Sons.

Mandler, G., & Sarason, S. B.(1952). A study of anxiety and learning. *Journal of Abnormal and Social Psychology, 47,* 166—173.

Marsh, H., & Craven, R.(1997). Academic self—concept: Beyond dustbowl. In G. D. Ohye (Ed.), *Handbook of classroom assessment: Learning, achievement and ad—justment SD,* Academic Press.

Martin, R. P.(1983). Consultation in the schools. In G. Hynd (Ed.), *The school psychologist: An introduction* (pp. 269—292). New York, NY: Syracuse University Press.

Matcalf, L.(2008). 해결중심상담: 학생, 교사, 학부모와 함께 하는 실천적 해결중심 프로그램. 서울: 청목출판사. (원전은 2008년 출판).

McKeachie, W. J., Pintrich, P.R., & Lin, P. C.(1986). Teaching Learning strategies. *Educational Psychologists,* 20(3),153－160.

McLoyd, V.(1998). Socioeconomic disadvantage and child development. *American Psychologist,* 53, 185－204.

Newell, M.(2007). *Problem－solving consultation: An examination of discursive activity within a simulated multiracial context.* Doctoral dissertation, University of Wisconsin－Madison.

Palmer, D. R., Pham, A. V., & Carlson, J. S.(2011). Behavioral Consultation. In S. Goldstein & J. A. Naglieri (Eds.), *Encyclopedia of child behavior and development.* (pp. 229－231). New York, NY: Springer.

Parke, R. D. et. al.(2004). 발달심리학 거장들의 핵심이론 연구. 서울: 학지사. (원전은 1994년 출판).

Piaget, J.(1953). *The origin of intelligence in the child. New Fetter Lane,* New York: Routledge & Kegan Paul.

Plomin, R., DeFries, J. C., McClearn, G. E., & Rutter, M.(1997). *Behavioral genetics* (3rd. ed.). New York: Freeman.

Pressley, M.(1998). *Reading introduction that works: The case for balanced teaching.* NY: Guilford Press.

PRIME (Planning Realistic Implementation and Maintenance by Educators). *Problem－solving consultation: A guide.* (US Department of Education, R324A100051). Retrieved from http://implementationscience.uconn.edu/wp－content/upoads/sites/1115/2014/12/PRIME_quickguide_problem－solving_ consultation.pdf.

Rappaport, J.(1981). In praise of paradox: A social policy of empowerment over prevention. *American Journal of Community Psychology,* 9, 1－25.

Raven, B. H.(1965). Social influence and power. In I. D. Steiner & M. Fishbein (Eds.), *Current studies in social psychology.* New York: Holt, Rinehart, & Winston.

Reed, J.(2005). Understanding and assessing depression in people with learning disabilities. In B. Stentert Kroese & D. Dasnan (Eds.), *Cognitive behavior therapy for people with learning disabilities* (pp. 56－60). New York, NY: Routledge.

Reynolds, C., Low, P., & Saenz, A.(1999). The problem of bias in psychological assessment. In C. Reynolds & T. Gutkin (Eds.), *handbook of school psychology* (pp. 549－596). NY: Wiley.

Riegel, K. F.(1976). The dialectics of human development. *American Psychologist.* 31, 689－700.

Rogers, C., & Freiberg, J.(1994). *Freedom to learn (3rd ed).* Upper Saddle River, NJ: Prentice Hall.

Rosenfield, S.(1987). *Introductional consultation.* NJ: Lawrence Erlbaum Associates.

Rowe, D. C.(1994). *The Limits of Family Influence.* NY: the Guilford Press.

Salvia, J., & Yesseldyke, J. E.(2004). *Assessment (9th ed.).* Boston: Houghton Mifflin.

Sattler, J. M.(2001). *Assessment of children (4th ed.)*. SD: Sattler Publishing.

Scarr, S., McCartney, K.(1983). How People Make Their Own Environments: A Theory of Genotype → Environment Effects. *Child Development.* 54(2). 424−435.

Schein, E. H.(1988). *Process Consultation.* Vol. 1 (Rev. Ed.). Reading, Prentice−Hall.

Seligman, M.(1975). *Helplessness: on depression, development and death.* San Francisco: Freeman.

Sharf, R.(2015). 심리치료와 상담이론: 개념 및 사례 5판. 서울: 센게이지 러닝(원전은 2012년 출판).

Sheridan, S. M., & Cowan, R. J.(2004). Consultation with school personnel. In R. T. Brown (Ed.). *Handbook of pediatric psychology in school settings* (pp. 599−616). Mahwah, NJ: Lawrence Erlbaum Associates.

Sheridan, S. M., & Elliot, S. N.(1991). Behavioral consultation as a process for linking the assessment and treatment of social skills. *Journal of Educational and Psychology Consultation,* 2(2), 151−173.

Slavin(2011). *Educational psychology: Theory and practice (10th ed).* NY: Pearson.

Sommers−Flanagan, J., Polanchek, S., Zeleke, W. A., Hood, M. H. E., & Shaw, S. L. (2015). Effectiveness of solution−focused consultations on parent stress and competence. *The Family Journal,* 23(1), 49−55. doi:10.1177/1066480714555696

Spielberger, C. D.(1966). *Anxiety and behavior.* New York: Academic.

Thompson, R. A.,(2002). *School counseling: Best practices for working in the schools. 2nd ed.* NewYork,NY:Brunner−Routledge.

Turnbull, J.(2014). 교사를 위한 학습코칭. 서울: 학지사. (원전은 2009년 출판).

UNESCO(2017). Four Pillars to learn (http://www.unesco.org/new/en/education/net−works/global−networks/aspnet/about−us/strategy/the−four−pillars−of−learning/)

Valas, H.(1999). Students with learning disabilities and low−achieving students: peer acceptance, loneliness, self−esteem, and depression. *Social Psychology of Education,* 3(3), 173−192.

Vygotsky, L. S.(1962). *Thought and language.* Cambridge, MA: MIT Press.

Wagner, P.(1995). A consultation approach to the educational psychologist's work with schools. *Educational and Child Psychology,* 12(3), 22−28.

Wang, M. C., Haertel, G. D., & Walberg, H. J.(1993). Toward knowledge base for school learning. *Review of Educational Leadership,* 63(3), 249−294.

Weinstin, C. E., & Mayer, R. E.(1986). The teaching of learning strategies. In M. Wittrock, (Ed.). *Handbook of research on teaching* (pp. 315−327). NY: Macmillan.

Weinstine, R.(1998). Promoting positive expectations in schooling. In N. Lambert & B. McCombs (Eds.), *How students learn: reforming Schools through learner−centered eduction* (pp. 81−111). DC: American Psychological Association.

Wilson, A. M., Armstrong, C. D., Furrie, A., & Walcot, E.(2009). The mental health of Canadians with self−reported learning disabilities. *Journal of Learning Disabilities,*

42(1), 24−25.

Woolfolk, A. E.(1997). 교육심리학. 서울: 학문사. (원전은 1995년 출판).

www.pbis.org.

Yesseldyke, J., & Christenson, S.(2002). *Functional assessment of academic behavior: Creating successful learning environments.* CO: Sopris West.

Ysseldyke, J. E., & Shakel, J. A.(1983). Directions in school psychology. In G. Hynd (Ed.), *The school psychologist: An introduction* (pp. 3−26). New York, NY: Syracuse University Press.

Zins, J. E.(1993). Enhancing consultee problem−solving skills in consultative interactions. *Journal of Counseling and Development,* 72(2), 185−190.

Learning Consultation to Solve Academic Problems

Learning Consultation to Solve Academic Problem

공저자 약력

전 명 남
現) 대구한의대학교 상담심리학과 교수
前) 연세대학교 교육개발센터(Center for Teaching & Learning) 학습지원부장
前) 한국연구재단 post-doc.
前) NorthEastern University 초청교수
前) Harvard University 'Study Skills' 과정 수료
주요저서: '학습전략', '학습상담' 등

조 한 익
충남대학교 교육학과 교육학박사(교육심리 및 교육과정 전공)
現) 경상대학교 사범대학 교육학과 교수
前) University of Alabama 연구교수
주요저서: '우리아이 EQ높이기', '교육심리학' 등

박 혜 숙
Michigan State University, Ph.D. (교육심리학)
現) 호남대학교 교육대학원 교육학과 상담심리전공 교수
前) University of Chicago, Consortium on Chicago School Research, Senior Project
    Professional/Researcher
前) 고려대학교 교수학습개발원, 연구교수
前) 연세대학교 교육연구소, 객원연구원
주요저서: '전공과목 영어 전용강좌', '학습상담' 등
주요논문: Park, H., Yun, I. & Walsh, A. (2015). Early Puberty, School Context, and Delinqu
    ency Among South Korean Girls. International Journal of Offender Therapy Comp
    arative Criminology, 61(7), 795-818. (doi: 10.1177/0306624X15611374)
    Park, H. & Y, Fai Cheong(2017). Correlates of monotonic response patterns in on
    line ratings of a university course. Higher Education (DOI: 10.1007/s10734-017
    -0199-9)

임 진 영
서울대학교 교육학과 교육학박사(교육심리 전공)
現) 청주교육대학교 초등교육과 교수
前) 한국교육개발원 연구원
前) 한국행동과학연구소 수석연구원
주요저서: '인간의 학습(공역)', '인간발달과 상담(공저)', '생애발달과 교육(공저)' 외 다수

박 상 범
경북대학교 교육학과 교육학박사(교육심리 및 상담심리 전공)
現) 경기도인재개발원 교육지원과
前) 경북대학교, 대구교육대학교, 안동대학교 외래교수
주요저서: '교육심리학(제7판, 공역)'

임 신 일
전북대학교 교육학과 교육학박사(교육심리 전공)
現) 예수대학교 교직부 교수
前) 중·고등학교 교사(1999-2011)
주요저서: '생활지도와 상담'

홍 경 화
하버드대학교 교육대학원 교육학박사(발달심리 전공)
現) 횃불 트리니티 신학대학원대학교 기독교상담학과 교수
前) 횃불 트리니티 신학대학원대학교 상담센터 센터장
주요역서: '질적 연구방법' 등

한국교육심리학회 학습컨설팅 총서
학습문제해결 학습컨설팅

초판발행	2018년 2월 28일
중판발행	2023년 8월 10일

지은이	전명남, 조한익, 박혜숙, 임진영, 박상범, 임신일, 홍경화
펴낸이	노 현

편 집	배근하
기획/마케팅	이선경
표지디자인	권효진
제 작	고철민·조영환

펴낸곳	㈜ 피와이메이트
	서울특별시 금천구 가산디지털2로 53 한라시그마밸리 210호(가산동)
	등록 2014. 2. 12. 제2018-000080호
전 화	02)733-6771
f a x	02)736-4818
e-mail	pys@pybook.co.kr
homepage	www.pybook.co.kr
I S B N	979-11-88040-75-9 93370

copyright©전명남, 조한익, 박혜숙, 임진영, 박상범, 임신일, 홍경화, 2018, Printed in Korea

정 가   17,000원

박영스토리는 박영사와 함께하는 브랜드입니다.